ALL IN

Como líderes
notáveis
alcançam
resultados
extraordinários

(TUDO OU NADA)

ROBERT BRUCE SHAW

Proteção de direitos

Título em português: All In (Tudo ou Nada): Como líderes notáveis alcançam resultados extraordinários. Copyright da tradução por ©AlfaCon Editora. Publicado por acordo com a HarperCollins Leadership, uma divisão da HarperCollins Focus, LLC. Todos os direitos reservados. Nenhuma parte deste livro pode ser utilizada ou reproduzida sob quaisquer meios existentes sem autorização por escrito dos editores.

Diretor Presidente	Evandro Guedes
Diretor Editorial	Javert Falco
Diretor de Marketing	Jadson Siqueira
Gerente Editorial	Mariana Passos
Editora	Wilza Castro
Gerente de Produtos	Fábio Oliveira
Coordenação Revisão de Texto	Paula Craveiro
Coordenação Editoração	Alexandre Rossa
Arte e Produção	Nara Azevedo
	Daniela Pavan
Capa	Nara Azevedo

Dados Internacionais de Catalogação na Publicação (CIP)
Angélica Ilacqua CRB-8/7057

S542a

　　Shaw, Robert Bruce
　　　　All in (Tudo ou Nada) : como líderes notáveis alcançam resultados extraordinários / Robert Bruce Shaw ; tradução de Cristina Yamagami. -- 1. ed. -- Cascavel, PR : AlfaCon, 2021.
　　　　208 p.

　　　　Bibliografia
　　　　ISBN 978-65-87191-98-0
　　　　Título original: All in

　　　　1. Liderança 2. Comportamento organizacional 3. Marketing 4. Empreendedorismo 5. Líderes 6. Motivação 7. Sucesso nos negócios I. Título II. Yamagami, Cristina

21-2151　　　　　　　　　　　　　　　　　　　　　　　　　　　　　　CDD　658.4092

Índices para catálogo sistemático:
1. Liderança - Sucesso

Data de fechamento 1ª impressão:
01/06/2021

Dúvidas?
Acesse: www.alfaconcursos.com.br/atendimento
Rua: Paraná, nº 3193, Centro – Cascavel/PR
CEP: 85810-010

 SAC: (45) 3037-8888

RECURSOS

Se liga no **vídeo**!

App AlfaCon Notes — Neste livro você encontra o **AlfaCon Notes** que é um app perfeito para registrar suas **anotações de leitura**, mantendo tudo **organizado e acessível** em seu smartphone. Deixe **sua leitura mais prática** e armazene tudo que puder! Viva a experiência AlfaCon Notes. É só seguir o passo a passo para instalação do app.

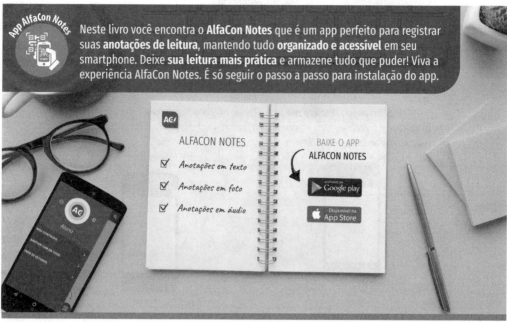

Passo 01:
 Instale o **Aplicativo AlfaCon Notes** em seu smartphone.

Passo 02:
  Você terá acesso ao seu feed de estudos, no qual poderá encontrar todas as suas anotações.

App AlfaCon Notes
Para criar uma nova anotação, clique no ícone localizado no canto inferior direito da tela.

Passo 03:
 Cada tópico de seu livro contém **um Código QR** ao lado.

App AlfaCon Notes
Escolha o tópico e faça a leitura do Código QR utilizando o aplicativo AlfaCon Notes para registrar sua anotação.

Passo 04:

 Pronto! Agora você poderá escolher o formato de suas anotações:

Texto:
Basta clicar no campo *"Escreva sua anotação"* e digitar seu comentário, **relacionado ao conteúdo** escolhido.

Áudio:
Clique no ícone *"microfone"*, na lateral inferior direita, mantenha o ícone pressionado enquanto grava suas considerações de voz sobre o tópico que está lendo.

Foto:

1) Clique no ícone, na lateral **inferior esquerda**.

2) **Fotografe** as anotações realizadas durante sua leitura.

3) Envie no ícone na lateral **inferior direita**.

» Agora você tem suas **anotações organizadas** e sempre à mão. Elas ficarão **disponíveis** em seu smartphone.

» Pronto para essa **nova experiência?** Então, baixe o app **AlfaCon Notes** e crie suas anotações.

Mais que um livro, é uma experiência!

Sumário

1. MERGULHANDO DE CABEÇA: A SORTE FAVORECE OS OBCECADOS 7

2. NÃO ADIANTA SÓ TER GARRA: FOCO TOTAL E ABSOLUTO E MOTIVAÇÃO IMPLACÁVEL............ 22

EXEMPLOS DE PERSONALIDADES OBCECADAS **47**

3. ENCANTANDO OS CLIENTES: JEFF BEZOS E A AMAZON 48

4. CRIANDO PRODUTOS EXCELENTES: ELON MUSK E A TESLA.. 71

5. PROMOVENDO O CRESCIMENTO: TRAVIS KALANICK E A UBER 90

APLICANDO A OBSESSÃO **115**

6. A ESCOLHA DO INDIVÍDUO: MERGULHAR OU NÃO DE CABEÇA? 116

7. O DESAFIO DA ORGANIZAÇÃO: CULTIVANDO A OBSESSÃO 143

Notas 167

Agradecimentos 199

Índice Remissivo 201

Sobre o Autor 208

1 MERGULHANDO DE CABEÇA: A SORTE FAVORECE OS OBCECADOS

O bom requer motivação.

O excelente requer obsessão.

— M. Cobanli[1]

Faça o seguinte: acesse o site relentless.com pelo seu celular ou pelo computador. Você saberia dizer por que apareceu na sua tela a página inicial da Amazon? Pode parecer estranho que a palavra *relentless* ("implacável", em inglês) leve a um site que vende de tudo, desde chá até televisores, mas você vai entender quando nos aprofundarmos na história da empresa. O fundador da Amazon, Jeff Bezos, pode ser considerado o líder de negócios mais influente dos Estados Unidos. Sua empresa revolucionou a maneira como fazemos compras e forçou os concorrentes, tanto os grandes quanto os pequenos, a se adaptarem à economia digital que a Amazon ajudou a criar. Bezos também causou uma grande disrupção no setor da tecnologia com a Amazon Web Services e está avançando em áreas como logística, publicidade, mídia e saúde. É raro encontrar alguém capaz de mudar todo o cenário competitivo de um único setor, mas é quase inédito encontrar uma pessoa que conseguiu fazer isso em vários setores.[2]

Bezos fundou sua empresa pensando que a internet, que na época só estava começando, mas que já vinha crescendo em alta velocidade, poderia ser usada para mudar a maneira como as pessoas fazem compras. Nem pensamos duas vezes quando compramos produtos com um único clique e recebemos na nossa casa em questão de dias ou até de horas.[3] Mas o que hoje consideramos normal, estava muito longe disso quando Bezos fundou a Amazon.

A internet nasceu como uma ferramenta de comunicação de emergência para os militares. Ela evoluiu para uma plataforma que

---

Nota da editora: All In, título deste livro, é uma expressão utilizada no jogo de Poker. Significa apostar todas as fichas ou todo o dinheiro que temos disponível à mesa. Aposta-se tudo o que se pode apostar.

ALL IN

permitia que pesquisadores acadêmicos e científicos compartilhassem informações e descobertas. Bezos viu o potencial comercial da internet e analisou possibilidades para sua *startup* com base nas empresas de mala direta que mais faziam sucesso na época, que incluíam a venda de livros, música, vídeos e computadores. Ele constatou que os livros seriam o produto mais vantajoso para sua nova empresa, porque a internet permitiria oferecer uma ampla seleção de títulos dentre os milhões de livros impressos e sua empresa poderia usar a tecnologia para ajudar os clientes a encontrar, avaliar e comprar rapidamente títulos de seu interesse.

Essas vantagens potenciais eram interessantes porque não poderiam ser reproduzidas nem pelas maiores redes de livrarias convencionais. A maior livraria só tinha 150.000 títulos em estoque e não poderia competir com as possibilidades de buscar e avaliar oferecidas pela internet. Mesmo assim, Bezos achava que sua "ideia maluca" não contava com mais de 30% de chances de sucesso e disse aos amigos e parentes que investiram na ideia que eles, provavelmente, perderiam o dinheiro. Aos 30 anos, Bezos largou seu emprego bem remunerado em uma empresa de serviços financeiros de Nova York e deu um verdadeiro salto de fé e apostou tudo no empreendedorismo. Ele e sua esposa foram de carro para Seattle, do outro lado do país, e, durante a viagem, Bezos esboçou seu plano de negócios e pensou em nomes para seu novo empreendimento.

Os dois gostaram do nome relentless.com por acreditar que as pessoas capazes de manter um foco intenso eram recompensadas com coisas boas na vida. Bezos é um exemplo fantástico da verdade dessa crença. Ele se empenhava com um rigor que seus conhecidos caracterizavam como excepcional. Uma história de sua infância nos dá uma boa ideia de sua personalidade. Os professores de sua escola, que seguia o método Montessori, disseram à mãe dele que nenhum outro aluno era capaz de se concentrar tanto nas atividades escolares. Era tão recorrente que os professores pegavam a cadeira de Jeff, com o menino ainda sentado nela, como forma de afastá-lo do que estava fazendo e convencê-lo a passar para a próxima atividade na aula. As histórias de infância contadas por celebridades e seus pais tendem a ser exageradas. No entanto, as pessoas que trabalharam com Bezos ao longo dos anos o descrevem como um sujeito excepcionalmente intenso e metódico em quase tudo o que faz.[4]

Bezos registrou o nome de domínio relentless.com assim que chegou a Seattle.[5] Ele decidiu não usar o nome porque alguns amigos lhe disseram

MERGULHANDO DE CABEÇA

que esse nome não ajudaria a vender livros. "Implacável" sugere alguém ou algo obstinado, inclemente e austero. É uma palavra que poderia ser usada para descrever uma matilha de lobos perseguindo sua presa. Bezos começou com outro nome fantasia, mas logo se decidiu pela Amazon (Amazonas, em português). O rio Amazonas, o maior rio do mundo, representava sua ambição de criar a maior livraria do planeta. Só que Bezos nunca abriu mão do site relentless.com e o vinculou ao site da Amazon, talvez acreditando que isso ajudaria a lembrar seus funcionários de que era necessário ser implacável para transformar sua ideia maluca em realidade.[6]

Nos vinte e cinco anos que se seguiram, Bezos construiu uma das empresas de crescimento mais rápido da história. Mais de 200 milhões de pessoas visitam os sites da Amazon todo mês,[7] e a Amazon é o nome mais confiável do setor do comércio eletrônico.[8] O sucesso da Amazon, é claro, não resulta apenas da natureza implacável de Bezos. Nem todas as pessoas implacáveis conseguem criar uma empresa de sucesso, muito menos uma que se compara à Amazon. Bezos é um líder com uma capacidade estratégica visionária, capaz de enxergar padrões, tendências e possibilidades que a maioria das pessoas ignora. Ele vislumbrou o potencial do comércio eletrônico quando os outros achavam que a internet não passava de uma ferramenta de pesquisa. Ele enxergou, apesar da resistência de seu conselho de administração, que uma ampla variedade de empresas poderia se beneficiar da plataforma tecnológica da Amazon. Ele pressionou a empresa a desenvolver o *e-reader* Kindle e o dispositivo inteligente Echo quando poucos clientes (ou até nenhum cliente) se mostravam interessados nesse tipo de tecnologia. Hoje, a Amazon investe em uma série de outras iniciativas inovadoras, como a utilização de drones para entregar produtos aos clientes com ainda mais rapidez e a um preço ainda mais baixo. Muitas vezes, Bezos identificou oportunidades que os outros deixaram de ver e fez investimentos de longo prazo para capitalizar seus *insights*.

Bezos também possui uma ampla visão operacional. Ele tem um conhecimento profundo dos detalhes operacionais cruciais para o sucesso de sua empresa. Bezos conhece especificidades de seu negócio, sabe como o planejamento está executado e o que é necessário ter ou fazer para melhorar o desempenho da empresa. Ele conhece, por exemplo, as complexidades da gestão da cadeia de suprimento e sabe o que é preciso fazer para reduzir ainda mais o prazo de entrega para os clientes. Se você já o viu descrever a maneira como a Amazon lida com os problemas logísticos e as operações

ALL IN

dos centros de distribuição da empresa (incluindo detalhes intrincados do *software* de processamento de pedidos e robôs de separação de produtos), você percebeu que ele fala como um engenheiro de nível médio responsável pela administração de operações.

Um colega que trabalhou com Bezos sugeriu, com um leve toque de ironia, que as pessoas deviam vê-lo como um alienígena superinteligente, que requer um tratamento especial, principalmente se você quiser fazer uma recomendação a ele.[9] Na Amazon, as recomendações costumam ser feitas no formato de uma breve proposta por escrito que é avaliada e discutida pela liderança sênior da empresa. Um ex-colega de Bezos recomenda:

> Se você for apresentar uma recomendação, deve presumir que ele já sabe tudo sobre o assunto. Não só isso, como você deve ir ainda mais longe e presumir que ele sabe mais do que você sobre o assunto. Mesmo se você tiver alguma ideia brilhante e absolutamente original na sua área, a melhor coisa a fazer é fingir que ele já está cansado de ouvir essa mesma ideia. Faça uma proposta sucinta, direta e sem muitas explicações, como faria para um dos maiores especialistas do mundo sobre o assunto ... se você quiser que ele se interesse pela sua recomendação, saia riscando parágrafos inteiros ou até páginas inteiras. Pode ficar tranquilo porque ele mesmo vai preencher todas as lacunas sem qualquer dificuldade. Se fizer isso, você não vai forçar o cérebro dele a se irritar com a velocidade arrastada do seu cérebro.[10]

Mas Bezos não é só estratégica e operacionalmente inteligente. Ele também tem sorte.[11] Segundo ele, "os planetas se alinharam" para ajudar sua *startup* a sobreviver e ter sucesso. Bezos chega a dizer que seu sucesso e sua enorme fortuna foram como "ganhar na loteria". Pode parecer que ele só diz isso para se mostrar como um sujeito humilde, mas, mesmo se for o caso, parece que Bezos realmente acredita que a sorte ajudou a impulsionar a Amazon.

Por exemplo, ele teve a sorte de abrir uma empresa de comércio eletrônico quando a internet estava começando a se popularizar. Na época, ninguém sabia ao certo se o comércio eletrônico seria uma realidade, já que muitas pessoas relutavam em fornecer informações de cartão de crédito a um vendedor invisível. Quando Bezos fundou a Amazon, as pessoas estavam começando a se sentir mais à vontade na internet, o que possibilitou que a

MERGULHANDO DE CABEÇA

empresa crescesse muito mais rápido. Por outro lado, se ele levasse alguns anos a mais para abrir a Amazon, grandes livrarias como a Barnes & Noble poderiam ter saído na frente e Bezos teria perdido a vantagem de ser um pioneiro no setor. Bezos também teve sorte na contratação de alguns dos primeiros funcionários da empresa, incluindo um talentoso tecnólogo chamado Shel Kaphan, responsável por definir as bases do site da empresa, o que foi fundamental para o sucesso da Amazon. Ele voltou a ter sorte quando J. K. Rowling publicou seu livro de enorme sucesso, que Bezos usou para construir sua base de clientes, vendendo o livro a um preço baixo e oferecendo frete grátis. Teve ainda mais sorte por ter concorrentes arrogantes ou, pior ainda, que demoraram a entrar no mercado. Eles cometeram o erro de subestimar o impacto que a internet teria no varejo de livros, além de duvidar que uma pequena *startup* de Seattle, cujo líder não tinha experiência no varejo e pouca experiência em negócios, pudesse impor algum desafio à posição dominante desses concorrentes no setor.

Na época, um dos fundadores da Barnes & Noble fez a seguinte declaração: "Ninguém vai nos superar na venda de livros ... simplesmente não vai acontecer".[12] A Barnes & Noble fez experimentos com o comércio eletrônico firmando uma parceria com a America Online e levou quase dois anos para lançar um site, com um *design* ruim e uma execução pior ainda. O maior varejista de livros dos Estados Unidos foi incapaz de fornecer a seus clientes os serviços mais básicos de comércio eletrônico, como um processamento de pedidos confiável. Com isso, a Amazon teve uma janela de oportunidade para estabelecer sua marca e melhorar suas funcionalidades *on-line*.[13]

É bem verdade que vários fatores precisam convergir para que uma empresa tenha sucesso, mas podemos presumir que a Amazon não teria se tornado "a Amazon" se Bezos não fosse implacável e não tivesse criado uma empresa com essa mesma característica definidora. Os líderes, especialmente os fundadores, imbuem sua empresa com sua personalidade, o que afeta o desempenho da empresa, para o melhor e às vezes para o pior, como veremos nos próximos capítulos.[14] Bezos impeliu a Amazon, desde o primeiro dia, a incorporar a característica que tanto o ajudou em sua vida. O que separa os empreendedores de sucesso dos inventores é a capacidade de montar uma equipe e, em seguida, uma empresa capaz de promover e vender suas ideias ambiciosas. Tendemos a nos focar em líderes individuais para explicar o sucesso ou o fracasso de uma empresa e líderes como Bezos são importantíssimos para o sucesso das empresas. O sucesso nos negócios requer

ALL IN

que muitas pessoas trabalhem juntas para produzir algo extraordinário. Assim, um líder implacável precisa de uma organização igualmente implacável para oferecer algo que faça uma diferença na vida dos clientes. Leia as cartas anuais aos acionistas de Bezos e você encontrará um líder inovador que reflete profundamente sobre a cultura e as práticas de trabalho da Amazon. Quando lhe perguntaram qual líder ele mais admirava, Bezos apontou para Walt Disney, observando que:

> Me parecia que ele tinha uma capacidade incrível de criar uma visão e de convencer um grande número de pessoas a adotar essa visão. Coisas que Disney inventou, como a Disneylândia e os parques temáticos, eram visões tão grandiosas que nenhuma pessoa sozinha jamais conseguiria concretizar, ao contrário de muitas das coisas nas quais Edison trabalhou. Walt Disney realmente conseguiu colocar um grande número de pessoas trabalhando em um esforço coordenado para levar a empresa a uma única direção.[15]

Brad Stone, autor de *A loja de tudo*, um livro conceituado sobre a história da Amazon, observou que a empresa foi construída à imagem de Bezos, "uma máquina de amplificação feita para disseminar sua inventividade e engenhosidade no maior raio de ação possível".[16] Pensando assim, a Amazon é uma manifestação institucional das crenças, dos valores e da personalidade de Bezos. Muitas palavras são usadas para descrever Bezos e a empresa criada por ele, mas "implacável" pode ser a mais reveladora.

O segundo líder de negócios dos Estados Unidos de maior visibilidade hoje é indiscutivelmente Elon Musk. Ele está se aproximando do *status* de *"cult"* por ser capaz de projetar, construir e comercializar um produto revolucionário após o outro. A indústria de carros elétricos estava, na melhor das hipóteses, estagnada até Musk desenvolver o Tesla S. A versão de alto desempenho desse veículo recebeu a nota mais alta jamais concedida pela Consumer Reports (uma organização sem fins lucrativos norte-americana dedicada a fazer testes imparciais de produtos).[17] O veículo também obteve a melhor avaliação de segurança em comparação com qualquer outro veículo já testado pelo órgão regulador de segurança no trânsito dos Estados Unidos, a National Highway Traffic Safety Administration.[18] Até o momento, a Tesla vendeu mais de seiscentos mil carros elétricos, que rodaram mais de quinze bilhões de quilômetros.[19] Estima-se que os veículos elétricos da Tesla tenham

MERGULHANDO DE CABEÇA

poupado cerca de quatro milhões de toneladas métricas de CO_2 em comparação com veículos equivalentes de combustão interna.[20] Musk também fundou a SpaceX, a primeira empresa de capital fechado a lançar um foguete que atracou na Estação Espacial Internacional. A empresa também foi a primeira a desenvolver um foguete reutilizável, reduzindo enormemente o custo do transporte de materiais e equipamentos, como satélites, para o espaço. As realizações de Musk são ainda mais notáveis se levarmos em consideração que ele está concorrendo com empresas muito bem estabelecidas, como a BMW na indústria automotiva e a Boeing na indústria aeroespacial. Bill Gates resumiu bem as realizações de Musk quando disse: "Não faltam pessoas com uma visão para o futuro. O que faz de Elon um líder excepcional é sua capacidade de transformar essa visão em realidade".[21]

Se pensarmos em Jeff Bezos como implacável, podemos pensar em Elon Musk como obsessivo. A palavra obsessivo remonta da Idade Média, quando o termo descrevia o cerco a uma cidade ou castelo por um exército invasor.[22] Com o tempo, a palavra evoluiu e assumiu um sentido religioso, referindo-se a pessoas assombradas ou possuídas por uma força maligna. Vários séculos depois, o significado da palavra voltou a mudar, dessa vez para caracterizar um distúrbio psicológico. Um exército invasor se tornou um espírito invasor que se tornou um pensamento invasor. Hoje em dia, a maioria das pessoas vê a obsessão como uma fixação incontrolável e indesejada em uma única ideia. Um exemplo disso é uma pessoa consumida por um medo irracional de germes (na mesa de um restaurante, na porta do banheiro ou na mão de alguém que acabou de conhecer). Essa obsessão pode ir além de pensamentos indesejados e recorrentes, resultando em comportamentos compulsivos, como lavar as mãos trinta vezes por dia. Esse tipo de Transtorno Obsessivo-Compulsivo, embora possa ser visto como um fenômeno curioso ou até divertido, é uma doença grave e debilitante que causa muito sofrimento na vida de uma pessoa.[23]

Algumas obsessões são menos extremas, mas de valor discutível. Marion Strokes foi uma bibliotecária e ativista dos direitos civis que passou trinta e cinco anos gravando noticiários na TV. Quando ela faleceu, encontraram cerca de 140.000 videocassetes de noticiários guardados em seu apartamento e em várias unidades de *self storage*, resultando em quase um milhão de horas de programação gravada.[24] Strokes fazia isso porque não confiava na imprensa e queria documentar a maneira como as emissoras filtravam as informações e distorciam a representação de vários grupos sociais. Ela organizou sua vida e, em muitos aspectos, a vida de sua família, ao redor de suas gravações. A cada seis horas ela precisava trocar as fitas dos vários aparelhos de videocassete instalados pelo apartamento. É possível que não exista no mundo um arquivo de noticiários comparável em termos de volume e duração. O tempo dirá se as fitas terão algum valor para historiadores e pesquisadores do comportamento da imprensa.[25]

Existe um terceiro tipo de obsessão, muito diferente.[26] Uma obsessão pode motivar uma pessoa e sua equipe a atingir uma realização excepcional. Um admirador de Elon Musk perguntou à ex-mulher dele qual conselho ela daria às pessoas que gostariam de seguir os passos de empreendedores de sucesso como Musk. Ela disse: "Seja obcecado. Seja obcecado, seja obcecado ... Siga as suas obsessões até começar a ver um problema, um enorme problema que afeta o maior número de pessoas possível, que você se decide a resolver ou morrer tentando".[27] As pessoas cuja mente "é preenchida com um único pensamento, um único conceito, um único propósito" são aquelas que têm mais chances de alcançar o extraordinário.[28]

Para ilustrar esse ponto, imagine que você precisa escolher entre duas pessoas igualmente talentosas e experientes para liderar um projeto importantíssimo para a empresa. Se o projeto tiver sucesso, sua empresa terá novas e importantes oportunidades de receita e poderá empregar milhares de pessoas a mais. Fazer do projeto um sucesso é tudo o que importa para um dos candidatos. Ele passa 12 horas por dia, inclusive fins de semana, pensando no produto e na melhor maneira de comercializá-lo. Ele não tem qualquer vida social fora do trabalho e pouquíssimos interesses além de sua vida profissional. Ele é casado com o trabalho. O segundo candidato participa de uma ampla variedade de atividades comunitárias e tem vários interesses fora do trabalho. Ele dá duro no trabalho, mas faz questão de sair do escritório às 6 da tarde e raramente trabalha no fim de semana. Quem você escolheria para liderar o projeto?

Algumas pessoas diriam que o primeiro candidato, intenso demais, corre o risco de exaurir não só a si mesmo, mas também os membros de sua equipe. Promovê-lo também enviaria a mensagem errada aos outros funcionários da empresa, porque entraria em conflito com a importância do equilíbrio entre a vida pessoal e a vida profissional. Por outro lado, o comprometimento focado do candidato ao projeto também não aumentaria suas chances de sucesso? Você não precisa de uma empresa cheia de pessoas

MERGULHANDO DE CABEÇA

obsessivas (nem necessariamente quer isso). Você só precisa de um número suficiente de pessoas com essa característica, principalmente em momentos cruciais da história da empresa, para realizar algo excepcional. E, no fim, não é verdade que todo mundo vai sair ganhando? Como um psicólogo observou: "Quando pessoas com energia criativa conseguem canalizar bem seus traços de personalidade obsessiva, todos se beneficiam".[29]

Um bom exemplo do impacto da obsessão foi a construção da Ponte do Brooklyn mais de 150 anos atrás.[30] Um dos maiores feitos de engenharia da época, a ponte cruza o East River em Nova York, ligando o Brooklyn a Manhattan. Washington Roebling foi o engenheiro-chefe da ponte depois que seu pai, a força impulsionadora por trás do projeto, faleceu em um acidente no canteiro de obras. Roebling, o pai, estava trabalhando na orla do Brooklyn e seu pé foi esmagado por uma barcaça. Duas semanas depois, ele morreu de gangrena, deixando seu filho de 32 anos encarregado de gerenciar a enorme empreitada. Um ano depois, Washington Roebling contraiu a doença de descompressão ao trabalhar nas fundações subaquáticas das gigantescas torres da ponte. A partir de então, ele não pôde mais visitar o canteiro de obras da ponte. Roebling passou os próximos treze anos, com a ajuda de sua esposa, Emily, e uma equipe de engenheiros talentosos, supervisionando a construção em sua casa, no Brooklyn. A gigantesca estrutura foi concluída em 1883, tendo imposto um alto custo para a família Roebling: a morte do pai, uma doença vitalícia sofrida pelo filho e anos de total imersão no projeto por parte do casal. A ponte se tornou um símbolo da vitalidade da cidade de Nova York e hoje é utilizada por milhões de pessoas que a cruzam diariamente a pé, de bicicleta, de carro e de trem. É um testemunho do prolongado compromisso de uma família.[31]

A vida de Alison Hargreaves é outro exemplo radical do preço da obsessão.[32] Ela foi a primeira mulher a chegar ao cume do Everest sozinha, sem usar oxigênio suplementar nem cordas fixas. Ela morreu três meses depois, aos 33 anos, pega de surpresa por uma tempestade enquanto descia a segunda montanha mais alta do mundo, o K2. Depois de sua morte, algumas pessoas a criticaram por ter se deixado consumir por seu desejo de se desafiar a ponto de ter forçado seus dois filhos pequenos a crescer sem a presença da mãe. Ela dizia que amava os filhos e amava o montanhismo, que estava ciente da dificuldade de querer os dois em sua vida, mas que estava comprometida a manter os dois.[33] Em sua última entrevista, ela disse: "Se você tiver duas opções, escolha a mais difícil, porque você se arrependerá se não fizer isso".[34]

ALL IN

Mas, na verdade, pessoas como Alison Hargreaves podem não ter escolha. Jeff Bezos acredita que a obsessão é que escolhe a pessoa e não é a pessoa que escolhe a obsessão.[35] Como o exército invasor mencionado acima, a obsessão em sua forma mais extrema sitia o indivíduo, que pode se tornar um prisioneiro de suas demandas. Mas as pessoas que perseguem sua obsessão não precisam fazer isso tão às cegas. Elas podem se esforçar para se conscientizar do custo potencial, para elas e para as pessoas de seu convívio, de perseguir sua "baleia branca". Hargreaves estava totalmente ciente do perigo que enfrentava. Como todos os bons alpinistas, ela aceitou o risco e o administrou com tranquilidade e muita disciplina.[36] Hargreaves também sabia que o alpinismo poderia levá-la à morte. Ela viu muitos colegas escaladores perecer e não se iludia achando que não corria esse risco. No entanto, ela viveu acreditando piamente em uma de suas frases favoritas: "É melhor ter vivido um dia como um tigre do que mil anos como uma ovelha".[37]

É bem verdade que a vida em um escritório não chega perto do nível de sacrifício de Hargreaves, mas os que mergulham de cabeça e apostam tudo no trabalho também sofrem as consequências dessa atitude. O excesso de trabalho e o estresse de tentar atingir uma meta audaciosa afetam a saúde dessas pessoas. Elas terão menos tempo com a família e para atividades comunitárias e de lazer. Mesmo quando estiverem com a família, passarão o tempo todo pensando no trabalho. Elon Musk é um bom exemplo disso, especialmente quando a Tesla estava tendo dificuldades de superar seus desafios operacionais e financeiros. Segundo um biógrafo de Musk:

> O comprometimento desse cara é absolutamente insano. Ele simplesmente não vive. Ele trabalha o tempo todo. Já teve três casamentos. Não tem tempo para passar com os filhos. A vida dele está muito longe de uma existência normal. É um sacrifício que ninguém se disporia a fazer.[38]

Pode parecer absurdo se compadecer de pessoas que atingiram tanto sucesso quanto Bezos e Musk. No entanto, precisamos reconhecer que ser obcecado nem sempre leva a uma existência confortável ou feliz. Como Musk observou, a maioria de seus admiradores provavelmente não gostaria de viver na pele dele nem mesmo por alguns dias. No mundo dos negócios, os líderes obsessivos podem se submeter a um nível de estresse que a maioria das pessoas consideraria insuportável. As pessoas respeitam esses líderes por suas realizações e por sua fortuna, mas a maioria não tem ideia dos sacrifícios que eles fazem para atingir seus grandiosos objetivos. Muitas pessoas gostariam de saber como seria viver a vida do Elon Musk, fazendo anúncios no Twitter e apresentando os produtos revolucionários de sua empresa. Mas passar o tempo todo na pele dele tem menos apelo quando nos conscientizamos do custo dessa vida. Como o próprio Musk disse sobre sua vida: "A realidade é que a vida é feita de altos fantásticos, baixos terríveis e um estresse implacável. Acho que as pessoas não querem saber destes dois últimos".[39]

A obsessão muitas vezes é temida, não só pelo preço que cobra das pessoas e de sua família, mas também pelo preço que pode impor aos colegas de trabalho. Todo mundo sabe da obsessão de Steve Jobs por criar produtos excelentes. Ele pegou uma empresa que estava à beira da falência e a redirecionou para se tornar uma das empresas mais valiosas do mundo. Os 700 milhões de clientes da Apple e os 2,4 milhões de pessoas que trabalham direta ou indiretamente para a empresa devem muito a Steve Jobs.[40] Apesar de suas realizações surpreendentes, o legado de Jobs como um líder é controverso. Ele tem muitos admiradores fervorosos, bem como um grupo menor, mas igualmente fervorosos de detratores. A maior controvérsia em relação à sua liderança envolve o tratamento que Jobs dava a seus subordinados. Jobs ameaçava e depreciava as pessoas que não conseguiam atingir suas grandiosas expectativas. Ele tinha um estilo agressivo de extrair o melhor das pessoas que trabalhavam com ele. Ninguém era poupado se o produto não atendesse às suas expectativas. Um de seus colegas descreveu a abordagem de Jobs como "gestão por assassinato de reputação". Ele lembra:

> Seu estilo de gestão consistia em se comprometer com o impossível e forçar sua equipe, muitas vezes com crueldade, a produzir resultados. Ele tratava seus funcionários com uma mistura volúvel de favoritismo e críticas... Em geral, ele só olhava para você e dizia diretamente, em voz alta e severa: "Você está acabando com a minha empresa" ou "Se fracassarmos, a culpa será sua".[41]

Jobs era rigoroso com sua equipe e também podia ser igualmente combativo com integrantes de outros grupos da Apple. Seu ímpeto obsessivo resultou, pelo menos em algumas ocasiões, em uma rivalidade do tipo "nós contra eles" na empresa. Era comum ele criticar membros das outras equipes e depreciar seus esforços e resultados. Os conflitos se intensificaram e as diferenças entre os grupos da empresa ficaram mais pronunciados. O resultado foi uma tentativa por parte de Jobs de expulsar o homem que o contratou para dirigir a empresa. Quando Jobs exigiu que o conselho da Apple escolhesse entre ele e o CEO John Scully, o conselho ficou do lado de Scully. Foi assim que Jobs, um dos líderes mais visionários do século passado, teve de sair da empresa que ele tanto amava.

Muitas pessoas, incluindo admiradores de Jobs, sugerem que o lado mais severo de seu estilo de liderança era desnecessário. Acreditam que ele teria alcançado tantas realizações, ou até mais, com uma abordagem mais benevolente.[42] O problema é que essa perspectiva ignora a realidade de que o atributo que levou Jobs a ser um líder extraordinário, especialmente em seu foco implacável na criação de excelentes produtos, foi o mesmo atributo que fez dele um chefe rigoroso e um colega difícil.[43] Um líder apaixonado por criar algo extraordinário também é um líder que pode ser severo com pessoas os quais não se mostram à altura de seus padrões de exigência. Esses líderes têm pouca (ou nenhuma) paciência com pessoas menos talentosas e que eles veem como obstáculos à concretização de sua visão. Jeff Bezos também recebeu críticas semelhantes em algumas ocasiões, assim como Elon Musk.[44] Muitas das empresas mais inovadoras e de maior crescimento fundadas nas últimas décadas, como a Apple, a Amazon, a Tesla, a Netflix, o Facebook e a Alibaba, foram fundadas por líderes obsessivos, que exigiam muito de si mesmos e de seus funcionários.

Desse modo, a obsessão é uma faca de dois gumes e impõe um dilema aos líderes. A obsessão também representa uma importante tensão em muitas organizações. As empresas querem pessoas que apostam tudo no trabalho. Mas muitas empresas também tentam cultivar um ambiente de trabalho que promove uma vida equilibrada para os funcionários, uma vida na qual o trabalho não passa de mais um elemento de uma existência saudável. Essas empresas são menos tolerantes ao lado negativo do comportamento obsessivo, que inclui o estresse e o *burnout* de funcionários. No entanto, as ações para reduzir as desvantagens da obsessão, por mais bem-intencionadas que sejam, sempre correm o risco de passar dos limites, deixando em segundo plano o que é necessário para promover o crescimento de uma empresa. Em outras palavras, colocar conforto e equilíbrio antes da necessidade de produzir algo extraordinário pode ter consequências indesejadas. Jeff Bezos, percebendo esse risco, não quer que a Amazon seja menos focada e menos implacável do que era no dia em que abriu as portas para os clientes. Para Bezos, as empresas correm o risco de se transformar em um resort de férias em parte porque seu sucesso permite que isso aconteça.

MERGULHANDO DE CABEÇA

Jeff Bezos, Elon Musk e Steve Jobs são parecidos em seu foco total e absoluto e sua motivação implacável. Neste livro, veremos que essas duas características, foco e motivação, são essenciais para as pessoas que desejam alcançar o extraordinário. O desafio é conseguir se beneficiar das vantagens da obsessão e, ao mesmo tempo, reduzir suas desvantagens. O próximo capítulo analisa a obsessão em mais detalhes, comparando-a com a noção popular de garra. Apresento o argumento de que a obsessão é a garra levada ao extremo, com consequências tanto positivas quanto negativas. Nos capítulos seguintes, apresento três estudos de caso de liderança obsessiva: Jeff Bezos da Amazon, Elon Musk da Tesla e Travis Kalanick da Uber. Descrevo a obsessão de cada um desses líderes e as lições que podemos aprender com a experiência deles. Os dois capítulos finais examinam as escolhas que pessoas e organizações fazem em relação à obsessão, destacando os prós e os contras de pensar e agir obsessivamente. Para um indivíduo, a questão é perseguir ou não uma obsessão e depois administrar as consequências de sua decisão. Para a organização, a questão é decidir o nível de obsessão necessário para competir, principalmente se a empresa estiver causando uma disrupção em um setor ou estiver sendo desestabilizada por outras.

Para entender a lógica e os limites da obsessão, é importante ter em mente várias condições. Para começar, **a obsessão não é o único fator necessário para alcançar uma realização extraordinária.** Como vimos acima e veremos no próximo capítulo, uma pessoa obsessiva que não tiver a capacidade intelectual e a criatividade necessárias para se destacar em sua profissão raramente produzirá algo excepcional. Malcolm Gladwell, autor de livros populares como *Blink: a decisão num piscar de olhos*, sugere essa mesma ideia quando diz que poderia passar cem anos jogando xadrez e nunca se tornar um Grande Mestre. No entanto, o argumento de Gladwell é que o talento, apesar de ser fundamental, é supervalorizado. A chave para o sucesso na maioria das esferas da vida é a disposição de focar os esforços necessários para dominar uma profissão e, com isso, atingir um objetivo ambicioso.

Em segundo lugar, **a obsessão nem sempre é necessária.** Uma empresa que opera em um ambiente de negócio relativamente estável consegue sobreviver por anos sem ter líderes e funcionários obsessivos. Uma boa força de trabalho bastará para uma empresa que não corre o risco de ser derrubada por concorrentes inovadores e agressivos. No entanto, as realizações excepcionais, que Steve Jobs descreveu como "deixar sua marca no universo", quase sempre resultam de pessoas com um temperamento obsessivo e dispostas a fazer muitos sacrifícios para atingir seus objetivos.

ALL IN

Em terceiro lugar, **nem sempre é possível entender ou administrar totalmente a obsessão**. A obsessão, por sua própria natureza, envolve render-se a uma missão que nem a própria pessoa, muito menos os outros, é capaz de entender ou de controlar completamente.[45] Pode ser que a obsessão tenha tanta força justamente por ser, em grande parte, um impulso inconsciente. Na melhor das hipóteses, a obsessão é um foco produtivo que fornece a motivação necessária para seguir em frente e atingir um nível além do que seria atingido por pessoas que são apenas racionais. O mistério é que não sabemos o que leva uma pessoa a ficar obcecada nem quanto tempo a obsessão se manterá. O lado irracional da obsessão resulta em deslizes ou até ações autodestrutivas. Elon Musk, por exemplo, insultou a imprensa e a comunidade financeira quando achou que esses grupos estavam obstruindo seu caminho. Em uma conferência de lucros, ele se recusou a responder perguntas de um analista sobre as exigências de capital e os pedidos em carteira dos clientes da Tesla. Ele disse ao analista que "não é legal fazer perguntas chatas e idiotas". Em seguida, Musk se engajou em uma conversa de vinte minutos com um investidor do varejo que tem um canal no YouTube. Musk encerrou aquela sessão da conferência agradecendo ao blogueiro por não fazer perguntas chatas. A reação da imprensa e da comunidade de investidores depois da conferência foi absolutamente negativa, sendo que alguns chegaram a sugerir que Musk não tinha o temperamento certo para dirigir uma empresa de capital aberto.

Em quarto lugar, **as experiências da vida de uma pessoa não resultam inevitavelmente em uma personalidade produtivamente obsessiva**. Por exemplo, não temos como saber quais eventos resultaram na obsessão de Bezos por sua missão de encantar os clientes ou por que Musk dedica sua vida a criar produtos que ele acha que vão beneficiar a humanidade. Não acredito em uma relação direta entre a vivência de uma pessoa e a presença de traços de liderança, como a obsessão, por mais que algumas pessoas adorariam acreditar nisso. A falácia narrativa é procurar relações de causa e efeito onde elas não existem. Desse modo, este livro não contém um histórico detalhado da vida dos líderes apresentados, que pode ser encontrado em suas biografias. Meu foco é em suas ideias e comportamentos obsessivos, não importa como eles se desenvolveram.

Por fim, **corremos o risco de endeusar esses líderes e suas conquistas, o que pode distorcer as lições que aprendemos com eles**. No entanto, também devemos manter em mente que a tentação oposta é igualmente problemática. Algumas pessoas têm uma visão excessivamente negativa desses líderes quando eles cometem algum deslize ou se tornam muito poderosos. Bezos, Musk e Jobs merecem nossa atenção porque estão entre os líderes de negócios mais bem-sucedidos e inovadores de nossa geração. Eles se dispuseram a assumir riscos enormes e seguir em frente apesar das grandes chances de fracassar. Eles criaram produtos icônicos e construíram empresas que mudaram o modo como vivemos e trabalhamos. No entanto, os três cometeram grandes erros que, em maior ou menor grau, prejudicaram a si mesmos e a suas empresas. Estamos falando de líderes complexos, com forças imponentes e, em alguns casos, fraquezas debilitantes. Eles podem agir de maneiras surpreendentes, contraditórias e inexplicáveis. Devemos ver cada um deles como um exemplo a ser seguido, tendo sempre em vista sua possibilidade de falhar. Meu objetivo é explorar a natureza e o impacto de suas obsessões, para que possamos nos beneficiar de suas ideias e experiências.

LIÇÕES DO CAPÍTULO

- As organizações precisam de líderes obsessivos atuando em vários níveis diferentes se quiserem sobreviver e crescer em um mundo extremamente competitivo. Isso é especialmente verdadeiro se as organizações estiverem buscando causar uma disrupção oferecendo um novo produto ou serviço.

- Em geral, a obsessão é ao mesmo tempo necessária e potencialmente tóxica. Tanto pessoas quanto organizações precisam abraçar a obsessão, mas devem tomar cuidado ao lidar com ela.

2 NÃO ADIANTA SÓ TER GARRA: FOCO TOTAL E ABSOLUTO E MOTIVAÇÃO IMPLACÁVEL

POR TRÁS DE CADA GRANDE CONQUISTA ESTÁ UMA OBSESSÃO AINDA MAIOR.

A ESPN transmite todos os anos as finais do concurso Scripps National Spelling Bee. No concurso, várias centenas de crianças precoces precisam soletrar palavras obscuras que poderiam muito bem pertencer a uma língua estrangeira.[1] Com pouco tempo para responder e diante de uma plateia cheia de familiares e desconhecidos e ofuscados pelas luzes da TV, os competidores só conseguem avançar se soletrarem corretamente as palavras em rodadas sucessivas. Basta errar uma letra e eles estão fora da competição, o que seria o equivalente intelectual da morte súbita. Angela Duckworth, uma psicóloga e professora da University of Pennsylvania e ganhadora do prêmio MacArthur Fellowship, achou que o concurso podia ser um laboratório natural para sua pesquisa sobre realizações e conquistas. Mais especificamente, Duckworth queria identificar o que separa os melhores soletradores dos que eram apenas muito bons.

Ela descobriu que os melhores competidores apresentavam mais do que ela chamou de "garra", uma característica que resultava em uma maior disposição para se engajar no árduo trabalho de preparação para o concurso e desenvolver suas habilidades. Como era de se esperar, a pesquisa também indicou que a inteligência verbal também foi um fator preditivo das chances de sucesso de um competidor. No entanto, a pesquisa não encontrou qualquer correlação entre a inteligência e o impacto da garra. Em outras palavras, cada fator contribuía de maneiras diferentes para o desempenho do competidor. Duckworth concluiu que a garra explica por que algumas pessoas atingem mais conquistas e realizações mesmo sem ser mais intelectualmente dotadas do que as outras.[2]

NÃO ADIANTA SÓ TER GARRA

Nos últimos anos, a garra se tornou um tema em alta no estudo das realizações. Mais de dezenove milhões de pessoas assistiram à palestra de Duckworth no TED Talk e seu livro é um best-seller. Os defensores da garra descrevem o atributo como uma combinação de propósito e persistência na busca de atingir um objetivo de longo prazo. Os estudiosos ainda não chegaram a um consenso sobre o impacto da garra na realização,[3] mas seus defensores apontam que o atributo ajuda a promover o sucesso em uma variedade de cenários. Eles documentaram o impacto da garra em situações que vão de cadetes da Academia Militar dos Estados Unidos lutando para sobreviver no campo de treinamento até trabalhadores corporativos tentando atingir suas metas de vendas mensais. É importante ressaltar que os defensores também acreditam que a educação e o treinamento aumentam a garra. Segundo eles, todos nós temos o potencial de desenvolver a garra com o tempo e nos beneficiar disso. Duckworth destaca o papel crucial dos pais e educadores no desenvolvimento da garra em crianças e alunos.[4]

No entanto, a obsessão não se restringe à garra, sendo caracterizada por metas mais ambiciosas, um foco mais obstinado e uma motivação mais implacável. Líderes como Jeff Bezos, Elon Musk e Travis Kalanick são muito mais do que pessoas com garra. Jeff Bezos passou mais de vinte e cinco anos questionando as abordagens convencionais ao varejo. Ao fazer isso, ele criou uma empresa que elevou consideravelmente o nível da experiência do cliente em todos os setores ao redor do mundo. Elon Musk cria produtos baseados em energia elétrica e solar que evitarão o que ele acredita ser uma catástrofe ambiental. Travis Kalanick, a força motriz por trás da Uber, era obcecado por criar opções melhores para transportar pessoas e produtos em cidades ao redor do mundo. A obsessão é mais do que a busca para atingir um objetivo de longo prazo. É o foco obstinado e a motivação implacável necessários para levar a cabo uma empreitada audaciosa. Para os que buscam concretizar suas ambições descomunais, ter garra seria como levar uma faca a um tiroteio.

A obsessão difere da coragem também em outro aspecto. Angela Duckworth, com base em suas pesquisas e sua experiência trabalhando em escolas, acredita que a garra não tem desvantagens consideráveis. Ela escreve:

> Não tenho nenhum dado que sugira alguma desvantagem de ter
> uma enorme garra. Na verdade, no topo da Escala de Garra, eu
> normalmente encontro pessoas que tiveram um enorme sucesso
> e também uma grande satisfação com sua vida. Mas... isso não

significa que deveríamos descartar totalmente a possibilidade de ter "garra demais"... Nada impede uma pessoa de insistir em investir em um projeto fadado ao fracasso que nunca vai levar a nada ... Mesmo assim, acredito que esses problemas envolvem, principalmente, as metas secundárias que ajudam a atingir as metas mais elevadas da pessoa.[5]

Desse modo, em quase todos os casos, mais é melhor quando se trata de garra. Só que, em muitos casos, mais é menos quando se trata de obsessão. O custo pode ser a saúde física e emocional da pessoa, seus relacionamentos pessoais e profissionais e, em algumas situações, o avanço profissional, já que uma pessoa obcecada pode agir de maneiras que reduzem suas chances de sucesso em uma empresa ou equipe. Preocupar-se demais com uma coisa pode levar os obcecados a negligenciar ou sacrificar outras coisas na busca de atingir o objetivo no qual eles estão focados. Justine Musk contou um pouco sobre como é viver e trabalhar com um sujeito obsessivo como Elon, observando que pode ser empolgante se você quiser a mesma coisa que ele, mas "isso impõe um preço, às vezes para o próprio Elon, às vezes para as pessoas que convivem com ele. Mas alguém sempre paga o preço".[6]

NÃO ADIANTA SÓ TER GARRA		
Garra		**Obsessão**
Propósito	$\longrightarrow$	Foco total e absoluto
Persistência	$\longrightarrow$	Motivação implacável
Nenhuma desvantagem	$\longrightarrow$	Desvantagens custosas

FOCO TOTAL E ABSOLUTO

O propósito, o primeiro componente da garra, é intensificado nos obcecados, resultando no "domínio dos pensamentos e sentimentos de uma pessoa por uma ideia, imagem ou desejo persistente".[7] Outros aspectos da vida são relegados para segundo plano, passando a ser periféricos e vistos como uma prioridade mais baixa ou até mesmo uma distração do que realmente importa. Esse estreitamento do foco é comum a pessoas que buscam atingir o topo de sua profissão, o que pode ser mais claro no caso dos atletas profissionais. Um treinador de atletas de alto nível observa:

NÃO ADIANTA SÓ TER GARRA

Nunca conheci um grande atleta e, a propósito, nem um empreendedor de elite, que não fosse de certa forma obsessivo. Os atletas que realmente se destacam, aqueles que fazem parte do 1% de desempenho superior, costumam ser absolutamente obcecados pelo que fazem. Eles priorizam mais o esporte do que o trabalho, a família, os relacionamentos e até sua própria saúde. Na verdade, muitos atletas parecem muito dispostos a sacrificar a própria essência da vida para alcançar a grandeza atlética.[8]

Ele explica que, apesar de alguns atletas de elite conseguirem dominar seu esporte sem ser obcecados, eles são as exceções, não a norma. O sucesso em uma empreitada altamente competitiva requer a capacidade de estreitar o foco. Veja, por exemplo, a vida e a carreira de Ichiro Suzuki. Um jogador japonês de beisebol, que se tornou um dos melhores jogadores de todos os tempos.[9] Ele detém o recorde de rebatidas em uma única temporada e tem mais rebatidas totais do que qualquer outro jogador da história se incluirmos os anos que ele passou jogando no Japão e nos Estados Unidos.[10] Ichiro repetia religiosamente as rotinas diárias que começou a seguir na infância. Alongamento, rebatidas e defesa, todos os dias, todas as semanas e todos os meses, sem exceção, inicialmente sob o olhar atento de seu pai. Ele manteve essa rotina no decorrer de toda sua carreira de jogador, que durou vinte e oito anos. Suzuki organizava sua vida desperta em torno de blocos de cinco minutos de atividade, sendo que cada bloco se voltava a melhorar seu desempenho no beisebol. Um jornalista que escreveu uma reportagem sobre ele, afirmou que Suzuki "despojou-se metodicamente de todos os elementos de sua vida exceto o beisebol", sugerindo que "ele ganhou uma fortuna de US$ 160 milhões, mas não tem como usufruir dela. Ele mereceu seu descanso, mas não consegue parar. Ele conquistou sua liberdade, mas não a quer".[11]

David Foster Wallace, escrevendo sobre a vida de atletas profissionais, sugere que a excelência em um esporte exige a "compressão radical da atenção".[12] A imprensa, contudo, costuma retratar os atletas como pessoas completas e equilibradas, com qualidades pessoais que fazem com que eles sejam mais simpáticos para os fãs. Wallace escreve:

> Observe como reportagens "íntimas e pessoais" de atletas profissionais fazem de tudo para encontrar evidências de um ser humano completo, incluindo interesses e atividades fora das arenas esportivas e valores que não se restringem ao esporte.

ALL IN

Ignoramos o óbvio, que isso tudo não passa de uma farsa. É uma farsa porque hoje em dia a realidade do atletismo de alto desempenho requer um comprometimento total, e desde muito cedo na vida, a uma única área de excelência. Uma assimilação de praticamente todos os outros aspectos da vida humana ao talento e à busca escolhidos pela pessoa. Um compromisso de viver em um mundo que, como o mundo de uma criança, é muito pequeno.[13]

O comportamento obsessivo, naturalmente, não se restringe aos atletas profissionais. O comediante Jerry Seinfeld faz mais de cem apresentações de *stand-up* todos os anos. Com mais de 65 anos, ele não faz isso para ganhar dinheiro, já que se estima que seu patrimônio líquido chegue aos US$ 800 milhões. "Eu não tenho nada contra o dinheiro", ele diz, "mas nunca fiz isso por dinheiro".[14] Seinfeld passa a maior parte do tempo escrevendo piadas, que ele ajusta e reajusta para produzir mais risadas. Um colega comentou que a maioria dos comediantes se deixa dominar pela preguiça, enquanto Seinfeld é um artesão dedicado. Quando está em Nova York, onde mora, ele vai a seu escritório e passa horas a fio, sozinho, trabalhando as piadas em um bloco de notas de folhas amarelas. Ele pode passar anos pensando e trabalhando em uma única piada, alterando seu fluxo, incluindo ou excluindo uma ou outra palavra e mudando a maneira como a conta para uma plateia. Sua vida é dedicada a fazer ajustes finos nas piadas, aparando as arestas e fazendo uma pequena correção após a outra. Ele se vê, acima de tudo, como um comediante de *stand-up* cujo propósito é fazer as pessoas rirem, e ele sabe que os detalhes fazem toda a diferença. Feito isso, ele testa suas melhorias em apresentações de *stand-up*, às vezes para plateias de menos de vinte pessoas. Ele precisa contar a piada a uma plateia para saber se as alterações melhoraram a piada ou, como costuma ser o caso, constatar que precisa fazer mais ajustes. Ao descrever sua existência, Seinfeld diz: "Muitas das coisas que eu faço são por pura obsessão".[15]

Muitos líderes empresariais também têm um foco obstinado em algum objetivo. Nikola Tesla, o lendário inventor da tecnologia elétrica e de rádio que afeta quase todos os aspectos do nosso dia a dia, foi uma dessas pessoas. Suas contribuições incluem o desenvolvimento da corrente alternada, que é a base das redes elétricas utilizadas em todo o mundo nos dias de hoje. Ele também foi um pioneiro do uso do motor de indução que hoje é encontrado em uma variedade de dispositivos e eletrodomésticos. Sobre o que ele mais valorizava, Tesla escreveu: "Acho que nenhuma outra emoção que passa pelo coração humano se compara à sentida por um inventor que vê uma criação de seu cérebro se transformando em um sucesso... Essas emoções fazem um homem se esquecer de comer, de dormir, dos amigos, do amor, de tudo".[16] O foco obstinado de Tesla em seu trabalho teve um preço: ele negligenciou sua saúde, seus relacionamentos e sua segurança financeira. Quando morreu, ele vivia sozinho em um quarto de hotel de Nova York, pobre e com a saúde debilitada.

MOTIVAÇÃO IMPLACÁVEL

A persistência, um componente fundamental da garra, se transforma, nas pessoas obcecadas, em uma motivação implacável para atingir seu objetivo. Se a pessoa tiver foco, mas não for motivada, até as ideias mais promissoras nem sempre resultam em um produto ou serviço valorizado pelos consumidores. O empreendedor Garrett Camp foi o criador do aplicativo de celular que possibilitou a existência do Uber. Mas foi Travis Kalanick quem teve a motivação inabalável necessária para criar a empresa que hoje atende quinze milhões de passageiros por dia. Camp se aliou deliberadamente com Kalanick porque este último tinha a ambição e a tenacidade necessárias para superar os enormes obstáculos que a Uber enfrentaria. Era Kalanick, e não Camp, que tinha o temperamento necessário para impulsionar o crescimento da Uber.

A motivação implacável atua em vários níveis. Para começar, as pessoas implacáveis normalmente estabelecem padrões mais elevados do que as outras. Para elas, o bom não é bom o suficiente. Veja, por exemplo, as práticas do lendário cineasta Stanley Kubrick. Para um de seus filmes, Kubrick fez um fotógrafo tirar fotos de todos os prédios de uma rua de Londres que seria usada como a locação de uma cena. Kubrick pediu as fotos para garantir que a cena ficasse exatamente como ele queria. Um integrante de sua equipe lembra:

> O mais importante é que ele não queria que a perspectiva atrapalhasse. Se as fotos fossem tiradas do nível da rua, os prédios pareceriam inclinados para trás e ele não teria como alinhá-los direito... Então, o fotógrafo teve de levar uma escada enorme para a Commercial Road, subir três metros e meio, fotografar o primeiro prédio, descer, mover a escada para o próximo prédio e subir de

ALL IN

novo para tirar a próxima foto. E teve que percorrer a rua inteira fazendo isso (e não era uma rua curta). Dos dois lados da rua. E tudo isso enquanto atendia os telefonemas do diretor pedindo para ele se apressar e perguntando quando as fotos ficariam prontas[17]

No mundo dos negócios, os líderes são igualmente implacáveis. Mais especificamente, alguns exigem o melhor desempenho possível de si mesmos e dos funcionários. Steve Jobs, por exemplo, queria que os computadores da Apple tivessem um *design* elegante, não só por fora, mas também por dentro. No início de sua carreira, ele notou que alguns componentes das placas-mãe do computador Apple II estavam desalinhados. Ele exigiu que sua equipe refizesse as placas, mesmo sabendo que a mudança não faria qualquer diferença no desempenho da máquina e não seria notada pela grande maioria dos usuários, que jamais abririam seus computadores hermeticamente fechados para ver o que tem dentro.[18]

Jeff Bezos decidiu que o *e-reader* da Amazon deveria ser capaz de baixar um livro em qualquer lugar e a qualquer hora em menos de sessenta segundos. Para isso, o dispositivo precisaria ter acesso à internet sem estar conectado a um computador ou a uma rede wi-fi. Hoje em dia, nem paramos para pensar nessa capacidade do Kindle. Deu muito trabalho para a visão de Bezos ser concretizada, incluindo negociações com companhias telefônicas para permitir *downloads* de livros sem cobrar dos compradores.

Elon Musk é outro exemplo de um líder que define metas absurdas e, por vezes, até inatingíveis, forçando as pessoas a entregar mais do que elas acreditavam ser possível. Um dos engenheiros de Musk na SpaceX disse: "Algumas vezes eu cheguei a achar que ele tinha alguns parafusos a menos... Na primeira vez que nos falamos [ele perguntou]: 'Quanto você acha que a gente consegue reduzir o custo de um motor, em comparação com o que você previu que o motor custaria na TRW [uma empresa aeroespacial concorrente da SpaceX]?' Eu respondi: 'Talvez um fator de três'. Ele disse: 'Precisamos de um fator de dez'. Eu pensei: 'Ele pirou'. Mas, no fim, posso dizer que estamos chegando bem perto dessa meta!"[19]

Os líderes implacáveis também tendem a se envolver nos detalhes operacionais. A maioria dos especialistas em gestão sustenta que os executivos seniores devem evitar o microgerenciamento e devem delegar a gestão das operações. Os líderes obsessivos mergulham nos detalhes e gostam de decidir como as coisas são feitas. Elon Musk se envolve ativamente no *design* e na

NÃO ADIANTA SÓ TER GARRA

fabricação dos foguetes da SpaceX. Ele é o CEO e o diretor de tecnologia da empresa. Ele disse: "Conheço o foguete de dentro para fora e de cabo a rabo. Sei dizer qual é a têmpera de tratamento térmico usada no material da carcaça, onde ela muda, por que escolhemos esse material, a técnica de soldagem... até os mínimos detalhes".[20] Jobs fazia questão de aprovar até os menores detalhes dos produtos da Apple e Bezos, principalmente nos primeiros anos, gostava de avaliar até as minúcias operacionais de sua empresa.

Outra característica dos líderes implacáveis é a engenhosidade ou, em outras palavras, a capacidade de encontrar soluções para problemas difíceis. Bezos atribui sua engenhosidade à influência de seu avô, que era proprietário de um rancho de vinte e cinco mil acres na região de San Antonio, Texas. Dos 4 aos 16 anos, Bezos passou todas as férias de verão trabalhando com o avô. Anos depois, ele escreveu:

> Os criadores de gado (e acho que qualquer pessoa que trabalha com agropecuária) aprendem a ser muito autossuficientes e, não importa se forem lavradores, não importa o que eles fizerem, eles dependem da própria capacidade para muitas coisas. Meu avô se encarregava praticamente de todos os cuidados veterinários do gado. A gente mesmo consertava o trator Caterpillar quando ele quebrava e meu avô substituía pelas engrenagens gigantes que tinha no rancho. A gente construía guindastes para levantar as engrenagens. E é muito comum o pessoal que trabalha no campo fazer esse tipo de coisa.[21]

Bezos acreditava que seu avô era capaz de superar qualquer obstáculo que encontrasse, mesmo se não tivesse experiência com o problema. Quando reconstruíam o motor de um trator, os dois estavam aprendendo em tempo real, consultando manuais. Bezos espera o mesmo tipo de engenhosidade dos funcionários da Amazon. Por exemplo, ele pressionou o líder de um centro de distribuição da Amazon a permitir que os clientes fizessem um pedido até as 7 da noite para receber o produto no dia seguinte. O líder resistiu, mas Bezos persistiu... e a meta foi atingida. Não é de surpreender que a Amazon se empenhe ao máximo para contratar pessoas com um histórico comprovado de engenhosidade. O processo de seleção da empresa compreende extensas verificações de referência que incluem perguntas como: "Você consegue pensar em um problema que todo mundo achava que era impossível de resolver, mas que o candidato conseguiu resolver?" Ser engenhoso requer disposição para sair da zona de conforto e encarar as dificuldades. Essa mentalidade se aproxima do significado histórico da palavra paixão, que se evidencia em alguns idiomas até hoje:

> Em alemão, a palavra para paixão é *leidenschaft*, que significa literalmente "a capacidade de suportar as adversidades". É uma palavra muito menos otimista e positiva do que o significado que costumamos associar ao termo. Nas culturas germânicas, se você for apaixonado por algo, esse algo não é necessariamente prazeroso. *Leidenschaft* implica saber que o empenho vai ser desagradável, mas ser capaz de tolerar o processo porque o resultado vai valer a pena.[22]

Elon Musk é um exemplo dessa definição mais sóbria da palavra paixão. Seu foguete Falcon, da SpaceX, falhou nos três primeiros lançamentos. Um quarto fracasso provavelmente resultaria na falência da empresa toda, já que os clientes em potencial poderiam duvidar da capacidade da empresa de lançar foguetes em órbita. Perguntaram a Musk como ele conseguiu manter o otimismo depois do terceiro lançamento fracassado e ele respondeu: "Otimismo, pessimismo, nada disso importa. Nós vamos fazer acontecer. Deus sabe que eu vou fazer dar certo. Custe o que custar".[23] Cumprindo sua palavra, o próximo lançamento do Falcon foi um sucesso e a SpaceX fechou um contrato de US$ 1,6 bilhão com a NASA.[24]

Pesquisas sugerem que algumas pessoas persistem quando outras desistem porque esses dois grupos vivenciam a adversidade de maneiras diferentes. Carol Dweck, professora da Stanford University, estuda como as pessoas reagem a desafios difíceis. Em sua pesquisa, ela apresenta às pessoas, geralmente crianças, problemas de variadas dificuldades para resolver. Em seguida, ela procura entender por que algumas pessoas gostam de resolver problemas difíceis enquanto outras não. Em outras palavras, ela quer saber por que motivo algumas pessoas persistem para resolver um problema desafiador. Suas pesquisas indicam que a maneira como interpretam os contratempos ao resolver problemas é um fator preditivo de seu comportamento. As pessoas que acreditam na solução dos problemas têm mais chances de persistir. Essas pessoas não personalizam os contratempos nem os interpretam como um indicativo de suas deficiências. Elas têm o que Dweck chama de "mentalidade de crescimento", porque acreditam que aprenderão com os contratempos. Essa mentalidade lhes dá motivação e confiança para seguir em frente, mesmo diante de experiências que a maioria das pessoas interpretaria como fracassos. Já as pessoas que pararam de trabalhar em um problema, viam seus fracassos como um resultado de suas deficiências.[25] A capacidade de superar a adversidade dependeu principalmente de como as pessoas viam os desafios e, em particular, os contratempos.

AS CUSTOSAS DESVANTAGENS DA OBSESSÃO

Como vimos anteriormente, a obsessão difere da garra nos riscos que a acompanham (que precisam ser monitorados e administrados). Várias armadilhas comuns são de especial importância:

Burnout pessoal

As pessoas obsessivas sempre correm o risco de se exaurir física, mental e emocionalmente. As que mergulham de cabeça em alguma empreitada sacrificam sua saúde, sua família e sua vida social na tentativa de atingir um objetivo ambicioso. Elas ficam tão focadas que passam a achar todo o resto uma perda de tempo e uma distração daquilo que elas mais valorizam. Elon Musk, refletindo sobre o custo pessoal que paga por seu trabalho, observou: "Ter uma empresa é quase como ter um filho... É mais ou menos assim... Como você poderia deixar seu filho passando fome?"[26] Durante um período que Musk apelidou de "inferno na produção" da Tesla, ele chegou a dormir na fábrica para resolver os problemas da linha de produção. Ele disse que não fez isso porque achava divertido, mas porque seu "filho" estava em apuros. Nesse período, Musk passou a trabalhar ainda mais do que o normal (de acordo com relatos, 120 horas por semana durante meses a fio). Segundo ele, isso teve um alto custo para sua saúde e sua vida familiar.

Pesquisas voltadas a investigar a natureza do engajamento no trabalho ajudam a explicar as potenciais desvantagens da obsessão. Em um estudo, os pesquisadores descobriram que três em cada cinco trabalhadores são altamente engajados no trabalho.[27] A maioria desses trabalhadores vivenciava os aspectos positivos de ser assim (um intenso interesse no trabalho, desejo de aprender novas habilidades, compromisso em atingir uma meta...).[28] No entanto, algumas pessoas do grupo altamente engajado, uma em cada cinco da amostra total, também relataram um alto nível de estresse e frustração. O engajamento desses trabalhadores tinha um lado negativo que ameaçava ter um peso maior que os aspectos positivos de ser altamente comprometido. Para as pessoas nessa situação, o trabalho era uma labuta que afetava negativamente seu bem-estar mental e físico. Os pesquisadores chamaram esses indivíduos de grupo "engajado-exausto". Eles valorizavam seu trabalho, mas também tinham mais chances de procurar outro emprego, mais ainda que os trabalhadores não engajados no trabalho. Ao analisar os fatores que causavam tamanho desconforto no grupo engajado-exausto, os pesquisadores descobriram que o fator mais importante era a natureza do trabalho em si, ou seja, os desafios que o trabalho apresentava e o estresse que criava. Eles concluíram que quanto maiores são as demandas no trabalho, mais as pessoas precisam de apoio e de oportunidades para se recuperar do trabalho.[29]

Pessoas cuja mente é "preenchida com um único pensamento, um único conceito, um único propósito"[30] também podem ter problemas de relacionamento. Um dos estudos mais famosos conduzidos no campo da psicologia da saúde monitorou por um bom tempo o bem-estar de dois grandes grupos de homens.[31] A principal conclusão do estudo foi que a saúde física e emocional é profundamente afetada por bons relacionamentos. Por outro lado, deixar-se consumir pelo trabalho pode facilmente prejudicar o relacionamento com a família e os amigos.[32]

Os líderes apresentados neste livro enfrentaram muitos problemas, pelo menos com seus sócios e parceiros de vida. Jobs foi processado pela mãe de sua primeira filha por não pagar a pensão alimentícia. Musk se divorciou três vezes e o casamento de longa data de Bezos terminou. Kalanick teve vários relacionamentos, mas não se casou. Esses líderes, naturalmente, não estão sozinhos, considerando que, segundo estimativas, cerca de 40% a 50% de todos os casamentos nos Estados Unidos terminam em divórcio.[33] No entanto, relatos sugerem que não ser fácil é casado com uma pessoa obcecada pelo trabalho. Depois de seu último divórcio, Elon Musk disse a um entrevistador que gostaria de estar em um relacionamento, mas se perguntava se conseguiria por causa do tempo que dedica ao trabalho e aos filhos. Ele perguntou ao entrevistador se ele achava que dez horas por semana seriam suficientes para fazer um relacionamento dar certo.[34]

Deslizes éticos

Os líderes mais capazes de atingir o excepcional também podem ter a maior capacidade de causar danos a suas próprias criações. Em alguns casos, isso envolve deslizes éticos. Veja, por exemplo, o comportamento de Anthony Levandowski. Ele foi um pioneiro no desenvolvimento de veículos

NÃO ADIANTA SÓ TER GARRA

autônomos. Sua motivação era em parte empreendedora, já que a primeira empresa a desenvolver a tecnologia tinha o potencial de garantir bilhões de dólares em receita. A outra motivação era altruísta, porque os carros autônomos seriam muito mais seguros do que carros convencionais e tinham o potencial de melhorar a vida de grandes grupos de pessoas, como idosos e deficientes físicos.[35]

Levandowski começou a se interessar por veículos autônomos quando estava na faculdade, seu orientador o descreveu como "provavelmente o aluno de graduação mais criativo que já vi em vinte anos".[36] Ao ser contratado pelo Google, ele desempenhou um papel importantíssimo no desenvolvimento do que se tornou o Google Street View, bem como uma versão aprimorada do Google Maps. Esses produtos são usados diariamente por milhões de pessoas. Em seguida, Levandowski cavou apoio no Google para se concentrar no desenvolvimento de carros autônomos. A liderança sênior do Google o via como um pensador criativo capaz de concretizar ideias tão inovadoras que chegavam a parecer malucas.

Um jornalista que escreveu uma reportagem sobre o trabalho de Levandowski observou: "Seu entusiasmo insano pelo projeto era igual em seu conhecimento técnico dos desafios do projeto... e sua disposição de fazer qualquer coisa para superá-los".[37] Levandowski persistia até superar os obstáculos, incluindo as políticas e práticas burocráticas do Google, para atingir seu objetivo. Um exemplo foi a compra de mais de cem carros necessários para sua pesquisa. Em vez de percorrer os canais de aprovação formais, ele primeiro comprou os carros e depois cobrou a empresa pela despesa. O resultado foi um relatório de despesas pessoais maior do que todos os outros relatórios de despesas de toda a sua divisão... juntos. A liderança do Google teria tolerado alguns dos comportamentos mais questionáveis de Levandowski por acreditar que ele tinha mais capacidade do que qualquer outra pessoa de fazer as coisas acontecerem. Algumas pessoas da empresa acreditavam que o Google precisava de pessoas como Levandowski se quisesse gerar novos fluxos de crescimento além da publicidade (que hoje responde pela maior parte da receita da empresa).

Mas o custo do apoio a Levandowski logo ficou claro. Dependendo do ponto de vista, ele era um líder altamente produtivo fazendo o necessário para avançar no desenvolvimento de carros autônomos ou um oportunista arrogante, egoísta e sem princípios. Um colega dele disse: "Ele era aquele tipo de cara... Você sabe, um babaca. Mas um babaca muito talentoso. O nosso babaca, eu diria".[38] Levandowski começou a negociar com os concorrentes do Google para vender tecnologias que ele desenvolveu fora do âmbito de suas responsabilidades no Google. Ele alegou que estava tudo dentro da lei porque o Google não tinha um acordo com ele que restringisse o uso, por outras empresas, da tecnologia que ele ajudou a desenvolver. Alguns colegas ficaram preocupados, mas relatos sugerem que os líderes seniores do Google insistiram que Levandowski fosse mantido na empresa. O Google comprou as empresas de Levandowski e concordou em lhe dar uma porcentagem do valor futuro do carro autônomo, o que acabou resultando em um pagamento de US$ 120 milhões. No entanto, não muito tempo depois, o Google ficou sabendo que Levandowski estava planejando abrir uma empresa para fabricar caminhões autônomos e estava recrutando funcionários do Google para trabalhar com ele no novo empreendimento. Diante disso, ele foi demitido do Google.

A nova empresa de Levandowski foi comprada pela Uber, um dos principais concorrentes do Google no desenvolvimento de carros autônomos. O Google processou Levandowski e a Uber por roubo de propriedade intelectual, acusando Levandowski de obter ilegalmente, dos servidores do Google, arquivos de propriedade da empresa. A Uber e o Google acabaram fazendo um acordo judicial e o Google foi remunerado, mas não antes de a Uber despedir Levandowski por não entregar as provas exigidas pelo tribunal (e, em vez disso, invocar a Quinta Emenda, ou seja, seu direito de não se autoincriminar, para evitar fazê-lo). A comunidade de tecnologia não chegou a um consenso sobre a gravidade das transgressões de Levandowski e as razões que levaram o Google a ser tão severo com ele no tribunal. No entanto, fica claro que a obsessão de Levandowski por vencer a corrida para desenvolver carros autônomos contribuiu tanto para seu sucesso quanto para sua eventual derrocada. Seus colegas disseram que ele queria enriquecer, mas sua maior motivação era a paixão pelo desenvolvimento da nova tecnologia. Ele foi um visionário, disposto a fazer o necessário para atingir seu objetivo... até ter cruzado o que alguns consideraram ser um limite ético e talvez até legal.

Comportamento punitivo

Alguns líderes focados em atingir uma meta audaciosa podem ver os outros como meras ferramentas para conquistar seus objetivos. Os funcionários

NÃO ADIANTA SÓ TER GARRA

capazes de fazer o que for preciso são valorizados, enquanto os que não se provam capazes são marginalizados, tratados com severidade ou demitidos. Horas extras, demandas excessivas e altos padrões resultam em fadiga, insatisfação e rotatividade dos funcionários. Um colega de longa data de Steve Jobs na Apple observou que sentia que corria o risco de perder o emprego se fosse algo menos do que "insanamente grandioso" aos olhos do fundador e contou que ele e seus colegas de equipe precisavam provar seu valor todos os dias para não serem demitidos por Jobs. Ele acrescentou: "Não era fácil trabalhar para ele. Às vezes era desagradável e sempre assustador, mas a pressão levou muitos de nós a fazer o melhor trabalho de nossa vida profissional".[39] Um exemplo famoso da severidade de Jobs com pessoas que não atingiam seus elevados padrões de desempenho ocorreu em uma reunião com a equipe da Apple encarregada de desenvolver um serviço de gerenciamento de arquivos chamado MobileMe. A ideia do serviço era permitir que os usuários se conectassem e organizassem arquivos na nuvem. O projeto não estava tendo sucesso e Jobs estava furioso. Ele disse aos membros do grupo, em uma reunião geral com todos os funcionários da empresa, que a equipe do MobileMe manchou a reputação da Apple e que "vocês deviam odiar os colegas que deixam vocês na mão". Em seguida, ele demitiu o líder do grupo e nomeou um novo líder na hora.[40] Seu biógrafo, Walter Isaacson, observou que Jobs tinha opiniões extremas. Para ele, um produto ou pessoa era espetacular ou terrível. Como resultado, segundo Isaacson, Jobs podia ser "rígido, um tanto impaciente, por vezes brusco"[41], no que alguns considerariam uma escolha bastante complacentes de palavras.

Como vimos no capítulo anterior, Jeff Bezos também é rigoroso com as pessoas que não atendem às suas expectativas. Uma revista de negócios publicou um artigo sobre a ascensão da Amazon com o título "The genius, obsession and cruelty of Amazon's Jeff Bezos" (algo como "A genialidade, a obsessão e a crueldade de Jeff Bezos da Amazon").[42] O título de um artigo não reflete necessariamente a verdade, mas algumas pessoas, incluindo funcionários e ex- funcionários, dizem que pode ser muito difícil trabalhar na Amazon. Bezos define a cultura da empresa e é famoso por ter pouca paciência com pessoas que não apresentam um desempenho de alto nível. Um biógrafo escreveu que Bezos confrontou pessoas que o decepcionaram com afirmações como: "Dá para ver que este documento foi escrito pela equipe medíocre. Alguém pode me arranjar o documento escrito pela equipe de elite? Não quero perder meu tempo lendo o documento da equipe medíocre", "Eu não

ALL IN

acredito que você está surpreso por não saber a resposta para essa pergunta" e "Você é preguiçoso ou é só incompetente?"[43] Um ex-funcionário disse sobre o tempo que passou trabalhando na Amazon:

> Eu trabalhei muito e me diverti muito, mas, para dizer a verdade, eu voltava para casa todo dia morrendo de medo de ser demitido no dia seguinte. Era meio que uma paranoia; mas era uma paranoia meio que saudável, sabe? Eu mantinha o meu currículo sempre atualizado, aprendi tudo o que pude e nunca me preocupava com a possibilidade de dizer alguma bobagem e arruinar minha carreira. Porque era bem capaz de eles me demitirem no dia seguinte de qualquer jeito.[44]

Bezos, como Jobs e Musk, não se desculpa por impor padrões elevados. Ele também acredita que muitas das críticas à cultura de sua empresa são imprecisas e injustas, retratando uma empresa muito mais severa do que realmente é. Ele argumenta que a cultura da Amazon é intensa, porém amigável. Não é a cultura certa para todas as pessoas e não é uma cultura que deve ser imitada por todas as empresas. Ele diz que a cultura funciona bem para pessoas que querem ser pioneiros e inventar... e que valorizam, nas palavras de Bezos, a necessidade de trabalhar muito, com muito empenho e com inteligência para atingir metas difíceis.[45]

Algumas pessoas acreditam que esses líderes se comportam assim porque se deixam levar longe demais por seu impulso obsessivo. Outras, contudo, sugerem que a abordagem exigente desses líderes é fundamental para criar produtos inovadores valorizados pelos clientes. Em seu livro *The Captain Class*, Sam Walker apresenta pesquisas que traçam uma distinção entre a agressão punitiva e a agressão instrumental. A agressão punitiva surge de um desejo de ferir ou rebaixar os outros. As pessoas que se engajam nesse tipo de comportamento são cruéis por si sós. Já a agressão instrumental surge de um desejo de reduzir lacunas no desempenho, ou seja, a diferença entre a realidade e o ideal possível. Nesse caso, o comportamento agressivo é um meio para atingir um fim produtivo e não um desejo de magoar ou desmerecer alguém só para ser cruel. Não temos como saber ao certo, mas tudo indica que o comportamento dos líderes descritos neste livro exemplifica o segundo tipo de agressão, que atua para atingir uma meta que, se alcançada, beneficiará os outros. Saber disso pode não facilitar a vida das vítimas do comportamento agressivo, mas pelo menos o comportamento é mais compreensível. Nesses casos, o mau comportamento surge da recusa em satisfazer-se com a mediocridade.[46]

Vejamos dois exemplos de líderes que adotaram a agressão instrumental para obter seus benefícios. Tristan O'Tierney, um desenvolvedor de *software* para o Mac e o iPhone, disse que "é melhor dizer na cara da pessoa que o trabalho dela está ruim, quando for o caso. Não dá para fazer produtos melhores dizendo que está tudo perfeito".[47] O'Tierney prefere impelir seu pessoal a ter um desempenho melhor do que a maioria das organizações e dos líderes espera, inclusive o que as próprias pessoas acreditam ser capazes de alcançar. Aaron Levie, outro empresário de sucesso do setor da tecnologia, diz aos recém-contratados que eles entraram em uma organização que espera a excelência e acredita que, com isso, pega de surpresa muita gente que está acostumada a padrões mais baixos. Ele diz: "A lição que aprendi com Jobs é que eu posso impelir meus funcionários a irem mais longe do que eles acreditam ser possível e eu me recuso a lançar um produto se ele não estiver perfeito". Ele acrescenta: "É claro que essa abordagem pode impor alguns danos colaterais às pessoas".[48]

Bill Gates alertou as pessoas que ambicionam ser como Steve Jobs, particularmente no que diz respeito à sua abordagem de gestão de pessoas.[49] Gates disse que é fácil imitar os aspectos menos desejáveis do estilo de liderança de Jobs, mas que é muito mais difícil, para não dizer impossível, replicar o que ele fez excepcionalmente bem. Gates disse que Jobs foi o melhor líder que ele já viu na tarefa de identificar e motivar talentos. Ele disse que Jobs tinha o poder de enfeitiçar as pessoas e fazê-las trabalhar ensandecidamente para concretizar sua visão. Ele adverte que as pessoas menos talentosas que Jobs, o que para Gates significava todas as outras pessoas, só replicariam os elementos "negativos" da abordagem de liderança de Jobs se tentassem imitá-lo.

Alguns líderes cruzam limites que não devem ser ultrapassados, mesmo quando são motivados a produzir algo excepcional. Linus Torvalds, o criador do sistema operacional Linux, era obcecado por desenvolver o melhor sistema operacional. O grupo sob sua liderança dispunha de um Código de Conflitos para garantir que as contribuições dos programadores atendessem aos mais elevados padrões possíveis:

> O projeto de desenvolvimento do kernel do Linux é um processo
> bastante pessoal em comparação com as formas "tradicionais" de
> desenvolver *software*. O seu código e as ideias que o embasam

serão meticulosamente avaliados, muitas vezes resultando em reprovações e críticas. A avaliação quase sempre exigirá melhorias no código antes de ele ser incluído no kernel. Saiba que isso acontece porque todos os envolvidos querem a melhor solução possível para o sucesso do Linux.[50]

O problema era que Torvalds cruzou os limites da franqueza e muitas vezes humilhava as pessoas que não correspondiam às suas expectativas. No decorrer de vários anos, ele mandou centenas de e-mails grosseiros e humilhantes para pessoas que trabalhavam em sua empresa. Para um de seus programadores que considerava de baixo desempenho, ele escreveu: "Sugiro que você se mate. O mundo vai ser um lugar melhor".[51] Quando seus e-mails foram a público, Torvalds disse se orgulhar do que ele tinha criado com o Linux, mas não de seu estilo de comunicação com os colaboradores. Mesmo assim, ele defendeu seu comportamento, pelo menos em parte, alegando que esse foi um dos fatores que levaram ao sucesso do Linux. Ele acredita que a franqueza brutal é uma necessidade para obter um produto melhor. Em outras palavras, o custo do mau desempenho é alto demais para ele se preocupar em ser gentil ou politicamente correto. Torvalds admitiu recentemente que tinha ido longe demais e tirou uma licença do cargo de CEO. Ele está aprendendo com um *coach* a "mudar o meu comportamento e corrigir alguns problemas do meu ferramental e fluxo de trabalho".[52] O Código de Conflitos passou a ser o Código de Conduta do grupo, com ênfase na importância de um ambiente de trabalho seguro onde os funcionários são "excelentes" uns com os outros.

Incapacidade de controlar a obsessão

Quase todas as realizações significativas no mundo dos negócios são o resultado de pequenos grupos de pessoas trabalhando de maneira focada e colaborativa. A necessidade de mergulhar de cabeça, como vimos no capítulo anterior, se aplica não só ao líder, mas também à sua equipe. As pessoas obsessivas podem, em alguns casos, não ter as habilidades gerenciais e emocionais necessárias para atrair, motivar e reter uma equipe de alto desempenho. Como resultado, essas pessoas não conseguem controlar sua obsessão. Vejamos o exemplo de o chefe que foi demitido porque seu estilo obsessivo o levou a microgerenciar sua equipe e seus fornecedores externos. Ele era incapaz de tolerar nada menos do que acreditava ser necessário para produzir um excelente produto

NÃO ADIANTA SÓ TER GARRA

e acabava impondo aos outros o que ele achava que precisava ser feito. Sua equipe e seus fornecedores se queixaram de sua abordagem de liderança aos superiores dele, que lhe aconselharam a mudar seu comportamento, porque isso estava impedindo o sucesso do projeto. Ele foi demitido depois de uma série de conflitos com membros importantes de sua equipe, o que levou seu chefe a concluir que ele não conseguiria mudar sua abordagem. A ironia é que, de todos, ele era a pessoa mais dedicada a criar um produto de alta qualidade. Quanto mais ele se importava, menos eficaz era, porque não conseguia trabalhar de maneira produtiva com as pessoas de sua equipe. Seu estilo era ainda mais problemático na cultura colaborativa da empresa em que trabalhava, que valoriza as pessoas que trabalham em colaboração. Também ficou claro que ele se achava melhor do que os outros e se frustrava com o que considerava ser deficiências dos outros. Ele achava que estava cercado de pessoas que não tinham a inteligência nem o comprometimento necessários para alcançar o que ele mais valorizava. O resultado, contudo, foi que ele se indispôs com as pessoas e acabou perdendo seu apoio.

Os líderes apresentados neste livro variam em sua capacidade de controlar sua obsessão. Jeff Bezos e Steve Jobs, apesar de serem chefes rigorosos, formaram equipes extremamente talentosas compostas de funcionários leais. A Tesla, de Elon Musk, por sua vez, teve uma alta rotatividade de funcionários e pontos fracos em áreas como fabricação.[53] Por outro lado, Musk montou uma equipe forte na SpaceX, que se tornou a mais importante empresa de exploração espacial de capital fechado do mundo. O futuro dirá se ele vai repetir a façanha na Tesla. Outro líder, que apresentarei em um capítulo posterior, Travis Kalanick, também teve que controlar sua obsessão na Uber. Pelo menos no nível corporativo, a Uber tinha grandes lacunas de talentos em funções essenciais. A equipe de Kalanick impulsionou o crescimento explosivo da empresa, mas os problemas foram ignorados ou mal administrados pelo grupo de liderança. Além disso, o alto escalão da Uber enfrentou uma enxurrada de afastamentos e pedidos de demissão nos anos que precederam a renúncia de Kalanick. Seu sucessor no cargo de CEO precisou montar uma equipe de liderança praticamente do zero, porque Kalanick não desenvolveu uma equipe robusta no topo da empresa. A queda de Kalanick do poder teve várias causas, mas ele demonstra que as pessoas que não conseguem controlar sua obsessão com eficácia têm grandes chances de fracassar a longo prazo.

ALL IN

Visão de túnel

Uma causa das armadilhas observadas anteriormente é a tendência das pessoas obsessivas de ter o que os psicólogos cognitivos chamam de "visão de túnel", que, no caso dos líderes, significa que eles focam principalmente, se não exclusivamente, no que acreditam ser importante para alcançar seu objetivo. O problema da visão de túnel é que ela foca tanto a atenção, que outros fatores importantes acabam sendo ignorados. Dois professores dedicados a pesquisar o funcionamento cognitivo, Eldar Shafir e Sendhil Mullainathan, argumentam que o chamado "tunelamento" se destaca em situações de escassez, quando as pessoas não têm algo do qual precisam.[54] A pesquisa deles se baseia, em parte, nas descobertas de um estudo realizado perto do fim da Segunda Guerra Mundial sobre os efeitos da fome. A Europa enfrentava uma grave escassez de alimentos e os pesquisadores queriam conhecer os efeitos da privação de alimentos e a melhor maneira de recuperar a saúde das pessoas. Eles recrutaram trinta e seis "objetores de consciência", ou seja, pessoas que se recusaram a prestar serviço militar, para participar de um experimento em uma universidade de Minnesota. Eles colocaram os voluntários em uma dieta de semi-inanição por seis meses resultando em uma perda média de 25% do peso corporal. Os pesquisadores notaram que os participantes passaram a pensar só em comida. Todo o resto passou a ser secundário, pois o corpo foi privado de algo de que precisava para sobreviver. Os pesquisadores presumiram que os participantes do estudo iriam preferir se distrair, mas o que acabou acontecendo foi o contrário e a mente deles foi preenchida por pensamentos sobre comida. Os pesquisadores escreveram:

> Eles basicamente estavam famintos e não conseguiam parar de pensar em comer. Em certo sentido, seria razoável achar que, já que eles não têm como comer, eles prefeririam se distrair com outras coisas. Mas, mesmo conversando sobre qualquer tema, eles escolhiam falar principalmente sobre comida. Na verdade, chegava a ser meio tragicômico. Eles faziam planos de abrir restaurantes, ser donos de restaurantes. Eles decoravam receitas. Comparavam os preços de alimentos em jornais. Era com isso que eles se ocupavam. Eles passavam o tempo todo pensando em questões relacionadas à comida.[55]

NÃO ADIANTA SÓ TER GARRA

Os professores argumentam que a visão de túnel evidenciada em pessoas que estão passando fome também se evidencia em outras esferas da vida, quando, por exemplo, a pessoa acredita que tem pouco tempo para realizar uma tarefa. No caso dos líderes apresentados neste livro, a mentalidade de "escassez" pode se aplicar ao tempo e aos talentos necessários para criar produtos e serviços excepcionais. A visão de túnel também tem suas vantagens. Nossa capacidade de focar nos ajuda a lidar com os desafios e as demandas imediatas. Nesse caso, o resultado é o que Shafir e Mullainathan chamam de "dividendo do foco".[56]

O problema é que o foco requer a capacidade de nos "des-focar" de tudo o que consideramos insignificante para atingir o nosso objetivo. Assim, evitamos que informações e demandas irrelevantes ou distrativas consumam um tempo e uma energia valiosos. "Focar-se em uma única coisa implica deixar alguma outra coisa de lado" porque "o poder do foco também é o poder de deixar outras coisas de fora".[57]

Os problemas surgem quando o foco da pessoa é estreito demais e ela não consegue prestar atenção a outros fatores importantes. Nessas situações, a vantagem do foco pode facilmente se transformar em uma desvantagem. Um exemplo de tunelamento, encontrado no livro *Escassez*, é a história de um bombeiro que morreu em um acidente de trabalho. Era esperado que ele morresse combatendo um incêndio. Mas ele morreu quando caiu do caminhão rumo a um incêndio. Ele não colocou o cinto de segurança e estava concentrado no que iria encontrar ao entrar em um prédio em chamas. Prestar atenção ao que ele considerava de extrema importância resultou em ignorar algo que também merecia sua atenção.[58]

O DILEMA DO OBSESSIVO

Dadas as potenciais desvantagens da obsessão, faria sentido perguntar por que as pessoas e as organizações não se satisfazem apenas com a garra. A razão mais direta é que alguns desafios exigem mais foco e motivação do que a garra proporciona. As organizações se beneficiam da mentalidade obsessiva do "trabalho em primeiro lugar" e, em algumas situações, até a exploram. Em troca, as pessoas obsessivas têm a possibilidade de trabalhar no que mais importa para eles. Se você quiser reduzir o volume de gás carbônico do planeta desenvolvendo veículos elétricos para o mercado de massa, não tem como fazer isso construindo alguns carros na sua garagem. Você precisa trabalhar em uma empresa que está construindo centenas de milhares de carros elétricos. Se você for obcecado por viagens espaciais, pode até lançar alguns pequenos foguetes sozinho; mas você não vai chegar à Estação Espacial Internacional nem ajudar a colonizar Marte. Essas pessoas precisam trabalhar em empresas como a Tesla e a SpaceX se quiserem seguir sua paixão. A pessoa obsessiva e sua organização usam uma à outra, de preferência de maneira transparente, para conseguir o que querem.

É possível argumentar que não faltam organizações desejosas de contratar pessoas obsessivas. Elas contratam e recompensam pessoas que têm o foco e a motivação proporcionados pela obsessão. Só que a realidade é mais complicada do que isso. Como veremos nos capítulos seguintes, os obsessivos causam grandes disrupções e criam um ambiente de trabalho que pode não ser sustentável com o tempo. Alguns geram conflitos improdutivos e um nível de estresse que reduz a capacidade de uma organização ou de uma equipe de manter um alto nível de desempenho por um tempo razoável.[59]

Considere o que os funcionários de Musk sentiram quando foram pressionados por ele para aumentar a produção do sedã Model 3 da Tesla mesmo diante das dificuldades de manufatura e das pressões financeiras. Pense no que os acionistas da Tesla vivenciaram quando Musk se engajou em discussões belicosas com a SEC, a Comissão de Valores Mobiliários americana, sobre a legalidade dos comentários que ele fez no Twitter. Ele é um gênio da tecnologia que pode agir de maneira impulsiva e autodestrutiva, desgastando sua credibilidade e a viabilidade de sua empresa. A Tesla não existiria, pelo menos com o tamanho atual de suas operações, sem Elon Musk. E também é verdade que a Tesla pode desabar no futuro por causa de Elon Musk. Ele exemplifica o dilema enfrentado pelos obsessivos e suas organizações: os obsessivos são ao mesmo tempo necessários e potencialmente tóxicos.

O potencial para o bem e para o mal das personalidades obsessivas pode resultar em narrativas excessivamente simplistas sobre elas. A narrativa positiva é que os obsessivos são pessoas que dedicaram a vida para alcançar um objetivo e que persistem diante das adversidades. A narrativa negativa é que eles querem vencer a qualquer custo e podem ter comportamentos autodestrutivos e antissociais. Os líderes reforçam ainda mais as visões distorcidas sobre eles quando buscam ser retratados de maneira positiva, às vezes floreando, ou pelo menos enfatizando, certos aspectos de

NÃO ADIANTA SÓ TER GARRA

sua personalidade quando acreditam que poderão se beneficiar disso. Muitos líderes contam histórias para influenciar a opinião das pessoas sobre eles. Jeff Bezos, por exemplo, costuma contar a história de como, nos primeiros anos da Amazon, ele trabalhou lado a lado com seus funcionários embalando e levando encomendas à agência dos correios local. Um de seus primeiros funcionários fez uma sugestão que não tinha ocorrido a Bezos:

> Eu disse a um dos engenheiros de *software*, que estava embalando ao meu lado: "Sabe o que a gente precisa fazer? A gente precisa comprar umas joelheiras". Ele me olhou como se eu fosse o cara mais burro que ele já tinha visto na vida e disse: "Jeff, a gente devia comprar umas bancadas para embalagem". No dia seguinte, comprei as bancadas que ele sugeriu e a produtividade dobrou.[60]

Bezos forjou meticulosamente a imagem da Amazon aos olhos do público. Mas é um erro pensar que ele, ou outros líderes como Steve Jobs e Elon Musk, são principalmente egoístas e narcisistas. A liderança obcecada, pelo menos em sua forma mais produtiva, é um investimento em algo maior que a própria pessoa, geralmente um produto ou serviço que vai ajudar o mundo. Os obsessivos geralmente não se importam com o que as pessoas pensam sobre eles, a menos que isso prejudique sua empresa. Já os narcisistas se importam muito com o que as pessoas pensam deles. Karen Swisher, uma respeitada jornalista especializada em tecnologia, observa que Jeff Bezos pode parecer em público ser um líder descontraído, com uma risada alta e distinta. Ela acredita que na verdade ele é um líder severo e determinado, um líder que não se importa com o que as pessoas pensam dele. Ela escreve: "Muitas pessoas do setor da tecnologia no fundo querem ser amadas. Jeff não é assim".[61] Podemos presumir que Bezos só se preocupa com a maneira como é visto pelas pessoas na medida em que isso afeta a disposição delas de comprar os produtos e serviços de sua empresa (e, em termos mais gerais, a disposição das pessoas em apoiar o lugar de sua empresa na sociedade). A história do mutirão de empacotamento de pedidos retrata um bilionário humilde e que não tem medo de admitir as próprias limitações. Essa imagem aumenta as chances de o público aceitar Bezos e sua empresa. No entanto, isso não significa que Bezos só queira receber elogios. Bezos chega a dizer que as pessoas que quiserem concretizar ideias inovadoras não podem se incomodar em ser impopulares, em alguns casos, durante anos. Isso acontece porque as ideias que desestabilizam as tradições e convenções costumam ser mal-entendidas ou temidas pelas pessoas que se beneficiam do *status quo*.

ALL IN

Apesar de a obsessão e o narcisismo serem duas coisas diferentes, a realidade é que a maioria dos melhores líderes tem grandes reservas de qualidades tanto positivas quanto negativas. Foi o que Nikola Tesla disse quando observou que "as nossas virtudes e os nossos defeitos são inseparáveis, como força e matéria".[62] Considere o que Mark Zuckerberg fez ao criar o Facebook. Quando estudava na Harvard, Zuckerberg trabalhou com dois colegas para criar um site de rede social. Sem que seus sócios soubessem, Zuckerberg desenvolveu em segredo um site parecido que acabou se tornando o Facebook. Ninguém sabe ao certo por que ele fez isso. Alguns sugerem que ele precisou agir rapidamente para levar sua ideia ao mercado e que, para isso, era melhor trabalhar sozinho. Outros acham que suas ações foram completamente movidas pelo egoísmo. A ação judicial aberta contra ele anos depois por seus ex-sócios acusou Zuckerberg de ter roubado a ideia da rede social e parte do *software* deles. Ao que consta, eles chegaram a um acordo de US$ 65 milhões, o que não foi muito dinheiro para o Facebook, mas o suficiente para levar algumas pessoas a concluir que não foi só o empreendedorismo que motivou Zuckerberg a fazer o que fez.[63] No entanto, também devemos reconhecer que foi Zuckerberg quem transformou o Facebook na empresa de rede social mais importante do mundo, e não seus acusadores.[64] Seu foco obstinado e sua motivação implacável lhe permitiram construir uma empresa notável e também o levaram a agir, por vezes, de maneiras que levantaram questões sobre sua ética.

E Zuckerberg não é o único. Em alguns momentos de sua carreira, Bill Gates foi extremamente agressivo para conseguir o que queria. Paul Allen, o cofundador da Microsoft, trabalhou em estreito contato com Gates desde a época em que os dois eram adolescentes em Seattle. Allen disse sobre Gates: "De cara dava para dizer três coisas sobre o Bill Gates. Ele era muito inteligente. Ele era muito competitivo; ele queria mostrar como ele era inteligente. E ele era muito, muito persistente".[65]

Anos depois de fundar a empresa com Gates, Allen foi diagnosticado com linfoma de Hodgkin. Depois do tratamento, ele voltou ao trabalho, mas não estava conseguindo atingir o desempenho de antes. Em sua biografia, Allen disse que ouviu Gates e o CEO Steve Ballmer conversando sobre ele, discutindo o que fazer considerando a queda de sua produtividade. Allen contou que eles estavam discutindo maneiras de diluir sua participação na Microsoft, emitindo opções sobre ações para si mesmos e outros acionistas. Furioso, Allen os confrontou, dizendo: "É inacreditável! A máscara finalmente caiu e agora eu sei quem você realmente é".[66] Ballmer e Gates pediram desculpas a Allen e disseram que jamais teriam levado o plano adiante. Allen se demitiu da Microsoft pouco tempo depois.

Hoje, Bill Gates é muito estimado não só por seu sucesso na Microsoft, mas também por suas ações filantrópicas. Ele aplica sua fortuna e seu talento no combate à pobreza e a doenças ao redor do mundo. Se acreditarmos nas alegações de Allen, Gates, que parece totalmente comprometido com melhorar a humanidade, é o mesmo homem que estava disposto a prejudicar seu amigo e cofundador. Isso não reduz o valor de Gates, mas sugere que ele é um homem mais complexo do que sua imagem pública sugere. Como os outros líderes apresentados neste livro, Gates ilustra que as pessoas que alcançam o extraordinário raramente são indivíduos imaculados. A grandeza dessas pessoas vem acompanhada de defeitos previsíveis, especialmente se elas tiverem uma personalidade obsessiva. Para maximizar a obsessão, precisamos entender e valorizar o que ela oferece e ao mesmo tempo admitir que a obsessão também pode dar muito errado.

LIÇÕES DO CAPÍTULO

- Obsessão: para atingir uma meta audaciosa é necessário ter foco total absoluto e motivação implacável.

- Ao contrário da garra, a obsessão tem desvantagens onerosas que devem ser monitoradas e administradas.

- Concretizar o potencial da obsessão requer autoconsciência e autorregulação, dois atributos que podem ser escassos enquanto os líderes se empenham incansavelmente para atingir seus objetivos.

- A obsessão também requer ações organizacionais eficazes, incluindo uma boa supervisão e controles bem planejados.

EXEMPLOS DE PERSONALIDADES OBCECADAS

3 ENCANTANDO OS CLIENTES: JEFF BEZOS E A AMAZON

A coisa mais importante é um foco obsessivo no cliente.

— Jeff Bezos[1]

Um fato revelador sobre a Amazon é que 92% dos americanos que fazem compras *on-line* já compraram alguma coisa da empresa.[2] Um cliente, explicando o apelo da Amazon, disse: "Eu posso entrar no site da Amazon sozinho às 9 da noite e receber [o pedido] em casa dois dias depois. Ou eu posso esperar o fim de semana, colocar a família toda no carro e sair para fazer compras na esperança de encontrar tudo o que precisamos".[3]

A Amazon dá aos clientes o que eles querem sem qualquer atrito e é a "loja mais prática do planeta".[4] Com isso, a empresa poupa o que para muitos é o bem mais precioso: tempo. Um especialista em negócios acredita que a Amazon é um monopólio natural não devido a seu porte e alcance, mas devido à sua capacidade de identificar, muito melhor do que os concorrentes, o que os clientes valorizam e, em seguida, superar repetidamente as expectativas.[5]

A onipresença da Amazon em nossa vida pode nos levar a esquecer que ela já foi uma pequena e frágil *startup*. Jeff Bezos enfrentou nada menos que a Barnes & Noble, na época o *player* dominante do varejo editorial que contava com centenas de lojas, milhares de funcionários e quase US$ 2,5 bilhões em receita.[6] A Amazon, por sua vez, só tinha US$ 16 milhões em vendas e 125 funcionários.[7] A Barnes & Noble estava ciente de seu novo concorrente de Seattle. Bezos ocupava cada vez mais o centro das atenções e logo apareceria na capa da revista *TIME* como a "Pessoa do Ano". A Barnes & Noble queria fechar uma parceria com a Amazon para vender livros na internet, incluindo um possível site em conjunto. Um membro do conselho da Amazon, descrevendo a reunião

ENCANTANDO OS CLIENTES

entre os líderes das duas empresas para discutir um possível acordo, contou que o líder da Barnes & Noble disse a Bezos que ele poderia ser um amigo ou um inimigo. O membro do conselho comentou: "Foi um jantar bem amigável. Tirando as ameaças".[8] Bezos, confiante de sua capacidade, rejeitou a proposta de parceria e seguiu em frente como uma empresa independente. A Barnes & Noble não demorou para lançar o próprio site, com a intenção de esmagar a Amazon. Um analista alertou os investidores que o dia do acerto de contas da Amazon finalmente havia chegado, agora que a Barnes & Noble estava decidida a vencer a guerra da venda de livros pela internet, sugerindo que a Amazon. com logo se tornaria a "Amazon.toast" (algo como Amazon.ferrada).[9]

Bezos reuniu seus funcionários e disse que eles tinham um bom motivo para estar nervosos, mas que esse motivo não era a Barnes & Noble:

> Não podemos pensar em todos os recursos que a Barnes & Noble tem a mais do que nós. É verdade que vocês deveriam acordar todo dia aterrorizados, com o lençol encharcado de suor, mas não por medo dos nossos concorrentes. Quem deve ser temido são os nossos clientes, porque são eles que têm o dinheiro. Os nossos concorrentes nunca vão nos dar dinheiro.[10]

Bezos disse aos funcionários que eles podiam confiar que os clientes da Amazon, os que acolheram a empresa e os serviços que ela prestava, permaneceriam fiéis... até alguma outra empresa, seja ela um grande concorrente ou uma pequena *startup,* der a eles mais do que eles querem.[11] Quando lhe perguntaram sobre a Barnes & Noble, ele disse que estava mais preocupado com alguns empreendedores desconhecidos trabalhando em alguma garagem. Bezos disse a seu pessoal que eles não deviam se deixar distrair com as declarações do maior concorrente da empresa ou com os artigos sobre a Amazon na imprensa, mesmo se fossem positivos. Em vez disso, eles deviam se empenhar para dar aos clientes razões suficientes para continuar com a Amazon. Ele observou que as empresas inovadoras, por sua própria natureza, são disruptivas. A disrupção pode deixar o público em polvorosa, com as pessoas reagindo ao que a empresa está fazendo. Muitos analistas questionaram a capacidade da Amazon de crescer sem ter experiência no varejo e, ainda mais importante, a disposição da empresa de sacrificar os lucros de curto prazo para investir no crescimento de longo prazo. Eles acreditavam que o modelo "sem fins lucrativos" da empresa acabaria se revelando um fracasso. Outros, concentrados no sucesso inicial da

ALL IN

empresa, acreditavam que a Amazon contava com a vantagem do pioneiro. Bezos orientou seus funcionários a ignorar as diferentes opiniões sobre a Amazon e manter um foco implacável nos clientes.[12]

Os funcionários de Bezos seguiram as instruções e hoje a Amazon tem os índices de satisfação do cliente mais altos do que qualquer empresa *on-line*. A empresa atingiu US$ 100 bilhões em vendas mais rapidamente do que qualquer empresa da história e hoje responde por 47% de todas as vendas *on-line* nos Estados Unidos.[13] Já a Barnes & Noble está tendo dificuldades de permanecer viável depois da ascensão da Amazon. Um indicador do domínio da Amazon é o preço de suas ações. Cem dólares investidos em ações da Amazon quando a empresa abriu o capital em 1997 passaram a valer aproximadamente US$ 120.762 em 2018.[14] O preço das ações da Barnes & Noble no mesmo período sofreu uma queda de quase 70%.[15] O sucesso incomparável da Amazon no varejo *on-line* e em outros setores resultou na empresa sendo descrita como a "Estrela da Morte", capaz de desestabilizar qualquer setor e ameaçar qualquer empresa que ousar cruzar seu caminho.[16]

Desde o começo, Bezos deixou claro a importância de ser obcecado pelo cliente.[17] Ele acredita que cada empresa deve adotar o seu próprio modelo de negócio e que várias abordagens podem dar certo. Ele não recomenda que outras empresas sigam às cegas o exemplo da Amazon. Algumas empresas se concentram na criação de produtos inovadores, outras em alavancar novas tecnologias e ainda outras em vencer a concorrência. Outras empresas, como a Starbucks, têm como objetivo final beneficiar a sociedade. Diferentes modelos, se bem executados, podem levar ao sucesso. No entanto, Bezos acredita que a obsessão pelo cliente é o melhor modelo para a Amazon. Ele sugere que "uma abordagem centrada no cliente tem muitas vantagens, mas a principal é que os clientes estão sempre lindamente, maravilhosamente insatisfeitos, mesmo que digam que estão satisfeitos e mesmo quando os negócios vão de vento em popa. Mesmo quando ainda não sabem, os clientes querem algo melhor, e o seu desejo de encantar os clientes o levará a inventar, para melhorar a vida deles".[18]

Segundo ele, as operações da Amazon são orientadas por esse "divino descontentamento" do cliente. Essa abordagem é especialmente importante porque é fácil ficar confiante e complacente demais quando uma empresa atinge o sucesso ou, no caso da Amazon, atinge uma posição de liderança dominante na internet. Uma empresa nessa situação desenvolve suposições

ENCANTANDO OS CLIENTES

perigosas sobre a fidelidade do cliente, a eficácia de seu modelo de negócios e seus "direitos" de participação de mercado no futuro. Bezos acredita que a melhor maneira de evitar a complacência é centrar-se no cliente. Como os clientes sempre querem mais, as empresas obcecadas por eles têm menos chances de ficar estagnadas. Parte do problema é que o produto ou serviço encantador de ontem rapidamente se torna o produto ou serviço comum de hoje.[19] Bezos quer evitar o destino da Kodak, uma líder do setor que não conseguiu capitalizar as novas oportunidades e pereceu em uma morte lenta. Ser centrado no cliente é especialmente crucial em setores de rápida evolução, nos quais as empresas mais inovadoras contam com a vantagem do pioneiro. "Se você é focado no concorrente, vai ter de esperar um concorrente começar a fazer alguma coisa. Ser focado no cliente lhe permite ter uma postura mais pioneira".[20] Bezos também acredita que o foco no cliente resulta em inovações que forçam os concorrentes a correr atrás, focados em acompanhar a Amazon (como oferecer entrega em um ou dois dias) em vez de se adiantar às necessidades de seus clientes. Bezos acredita que a maioria das grandes empresas de tecnologia se concentra mais nos concorrentes do que nos clientes, apesar de elas nem sempre admitirem isso para a imprensa ou para o público.

Um exemplo do foco de Bezos no cliente foi quando, no início da história da Amazon, ele mandou um e-mail para mil clientes escolhidos aleatoriamente e perguntou o que eles gostariam de comprar na Amazon além de livros. Ele se surpreendeu com a variedade de sugestões, que pareceram quase aleatórias. O que as respostas tinham em comum, Bezos concluiu, era que os clientes queriam comprar tudo o que precisavam naquele dia. Ele percebeu que os clientes que sugeriram que a Amazon deveria "se ater ao que sabe fazer bem" (só vender livros) estavam dando um conselho terrível. Bezos desenvolveu o que veio a se tornar a "loja de tudo", que hoje oferece milhões de produtos distintos.

O foco da Amazon no cliente fica claro nas cartas anuais de Bezos aos acionistas.[21] Um jornalista analisou vinte e três anos de cartas, que juntas contêm aproximadamente quarenta e quatro mil palavras. Ele descobriu que a palavra-chave mais usada era "cliente", totalizando 443 menções ao longo de vinte e três anos. Por outro lado, referências à Amazon foram feitas 340 vezes, enquanto a palavra "concorrente" apareceu apenas 28 vezes. A ênfase de Bezos nos clientes e não nos concorrentes pode ser vista com clareza por qualquer pessoa que lê o que ele escreveu ou ouve seus discursos. Não surpreende que a "obsessão pelo cliente" seja o primeiro dos quatorze princípios de liderança da Amazon.[22]

A maioria das grandes empresas inclui alguma versão do foco no cliente nas declarações de seus valores corporativos. O Walmart, por exemplo, enfatiza o "atendimento ao cliente", orientando seus funcionários a colocar os clientes em primeiro lugar, adiantando-se e satisfazendo a seus desejos e necessidades. O que torna a Amazon especial é sua capacidade de pegar o discurso sobre os clientes e concretizá-lo aplicando uma abordagem sistemática aos negócios. A empresa tem uma estratégia bem articulada de foco no cliente e, ainda mais importante, processos e práticas que fazem com que a obsessão pelo cliente seja mais do que um mero clichê corporativo.[23] É fácil dizer que a sua empresa é centrada no cliente, mas agir de acordo com o discurso é muito mais difícil, dispendioso e arriscado. A questão é: Como a Amazon conseguiu sustentar essa obsessão pelo cliente enquanto a empresa crescia em tamanho e complexidade?

CONSTRUA UM VOLANTE CENTRADO NO CLIENTE

A estratégia da Amazon se fundamenta em um "volante de crescimento". O "efeito volante" é uma abordagem estratégica proposta pelo consultor de negócios e autor Jim Collins. O volante de inércia (*flywheel*, em inglês) da Amazon começa oferecendo aos clientes a mais ampla seleção de produtos aos preços mais baixos possíveis. Quando bem executada, essa abordagem resulta em uma experiência positiva para o cliente, gerando mais visitas ao site da empresa e a mais vendas para clientes novos e recorrentes. A base de clientes em expansão atrai mais vendedores externos, dos quais a Amazon cobra uma taxa na forma de uma porcentagem das vendas. Mais clientes e vendedores pagantes fornecem o dinheiro necessário para investir em melhorias na infraestrutura da Amazon, incluindo: a construção de novos centros de distribuição altamente automatizados, recursos de computação mais potentes e o desenvolvimento de novas categorias de produtos, como o dispositivo de casa inteligente Echo. Esses investimentos resultam em custos mais baixos, entrega mais rápida dos pedidos e produtos melhores, benefícios que, juntos, atraem ainda mais clientes.[24]

Melhorias em qualquer parte do volante fazem com que ele gire mais rápido, resultando em um ciclo virtuoso que impulsiona o crescimento. Vejamos a decisão da Amazon de dar a outras empresas acesso à vitrine *on-line* mais valiosa do mundo. Bezos comentou sobre os méritos dessa decisão: "Na época, a decisão causou muita polêmica na empresa. Imagine se você trabalhasse na Amazon como o comprador de câmeras digitais e tivesse

ENCANTANDO OS CLIENTES

acabado de comprar 10.000 unidades de um modelo específico de câmera digital. O seu chefe lhe diz: 'Tenho boas notícias. Sabe todos aqueles caras que você achava que eram seus concorrentes? Vamos convidá-los para vender as câmeras digitais deles ao lado das suas na página da loja na internet".[25]

Apesar da oposição de parte de sua equipe, Bezos insistiu nessa mudança por dois motivos. Para começar, abrir o site da Amazon a vendedores externos aumentaria o número de produtos disponíveis para os clientes e pressionaria todos os vendedores, incluindo os compradores internos da Amazon, a manter os preços baixos (já que os vendedores externos eram obrigados a oferecer o menor preço por seus produtos na Amazon, em comparação com outros sites e pontos de venda). Em segundo lugar, os vendedores terceirizados permitem que a Amazon se beneficie de seus investimentos bilionários em uma área, como distribuição, para bancar o crescimento futuro da empresa. As vendas de produtos de terceiros tiveram um crescimento fenomenal, chegando a uma taxa de 50% ao ano na última década. Hoje, a Amazon está adotando uma abordagem semelhante com seus recursos de logística, fornecendo serviços de remessa e faturamento para empresas que não conseguem replicar o que a Amazon é capaz de oferecer.

O objetivo das outras empresas não é imitar a estratégia da Amazon, mas aprender com a abordagem que a empresa usa para criar uma vantagem competitiva. O volante de cada empresa vai variar de acordo com seu setor, história, recursos e clientes. A lição a ser aprendida com a experiência da Amazon é a necessidade de identificar o punhado de áreas cruciais que beneficiam os clientes e como esses elementos interagem para acelerar o crescimento. A Amazon é um dos melhores exemplos de como os ciclos virtuosos impulsionam o crescimento das empresas dispostas a investir na melhoria de cada área de seu volante. Por exemplo: a Amazon está investindo centenas de milhões de dólares na construção dos recursos necessários para fornecer entrega em um dia para a maioria de seus clientes, o que deve resultar em um crescimento ainda maior para a empresa.

PENSE DE FORA PARA DENTRO

Na Amazon, a mentalidade "de fora para dentro" começa com o cliente e com a pergunta: "Que decisão deveríamos tomar que seja do interesse do cliente e ofereça o que realmente importa para ele?" Essa abordagem contrasta com o

ALL IN

que costumamos ver em muitas empresas: um foco em vencer um concorrente e maximizar os lucros de curto prazo. Quando a Barnes & Noble lançou seu site, o principal objetivo da empresa era proteger seu negócio essencial de varejo da ameaça crescente da Amazon. O principal objetivo da Amazon era encantar os clientes com novas funcionalidades e serviços, beneficiando-se da nova tecnologia representada pela internet. Esse tipo de mentalidade não significa que uma empresa, incluindo a Amazon, seja menos agressiva quando se trata de competir no mercado. Mas sugere que a abordagem mais natural da empresa é trabalhar de trás para frente, começando com o cliente, para decidir o que é necessário fazer em seguida. Bezos conta: "Dizem que Warren Buffett tem três caixas em sua mesa: uma caixa de entrada, uma caixa de saída e uma caixa para 'difícil demais'. Sempre que estamos diante de um desses problemas difíceis demais, quando entramos num *loop* infinito e não sabemos o que fazer, tentamos esclarecer o problema perguntando: 'Certo, o que vai ser melhor para o consumidor?'"[26]

No próximo nível de detalhamento, a Amazon quer que as novas propostas incluam três elementos. O primeiro é um resumo do comunicado à imprensa que seria utilizado no lançamento do produto ou serviço, com uma descrição da oferta e uma explicação de seu apelo para os clientes. O segundo é um resumo das "perguntas mais frequentes", adiantando-se ao que os clientes vão querer saber ou aos problemas que eles poderão ter com o produto ou serviço. O terceiro elemento mostra o cliente interagindo com o produto, incluindo maquetes ou capturas de tela da experiência do cliente. Os detalhes de cada abordagem de "trabalhar de trás para frente" variam, mas a ideia é começar com o cliente, ouvir o que ele quer, inventar um novo produto ou serviço que o encante e, em seguida, personalizá-lo o máximo possível.[27]

Vários serviços ilustram o uso da mentalidade de fora para dentro da Amazon. Apenas um ano depois de entrar na internet, a Amazon começou a incluir avaliações dos clientes sobre os livros.[28] Muitas das avaliações eram positivas, mas algumas eram negativas (e um punhado delas, muito negativas). Bezos acreditava que as avaliações ajudariam os clientes a decidir qual livro comprar e optou por publicar tanto as resenhas boas quanto as ruins. A Amazon também passou a apresentar uma média das avaliações dos clientes, que eram organizadas da melhor até a pior (cinco estrelas, quatro estrelas...). Isso pode parecer muito natural nos dias de hoje, em que vemos avaliações de clientes sobre quase tudo o que está disponível na internet, mas não era o caso quando a Amazon lançou a prática. Algumas editoras queriam

ENCANTANDO OS CLIENTES

que a Amazon só publicasse as avaliações positivas, que sugeriam que o livro era bom e que valia a pena comprar. Uma delas chegou a acusar Bezos de não perceber que sua empresa ganharia dinheiro se promovesse os livros em vez de espinafrá-los. Pensando de fora para dentro, Bezos disse que os clientes se beneficiam de saber a opinião dos outros, o que os ajuda a tomar a melhor decisão de compra. Publicar as avaliações promoveria confiança e resultaria em clientes mais fiéis e lucrativos em longo prazo.

Outro exemplo de pensar de fora para dentro foi a decisão da Amazon de informar quando os clientes já tinham comprado um produto. Por exemplo: pessoas que compram muitos livros às vezes esquecem que compraram um título vários meses ou até anos atrás. Elas compram um livro, mas nunca chegam a lê-lo. Bezos decidiu que a Amazon deveria fornecer aos clientes um aviso de que eles estão comprando algo que já têm, mesmo se isso resultar na venda de menos livros. Bezos sabia que os clientes valorizariam um recurso que os impediria de fazer uma compra duplicada. A funcionalidade também evitaria devoluções de livros, o que resultaria em uma despesa adicional para o cliente e para a Amazon na forma de frete e custos de devolução ao estoque.

Esses dois exemplos ilustram as decisões centradas no cliente que facilitam e melhoram a vida para os consumidores. A empresa, naturalmente, não é obcecada pelos clientes por puro altruísmo, mas sim para criar uma vantagem competitiva. Um dos exemplos mais famosos de sua motivação implacável é o processo de compra com "1 clique" que a Amazon desenvolveu e patenteou. Todos os detalhes do cliente, incluindo informações de envio e dados de cartão de crédito, ficam armazenados no banco de dados da Amazon e são acessados com um único clique ao comprar um produto. Como aconteceu com outras funcionalidades criadas pela Amazon, passamos a esperar esse recurso de compras simplificadas em quase todas as transações de e-commerce. O recurso foi inovador quando foi lançado e se tornou uma vantagem competitiva da Amazon. Com o tempo, a patente da compra com "1 clique" da empresa foi acusada de não ser original e de ser potencialmente injusta, com algumas pessoas se perguntando como uma empresa pode patentear um procedimento tão comum. A medida forçou os concorrentes a incluir etapas a seu processo de *check-out* ou pagar à Amazon uma taxa de licenciamento se eles quisessem oferecer compras com "1 clique" a seus clientes. A história das compras com "1 clique" demonstra que a Amazon é tenaz em fazer o que for preciso para beneficiar seus clientes... e a si mesma.[29]

ALL IN

MONITORE AS MÉTRICAS DOS CLIENTES... MAS SÓ DOS CLIENTES CERTOS

A Amazon valida sua abordagem centrada no cliente com um conjunto detalhado de métricas do cliente que Bezos e sua equipe de liderança monitoram regularmente. Essas métricas são muito mais abrangentes e importantes para a empresa do que as métricas financeiras. Bezos observa que métricas padrão, como receita líquida e lucro operacional, não foram incluídas em nenhum dos 452 objetivos internos da Amazon.[30] O resultado é que a Amazon aborda as métricas do cliente com mais rigor do que a maioria das empresas, sendo que algumas não usam nenhuma métrica do cliente ou as usam de maneiras capciosas. As métricas do cliente devem estar vinculadas ao volante de crescimento estratégico da empresa, que, como vimos anteriormente, no caso da Amazon significa fornecer a melhor seleção de produtos, a preços mais baixos e com entrega mais rápida. Por exemplo: a Amazon monitora o número de ligações recebidas pelo atendimento ao cliente por produto vendido, com o objetivo de reduzir ao máximo essas ligações. A Amazon considera as solicitações de atendimento ao cliente como um sinal de que a empresa não conseguiu fornecer o que o cliente precisava ou, em outras palavras, um sinal de que alguma coisa não deu certo. Uma solicitação de atendimento ao cliente indica um erro que precisa ser identificado e, em seguida, evitado (em vez de limitar-se a resolver o problema em questão). Bezos observa:

> A nossa versão de uma experiência perfeita para o cliente é aquela na qual nosso cliente não quer falar conosco. Sempre que um cliente entra em contato, isso indica um defeito. Já faz muitos e muitos anos que venho dizendo que as pessoas devem conversar com os amigos, não com os vendedores. É por isso que usamos todas as nossas informações de atendimento ao cliente para encontrar a causa de qualquer contato do cliente. O que foi que deu errado? Por que a pessoa entrou em contato? Por que ela não está usando esse tempo para conversar com sua família em vez de falar com a gente? Como podemos consertar isso?[31]

Das centenas de metas da Amazon, quase 80% envolvem a eficácia na qual a empresa está satisfazendo as necessidades do cliente, principalmente no tripé composto pela seleção de produtos, preço e prazo de entrega. Por

ENCANTANDO OS CLIENTES

exemplo, a empresa monitora, em frações de segundo, o tempo que suas páginas na internet levam para carregar porque a empresa não quer que as pessoas aguardem para encontrar os produtos que desejam. A Amazon também monitora a disponibilidade de milhões de produtos, bem como o tempo de remessa de bilhões de pedidos. Métricas mais complexas incluem receita por clique do cliente e receita por virada de página, duas medidas de "resultado" para a Amazon saber se está satisfazendo as necessidades de seus clientes.

Bezos espera que sua equipe monitore e use as métricas para melhorar as operações da empresa. Em seu livro *A loja de tudo*, Brad Stone descreve o que aconteceu com um executivo que deixou de fazer isso. O executivo era responsável pela central de atendimento da Amazon. Bezos perguntou quanto tempo levava para a empresa atender as ligações dos clientes. Bezos adoraria eliminar totalmente as ligações, mas também quer que a Amazon faça um bom trabalho administrando as ligações que chegam. O executivo disse a Bezos que o tempo de espera era em média inferior a um minuto. Só que o executivo não apresentou métricas para embasar sua resposta. Bezos interrompeu a reunião e ligou para o número de atendimento ao cliente da Amazon pelo viva-voz na mesa de conferência. Na frente da equipe de liderança, Bezos cronometrou o tempo que a ligação levou para ser atendida. Quase cinco minutos se passaram antes que um representante atendesse. Bezos agradeceu o atendente, encerrou a ligação e criticou duramente o executivo, que não tinha dados para refutar o que a equipe de liderança acabara de testemunhar.[32]

Bezos acredita que as métricas, na maioria dos casos, fornecem dados que permitem que uma empresa tome decisões melhores. Ele dá o exemplo dos desafios que sua empresa enfrentou durante a crise das "ponto com". A Amazon perdeu mais de 90% de seu valor em menos de dois anos. No entanto, Bezos notou que todas as métricas internas da empresa eram positivas. Por exemplo: o número de clientes estava aumentando rapidamente e o número de falhas no processamento de pedidos estava caindo com rapidez. Ele orientou seu pessoal a manter o foco nos clientes e na construção da marca Amazon. Ele ignorou os críticos, incluindo os que diziam que a Amazon só não fechou as portas porque estava "vendendo notas de 1 dólar por 90 centavos".[33] As métricas indicavam que a empresa teria lucro e as ações se recuperariam quando a Amazon atingisse um tamanho suficiente, o que, como já sabemos, não só aconteceu como a empresa se transformou em um gigante.

ALL IN

MELHORE INCANSAVELMENTE AS POUCAS ÁREAS VITAIS

Bezos sugere que um fator fundamental para o sucesso de uma empresa é identificar as poucas coisas que os clientes sempre vão querer e melhorar o desempenho nessas áreas. Em suas palestras ao público, costumam perguntar a Bezos quais mudanças o futuro reserva. Só que as pessoas raramente perguntam o que nunca vai mudar. Na opinião dele, a segunda pergunta é tão importante quanto a primeira (se não a mais). Como já vimos, os clientes da Amazon são focados na seleção, no preço e na entrega. Bezos brinca que não consegue imaginar um dia em que os clientes lhe dirão que querem uma seleção menor de produtos, produtos mais caros e prazos de entrega maiores. Um dos principais papéis dos líderes seniores é garantir uma execução excepcional na satisfação das necessidades imutáveis dos clientes. Ele quer que a Amazon melhore antes de os clientes pedirem. Isso requer uma mentalidade de melhoria impulsionada internamente e atenção aos detalhes nas áreas que têm o maior impacto nos clientes.

Bezos diz: "Nunca conheci o que considero um bom executivo que não escolhe certas atividades altamente alavancadas, alguma área que eles acreditam ser tão importante que a examinam minuciosamente até saber como tudo é feito".[34] Uma dessas áreas é a precificação dos produtos da Amazon. Bezos é muito ciente da importância da precificação para manter uma base de clientes fiéis e quer que as pessoas saibam que na Amazon elas encontrarão os produtos que desejam a preços baixos, se não os mais baixos do mercado. Ele conta que analisa em detalhes o processo de precificação da Amazon:

> Quando se trata da maneira como reduzimos implacavelmente os nossos preços para o consumidor, eu analiso meticulosamente o processo e faço questão de falar com as pessoas que fazem o trabalho de alto a baixo na cadeia. Preciso verificar se realmente somos competitivos e estamos focados em oferecer aos nossos clientes os preços mais baixos possíveis. Essa é uma das coisas que eu considero tão alavancada que faço questão de me envolver pessoalmente no processo em todos os níveis hierárquicos.[35]

A Amazon também investe no que é necessário para aumentar a eficiência da empresa e, com isso, aumentar sua capacidade de manter os preços baixos. Vejamos as melhorias feitas nos grandes centros de distribuição da Amazon,

ENCANTANDO OS CLIENTES

sendo que alguns chegam a ter o tamanho de vinte campos de futebol americano. Na época do Natal, o maior desses centros envia mais de um milhão de encomendas por dia. Hoje, a empresa opera sua oitava geração de centros, sendo que cada uma foi melhor que a anterior.[36]

As ações de melhoria da empresa nem sempre têm um escopo tão grandioso. Bezos costuma ler e-mails dos clientes e, quando apropriado, encaminha as mensagens aos membros de sua equipe. Ele espera que um problema seja resolvido de maneira a chegar à causa da falha, para evitar que ele volte a ocorrer para qualquer cliente. Um de seus executivos disse sobre as reclamações dos clientes: "Analisamos cada uma delas porque elas sempre nos revelam alguma coisa sobre os nossos processos. É uma auditoria feita pelos nossos clientes. Nós tratamos as reclamações como fontes preciosas de informação".[37] Uma cliente reclamou que teve dificuldade de abrir o pacote. Com base nisso, a Amazon alterou a embalagem para facilitar sua abertura.

A empresa classifica os problemas em termos de nível de gravidade (*severity*, em inglês), indicando a urgência de encontrar uma solução. Um problema no carregamento da página da internet seria um exemplo de uma emergência grave ("Sev-1" no jargão da Amazon), exigindo todos os recursos necessários para resolver. Um problema menos importante é classificado como "Sev-5". Um e-mail de Bezos entra em uma categoria distinta, que alguns funcionários chamam extraoficialmente de "Sev-B". Às vezes Bezos encaminha um e-mail com um simples "?", o que significa que ele quer que o destinatário descubra como o problema surgiu, o que é necessário para corrigi-lo e retorne com as informações assim que possível.[38] Um dos princípios de liderança da Amazon enfatiza a importância do que Bezos chama de "mergulhos profundos". Segundo esse princípio, "Os líderes atuam em todos os níveis, se mantêm informados dos detalhes, auditam com frequência e são céticos quando encontram diferenças entre as métricas e os relatos subjetivos. Nenhuma tarefa é indigna de merecer a atenção deles".[39]

NÃO SE LIMITE A OUVIR OS CLIENTES. INVENTE PARA ELES

Bezos observa que muitas ações de maior sucesso da empresa resultaram de ouvir o que os clientes queriam e, em seguida, satisfazer essa necessidade. Sobre o grupo Amazon Web Services (AWS), ele disse:

ALL IN

Entre 90% e 95% do que construímos no AWS resultou do que os clientes nos dizem que querem consumir. Um bom exemplo é o nosso novo mecanismo de banco de dados, a Amazon Aurora. Os clientes estavam frustrados com a natureza patenteada, o alto custo e os termos de licenciamento dos provedores de banco de dados comerciais tradicionais. Embora muitas empresas tenham começado a adotar mecanismos mais abertos, como o MySQL e o Postgres, elas muitas vezes têm dificuldade de obter o desempenho de que precisam. Os clientes nos perguntaram se não teríamos como eliminar esse *trade-off* inconveniente e foi por isso que construímos o Aurora. Nossa ferramenta oferece a durabilidade e a disponibilidade das ferramentas comerciais, é totalmente compatível com o MySQL, tem um desempenho até cinco vezes melhor do que a implementação típica do MySQL, mas custa só um décimo do preço dos mecanismos de banco de dados comerciais tradicionais.[40]

Segundo Bezos, ouvir os clientes não passa de uma parte de tudo o que é preciso fazer para construir uma empresa de sucesso. A outra tarefa, talvez ainda mais complicada, é inventar novos produtos e serviços em nome do cliente. Ele diz a seus funcionários que não é trabalho dos clientes criar algo que eles ainda não sabem que precisam. Esse é o trabalho da Amazon. Um exemplo é o serviço Amazon Prime, que oferece fretes grátis ilimitados por uma taxa anual. Bezos gosta de dizer que os clientes não sabiam que queriam o Prime até que a Amazon começou a oferecer o serviço. Mais de 100 milhões de pessoas estão inscritas no programa, o que representa uma em cada duas famílias americanas. O Prime também é um exemplo de fazer experimentos com uma nova abordagem para melhorá-la continuamente. Por exemplo: hoje o Prime inclui uma gama de benefícios além do frete grátis, como *streaming* de filmes e séries. O objetivo é incluir tantas ofertas de valor agregado que as pessoas se sentiriam irresponsáveis se não contratassem o Prime. A história do Prime é parecida com a que estamos vendo agora com o dispositivo Echo da Amazon, que os clientes nunca pediram, mas que hoje muitos consideram de valor inestimável.

Parte do que a Amazon faz para inventar em nome dos clientes, envolve riscos enormes. Um exemplo é o recurso chamado "Dê uma olhada". A Amazon decidiu que os clientes gostariam de ler uma pequena amostra de um livro antes de decidir comprá-lo. Mas não foi fácil conseguir a permissão

ENCANTANDO OS CLIENTES

das editoras. Digitalizar os livros também seria uma tarefa dispendiosa e demorada. A Amazon foi em frente e começou disponibilizando amostras de 120.000 livros, o que exigiu uma grande atualização do banco de dados para acomodar a nova funcionalidade. Bezos e sua equipe foram norteados pela ideia de que seria melhor para o cliente e que, portanto, precisava ser feito. A Amazon também correu grandes riscos ao oferecer o Prime. Não é barato enviar encomendas, e análises internas conduzidas pela Amazon sugeriam que o serviço resultaria em perdas consideráveis para a empresa. Bezos sabia que os clientes adorariam fretes grátis ilimitados sem valor mínimo de compra e foi em frente com o programa. Hoje, o Prime é importantíssimo para a fidelização dos clientes da Amazon.

Outro exemplo de invenção da Amazon em nome do cliente é o *e-reader* Kindle. Bezos viu a rapidez na qual o público adotou o iPod da Apple para baixar e ouvir músicas e como isso dizimou as vendas de CDs de música (incluindo os oferecidos pela Amazon). Ele sabia que muitas empresas tinham sido obrigadas a fechar as portas evitando canibalizar os próprios negócios só para uma nova tecnologia chegar e destruir seu modelo de negócio. Foi o que ocorreu, por exemplo, com a Kodak. Apesar de todo o seu foco em fornecer algo melhor ao cliente, Bezos também temia que outra empresa desenvolvesse um *e-reader* que acabasse enfraquecendo o domínio da Amazon no mercado de venda de livros eletrônicos. Bezos forçou o desenvolvimento do Kindle, apesar de a Amazon não ter experiência na criação de dispositivos complexos. Alguns de seus executivos seniores acreditavam que a Amazon gastaria uma fortuna, mesmo assim não conseguiria produzir algo que os clientes queriam. Um dos princípios operacionais da Amazon é discordar quando necessário, mas se comprometer totalmente quando uma decisão for tomada (mesmo se a decisão não for a que você acredita ser a melhor). Um membro da equipe escreveu:

> Quando a gente estava decidindo se faríamos o Kindle, o Jeff (Bezos) apresentou sua ideia ao conselho. Na ocasião, eu pensei: "Nós somos uma empresa de *software* que construiu um negócio de varejo. A gente não sabe nada de *hardware*". Eu trabalhei em empresas que desenvolviam *hardware* e sabia como era complicado. Eu disse: "Acho que a gente não devia fazer isso". Eu previ que os rendimentos seriam difíceis, que poderíamos

estourar a primeira data de lançamento e por aí vai. E muitas das minhas previsões acabaram acontecendo. Mas não fez diferença. Jeff disse: "É a coisa certa a fazer para os clientes". Eu discordei e me comprometi com a decisão e estou muito feliz por ter feito isso.[41]

AUMENTE O NÚMERO DE CHUTES A GOL

Bezos aposta em um grande número de projetos de desenvolvimento sabendo que alguns renderão enormes retornos, enquanto muitos outros vão morrer na praia. E sabendo que as vitórias justificarão os muitos fracassos. Além disso, os fracassos produzem um aprendizado que beneficiará os projetos futuros da empresa. Observadores descrevem essa abordagem como "Preparar, atirar, redirecionar" em oposição a "Preparar, apontar, atirar",[42] que é uma forma de descrever a crença de Bezos de que é aceitável e até inevitável cometer erros, mas que é inaceitável ser temeroso e deixar de aproveitar novas oportunidades. Bezos quer que a Amazon banque experimentos em uma taxa incomumente alta e faça isso em áreas que não estão incluídas no modelo de negócio da empresa. A empresa recentemente começou a fazer incursões no setor de saúde, com a ideia de usar seus recursos para fornecer às pessoas produtos e serviços de saúde melhores e mais baratos.

Ao adotar essa abordagem, a Amazon cometeu alguns grandes deslizes pelo caminho. Por exemplo: a empresa lançou um site inspirado no eBay chamado Auctions e, em seguida, outro site parecido batizado de zShops. As duas iniciativas foram um fracasso e a empresa as descontinuou. No entanto, elas possibilitaram um aprendizado que resultou no enorme sucesso do Marketplace, onde a Amazon vende produtos elaborados por terceiros. Bezos escreve:

> Aquele episódio foi, na verdade, um dos pontos altos da nossa história, que eu gosto de contar na empresa por ser um exemplo de persistência e implacabilidade. A ideia era: nós temos este site onde vendemos coisas e queremos ter uma ampla seleção. Um jeito de obter uma ampla seleção é convidar outros vendedores, terceiros, para participar conosco no nosso site e todo mundo sair ganhando. Tentamos fazer um esquema de leilões, mas não gostamos do resultado. Depois criamos o

ENCANTANDO OS CLIENTES

zShops, que vendia por um preço fixo, mas deixava os terceiros em partes separadas da loja... Também não gostamos dos resultados. Foi quando passamos para o modelo de página única de especificação dos produtos que a nossa parceria com os terceiros finalmente decolou.[43]

O Marketplace ainda é um trabalho em andamento e a Amazon ainda está criando os controles necessários para evitar produtos de terceiros que sejam ilegais, indevidamente rotulados ou falsificados. O modelo do Marketplace gerou uma enorme receita para a empresa, mas tem seus desafios devido ao grande número de fornecedores vendendo produtos aos clientes da Amazon.

O fracasso mais famoso da Amazon foi o Fire Phone, que durou menos de dois anos no mercado, custou à empresa US$ 170 milhões em baixas contábeis e recebeu uma enxurrada de críticas da imprensa e do público. O produto manchou, mesmo que temporariamente, a marca Amazon. No entanto, parte do que a Amazon aprendeu com o Fire Phone e os recursos que desenvolveu nessa empreitada fracassada foram essenciais para o sucesso de seu dispositivo doméstico ativado por voz, o Echo. Bezos acredita que a inovação requer uma grande tolerância ao fracasso, que é inevitável quando se tenta fazer coisas novas, e considera o fracasso um "gêmeo inseparável" da invenção.[44]

Parte do papel de Bezos como CEO é dizer sim quando a maioria dos líderes diria não a uma ideia inovadora. Ele quer que a Amazon seja uma "máquina de inovação", aumentando o número de experimentos testados com clientes para ver o que funciona e o que não funciona. Para cada história de sucesso como o Marketplace, a empresa também teve muitos tropeços, grandes e pequenos, que não chegaram a levar a novas funcionalidades e serviços.[45] Por exemplo: a Amazon fez um experimento combinando os padrões de compra de um cliente com os de outros que compraram itens semelhantes. O serviço foi ainda mais longe e fez a correspondência entre as compras dos clientes que tinham o histórico de compras mais parecido. A funcionalidade permitia que o cliente visse o que seu dublê comprou, sugerindo itens adicionais que ele gostaria de comprar. Bezos disse que ele e seus funcionários acreditavam que o recurso tinha um grande potencial de beneficiar os clientes, mas que estes não viram valor algum na funcionalidade e não a usaram.[46]

63

ALL IN

ABRACE A CULTURA DO DIA 1

Bezos usa o termo "Dia 1" para descrever a cultura que ele quer para a Amazon. O termo refere-se à mentalidade das pessoas que trabalharam na empresa quando ela era uma *startup*, mais de vinte e cinco anos atrás. É comum as empresas entrarem em declínio com a idade porque perdem a energia e a ousadia que impulsionaram seu crescimento nos primeiros anos. Ele não quer que o sucesso fenomenal da Amazon leve a uma cultura isolada e complacente. Bezos tentou manter o espírito de uma pequena *startup* mesmo com a Amazon crescendo para se tornar o segundo maior empregador privado dos Estados Unidos, com mais de 650.000 funcionários.[47] A alternativa resulta na morte eventual da empresa porque "o Dia 2 é a estagnação".[48]

Bezos diz a seus funcionários que a Amazon, como todas as empresas, vai acabar falindo. A ideia é adiar esse dia ao máximo, mantendo um foco obsessivo nos clientes. Com essa atitude, é possível evitar que uma empresa se torne isolada e avessa a riscos, especialmente ao crescer em tamanho e complexidade. A Amazon começou como uma pequena *startup*, sem sistemas nem processos estabelecidos. Todos trabalhavam em estreito contato para vender e enviar livros de uma maneira completamente nova, pela internet. O foco no cliente ficou gravado no DNA da empresa. Um ambiente do Dia 1 é natural para uma pequena *startup,* mas é raro em uma empresa que atingiu o tamanho da Amazon. Bezos sabe que o desafio é sustentar a cultura especial que impulsionou o crescimento explosivo da empresa.

A cultura do Dia 1 na Amazon inclui trabalhar com muito empenho e diligência. Em uma reunião com todos os funcionários da Amazon, um funcionário perguntou a Bezos sobre essa exigência. Ele respondeu: "Estamos aqui para fazer as coisas acontecerem. Essa é a nossa maior prioridade... Esse é o DNA da Amazon. Se você não conseguir se destacar e trazer tudo o que tem ao trabalho, esta empresa pode não ser a melhor opção para você".[49] O ambiente de trabalho exigente levou algumas pessoas a descrevê-lo como hostil. Bezos discorda e observa: "A intensidade é importante. Gosto de dizer que a nossa cultura é amigável e intensa, mas, se a coisa apertar e tivermos de escolher entre um e outro, vamos escolher a intensidade".[50] Isso inclui, pelo menos de acordo com alguns funcionários, ver o trabalho como a maior prioridade. Um funcionário observou que algumas pessoas da empresa gostam de dizer que "o equilíbrio entre a vida profissional e vida pessoal é

ENCANTANDO OS CLIENTES

para pessoas que não gostam do trabalho".[51] A Amazon se esforça para atrair "missionários" que gostam de inventar coisas em nome dos clientes e que gostam dessa cultura obcecada pelo cliente. As pessoas que não têm essas características sentem-se peixes fora d'água e saem da empresa. Bezos acredita que esse processo leva a cultura a se fortalecer cada vez mais.

A Amazon também inclui o foco no cliente em suas práticas de contratação. A empresa tenta contratar pessoas mais focadas nos clientes do que nos concorrentes ou até nos resultados financeiros de curto prazo. Um dos líderes seniores de Bezos observou:

> Nas entrevistas, usamos os princípios de liderança para nos ajudar a avaliar se o candidato se encaixaria na nossa cultura. São inúmeras as situações nas quais você decide se prefere beneficiar o cliente ou vencer os concorrentes. Queremos manter os concorrentes no nosso radar, mas nossa obsessão é pelos clientes. Se eu perceber que o candidato é muito focado nos concorrentes, ele provavelmente não se encaixará bem na empresa.[52]

A empresa usa funcionários que chama de "aumentadores de nível" para elevar sua taxa de sucesso na contratação de pessoas altamente capazes, que se encaixem bem na cultura da Amazon. Os "aumentadores de nível" são funcionários que demonstraram ser capazes de avaliar candidatos, incluindo a intensidade de seu foco no cliente. Eles entrevistam candidatos fora de sua área de especialização com o objetivo de aumentar a "taxa de acerto" das novas contratações. Eles têm o poder de rejeitar uma possível contratação mesmo se o gerente da área quiser seguir em frente. A equipe de entrevista precisa concordar com unanimidade antes de a empresa fazer uma oferta de emprego a um novo candidato. Bezos prefere entrevistar cinquenta candidatos e não contratar nenhum deles a contratar a pessoa errada.[53]

Bezos também observa em sua carta de 2016 aos acionistas a importância de "tomar decisões em alta velocidade" em uma cultura do Dia 1.[54] Ele argumenta que as empresas do Dia 2 têm um processo decisório moroso, mesmo se tomarem as decisões certas. Por outro lado, a cultura do Dia 1 requer que as decisões sejam corretas e rápidas, porque só as empresas que agem rapidamente conseguem se beneficiar das vantagens. No entanto, isso não significa que todas as decisões são iguais. Algumas decisões são o que ele chama de "porta de mão única irreversível" e requerem um processo mais demorado e rigoroso.[55] No entanto, a maioria das decisões são tomadas com base em 70% das informações que um líder (ou equipe) necessita. A ideia é corrigir rapidamente as decisões erradas, minimizando os danos potenciais e dando às pessoas a confiança necessária para avançar com determinação em outras áreas. Essa abordagem difere da postura de empresas onde as pessoas não expressam suas divergências, pelo menos não nas reuniões, ou não se comprometem a executar as decisões. Os dois comportamentos desperdiçam tempo e prejudicam o desempenho da empresa. A outra solução para uma empresa operar com eficácia é revelar as áreas de desalinhamento o mais rápido possível aos líderes de nível mais sênior para chegar a uma rápida resolução do problema. Bezos usa a decisão de permitir que vendedores terceirizados vendam seus produtos no site da Amazon como um exemplo do potencial de desalinhamento. Essa decisão foi controversa na Amazon, encontrando resistência por parte de alguns líderes que atuavam abaixo da equipe sênior e resultando em lacunas operacionais que precisaram ser resolvidas rapidamente.

ALGUMAS ADVERTÊNCIAS PARA OS OBCECADOS PELO CLIENTE

Ser obcecado pelo cliente também tem suas desvantagens. Uma empresa que declara ser obcecada pelo cliente corre o risco de não atender às expectativas que cria no mercado. Como Bezos observa, o que os clientes antes consideravam especial não demora para se tornar algo comum (como entrega em dois dias). As empresas podem se tornar vítimas de seu sucesso se não atenderem as expectativas que criaram. Um risco relacionado envolve um líder deixando de ser coerente no que diz ou faz. Por exemplo: Bezos enfatiza o foco nos clientes e não nos concorrentes e, com o tempo, reforçou essa mensagem. No entanto, em uma de suas cartas aos acionistas, ele descreveu o desempenho da Amazon em comparação com o eBay em termos do crescimento das vendas de terceiros.[56] Essa comparação feita por Bezos causou estranheza, considerando sua insistência até então em focar-se mais nos clientes do que nos concorrentes. É claro que a Amazon está ciente de seus concorrentes, mas raramente se desvia de sua mensagem de que o cliente é mais importante do que os concorrentes. Outras armadilhas do foco no cliente incluem:

> **Reagir em vez de inventar:** as empresas voltadas a encantar os clientes podem se contentar com melhorias incrementais que atendam às necessidades atuais dos clientes. Essas empresas são responsivas, mas não

ENCANTANDO OS CLIENTES

necessariamente inventivas. Como já vimos, geralmente, os clientes não conseguem imaginar produtos e serviços radicalmente novos. Bezos gosta de observar que nem um único cliente pediu o que veio a ser o Amazon Prime. Desse modo, a obsessão pelo cliente precisa ser combinada com a invenção criativa e uma disposição de investir em longo prazo em produtos e serviços inovadores. Justiça seja feita, Bezos ignorou os críticos, e até alguns de seus colegas e membros do conselho, e decidiu ir em frente e investir em inovações como o Kindle e a Amazon Web Services. As pessoas e as organizações obcecadas nos clientes não devem se limitar a satisfazer apenas as necessidades imediatas deles e precisam atentar para os dois lados da obsessão com o cliente: reagir e inventar. A Amazon é um exemplo de empresa que ao mesmo tempo ouve os clientes e lhes oferece o que ainda não sabem que precisam.

Processos em vez de resultados: a Amazon é uma empresa orientada por dados, talvez uma das mais disciplinadas do mundo no desenvolvimento e na utilização de métricas para gerenciar uma empresa. Bezos adora números, como sugere o fato de, na sexta série, ele ter criado um questionário para avaliar o desempenho de seus professores.[57] Mas ele também desconfia das mesmas métricas que ele valoriza tanto. Os processos, incluindo as métricas, acabam se tornando mais importantes do que os resultados que eles foram criados para ajudar a atingir. Mesmo com a melhor das intenções, as métricas podem se tornar um mero substituto da realidade, ou até uma desculpa para não ter conseguido encantar o cliente. Em sua primeira carta aos acionistas, em 1997, Bezos observou:

> Um bom processo serve para ajudar a satisfazer os clientes. Mas, se você não tomar cuidado, o processo pode se transformar no objetivo. É muito fácil de acontecer em grandes organizações. O processo passa a ser um substituto do resultado desejado. Você para de olhar para os resultados e se foca em garantir que está executando o processo certo... Sempre vale a pena se perguntar: Nós dominamos o processo ou é o processo que nos domina?[58]

Uma maneira de evitar essa armadilha é prestar atenção aos relatos dos clientes. Por exemplo: um cliente pode dizer que não recebeu algumas encomendas mesmo quando a métrica sugere o contrário. Acontece que o motorista estava deixando as encomendas na porta lateral e o cliente não viu.

ALL IN

Bezos, orientado por dados e extremamente analítico, acredita que, quando os relatos dos clientes não batem com os dados, os relatos costumam estar certos. É comum descobrir que a métrica é problemática e não está refletindo a experiência real dos clientes. Justiça seja feita, a Amazon usa métricas para administrar seus negócios, mas não confia às cegas nelas.

Clientes em vez de funcionários: a obsessão pelos clientes, se levada ao extremo, induz os líderes a ver os funcionários apenas como um meio para atingir um fim. Os líderes centrados no cliente impõem exigências absurdas e excessivas a seu pessoal. Além disso, as pessoas que não conseguem atingir os altos padrões da empresa podem ser tratadas com severidade. A Amazon e Bezos receberam críticas pelo que alguns descrevem como uma cultura corporativa traumática. Um dos incidentes mais conhecidos ocorreu em um dos centros de distribuição da empresa, quando os funcionários tiveram insolação em um dia excepcionalmente quente. As instalações não tinham ar-condicionado, aparentemente para poupar dinheiro e, em consequência, manter os preços baixos.[59] A primeira providência tomada pela Amazon foi disponibilizar ambulâncias no estacionamento do centro de distribuição. Foi só depois que a Amazon instalou sistemas de ar-condicionado em seus centros de distribuição. Uma obsessão, focada no cliente ou em qualquer outra coisa, sempre pode levar ao risco de tratar os funcionários com menos consideração e respeito do que eles merecem.

O MAIOR LÍDER DE NEGÓCIOS DA NOSSA GERAÇÃO?

São raríssimos os executivos que, nas duas últimas décadas, conseguiram se igualar às realizações de Jeff Bezos. Dito isso, Bezos não tenta esconder seus erros, sendo que o mais famoso foi o Fire Phone. Mas a Amazon também teve outros tropeços, como o Amazon Restaurants para delivery de refeições, o Destinations em serviços de viagem e o Amazon Local para o cliente encontrar serviços em sua cidade. Em sua carta aos acionistas de 2018, Bezos observou que a Amazon provavelmente cometerá erros bilionários no futuro, dados os riscos que acompanham a inovação. Ele acredita que os erros precisam ser escalados com os negócios e espera que os erros futuros sejam maiores e mais custosos à medida que a Amazon continua a crescer. Caso contrário, a empresa não estará fazendo as grandes apostas necessárias para a sobrevivência da empresa.[60]

ENCANTANDO OS CLIENTES

A empresa também cometeu erros políticos, como não ter previsto todas as dificuldades de estabelecer uma sede na cidade de Nova York. A resistência à Amazon de alguns grupos públicos e políticos resultou na retirada da Amazon. Outros tropeços são pessoais, como quando mensagens de texto que Bezos mandou para sua parceira romântica vazaram para a imprensa. Algumas pessoas questionaram como um dos líderes de tecnologia mais sofisticados do mundo pôde presumir que sua correspondência eletrônica permaneceria privada. Justiça seja feita, Bezos não tentou se esquivar da situação e desafiou publicamente o canal de comunicação que divulgou suas mensagens quando este ameaçou vir a público com o que alegou ser fotos embaraçosas. Depois dos erros de 2019, Bezos conduziu uma reunião com todos os funcionários da Amazon. Dirigindo-se à plateia, ele pediu para todas as pessoas que achavam que tiveram um começo de ano melhor do que ele levantar a mão. Quase todo mundo levantou a mão, mas Bezos notou algumas pessoas que não o fizeram e, em um tom autodepreciativo, observou: "Sinto muito por vocês".[61]

O desejo de Bezos de que a Amazon seja uma força para o bem na sociedade está sendo cada vez mais contestado por alguns grupos da imprensa, do governo e do público. Mais do que no passado, a influência e o poder da Amazon estão sendo atacados, resultando em clamores para regulamentar e até desmembrar a empresa. A Amazon corre o risco de se distrair com as críticas a seu modelo de negócio e práticas, como aconteceu com a Microsoft, que enfrentou litígios antitruste no fim dos anos 1990. Bezos provavelmente repetirá o que fez quando a Barnes & Noble ameaçou a existência de sua empresa várias décadas atrás e orientará seu pessoal a continuar sendo obcecado pelos clientes, pois eles, como sempre, representam a solução para o crescimento extraordinário da Amazon.

LIÇÕES DO CAPÍTULO

- Jeff Bezos criou uma empresa com um foco obsessivo nos clientes, fundamentada em um volante estratégico que resultou em um crescimento explosivo.

- Ele começa fornecendo as coisas que os clientes sempre querem: maior seleção, preços mais baixos e entrega mais rápida.

- A Amazon também investe pesado na inovação, criando produtos e serviços que os clientes não sabem que precisam, mas logo passam a valorizar.

- Bezos, talvez tanto quanto qualquer líder de uma grande corporação, faz questão de manter o foco na cultura de sua empresa, decidido a manter os benefícios do que ele chama de "Dia 1".

4 CRIANDO PRODUTOS EXCELENTES: ELON MUSK E A TESLA

> É importantíssimo ser obcecado com a qualidade do produto, então é bom ser um obsessivo-compulsivo nesse contexto.[1]
> — Elon Musk

O público tem um enorme fascínio pelas realizações de Elon Musk, bem como sua personalidade provocativa, sendo que nada menos que 22 milhões de pessoas o seguem no Twitter. Quantos líderes conseguiram fazer coisas que a NASA, que conta com todo o financiamento do governo norte-americano e décadas de experiência, não foi capaz de fazer? Ao mesmo tempo, quantos líderes têm a coragem de dar uma entrevista aparentemente tomando uísque e fumando maconha? Num mundo onde a maioria dos CEOs faz de tudo para evitar polêmicas, Musk brinca com a controvérsia. Mas ele chama tanta atenção porque deu vida a alguns dos produtos mais inovadores e conceituados jamais imaginados. Como o homônimo de sua empresa automobilística, Musk se vê como o criador de invenções úteis que resultarão em um futuro melhor para a humanidade. Ao longo de sua carreira, ele construiu empresas bilionárias em indústrias de capital intensivo, enfrentando empresas estabelecidas e com recursos abundantes:

- A Tesla ganhou vários prêmios automotivos pela qualidade de seus veículos. Em 2013, a Motor Trend nomeou o Model S da Tesla como seu carro do ano, alegando que o veículo é "uma prova de que a América ainda é capaz de (grandes) realizações".[2] Outro analista escreveu que uma versão posterior do carro "teve um desempenho melhor em nossos testes do que qualquer outro carro, estourando o teto do sistema de Avaliações do Consumidor".[3]

ALL IN

- A SpaceX é a primeira empresa privada a enviar um foguete de combustível líquido ao redor da Terra e a primeira a enviar uma espaçonave para atracar na Estação Espacial Internacional. Em outra façanha inédita, a empresa lançou um foguete reutilizável que retornou à Terra e pousou em um navio-drone no Atlântico, oferecendo serviços mais acessíveis de comércio e exploração espacial. A meta de longo prazo da empresa é produzir uma espaçonave capaz de viajar para Marte.

- A Solar City é uma pioneira em serviços de energia solar para o público. A empresa instala painéis solares em prédios residenciais e comerciais. Também constrói grandes complexos de energia solar, tendo concluído uma enorme instalação na Austrália, capaz de abastecer trinta mil casas em caso de blecaute.

- O PayPal é o sistema pioneiro de pagamento *on-line* que Musk e seus sócios venderam ao eBay por US$ 1,5 bilhão em 2002. Hoje, o PayPal é o líder em pagamentos *on-line*, com quase 300 milhões de usuários ativos.[4]

- A Boring é uma *startup* de serviços de transporte nos estágios iniciais do desenvolvimento de sistemas subterrâneos capazes de transportar pessoas e produtos em áreas urbanas em velocidades incríveis (atualmente a 263 km/h, mas com o potencial de atingir uma velocidade máxima de 1.220 km/h).[5] A empresa está testando protótipos em Los Angeles e Las Vegas.

Criar produtos revolucionários foi importante para Musk no início de sua carreira, como constatamos ao analisar sua liderança em dois empreendimentos. Olhando para trás, ele observou: "Éramos muito focados em criar o melhor produto possível. Tanto a Zip2 quanto o PayPal foram empresas muito focadas no produto. Éramos absolutamente obcecados em descobrir maneiras de criar algo que realmente daria a melhor experiência possível para o cliente. E essa mentalidade foi uma ferramenta de vendas muito melhor do que ter uma força de vendas gigante ou pensar em truques de marketing ou processos de doze etapas ou qualquer outra coisa".[6]

Musk acredita que as empresas que criam produtos de má qualidade terão dificuldades e provavelmente fracassarão, dando o exemplo dos fabricantes de automóveis dos Estados Unidos. Ele prefere criar carros inovadores e

CRIANDO PRODUTOS EXCELENTES

empolgantes, uma enorme façanha em um país cujas empresas automotivas tiveram enormes dificuldades de sobreviver diante da concorrência estrangeira. Um *venture capitalist* que investe em empresas de tecnologia concorda com Musk e sugere que o foco total e absoluto no produto é a chave para o sucesso de qualquer empresa:

> Investi nas melhores empresas que têm uma característica em comum: o fundador/CEO é obcecado pelo produto. Ele vai além de ser interessado pelo produto, vai além de ser ciente do produto, vai além de conhecer o produto a fundo, ele é obcecado pelo produto. Todas as discussões acabam se voltando para o produto. Todas as conversas sobre os clientes na verdade são conversas sobre como o cliente usa o produto e o valor que agrega ao cliente. A maior parte das primeiras equipes se foca totalmente no produto, incluindo o pessoal que não é engenheiro. Produto, produto, produto.[7]

Compare isso com o que acontece em muitas empresas à medida que elas crescem. Steve Jobs observou que, quando atingem o sucesso, as empresas tendem a criar camadas e mais camadas de gerentes intermediários, que isolam os líderes seniores das pessoas que executam o trabalho detalhado de desenvolvimento, engenharia e fabricação do produto. O que acaba acontecendo é que: "Elas perdem o contato íntimo com os produtos ou a paixão pelos produtos. As pessoas criativas, que se importam e são apaixonadas pelo que fazem, são forçadas a convencer cinco camadas de gestão a fazer o que elas sabem que é a coisa certa a fazer".[8] O resultado é uma empresa que até consegue passar um tempo sobrevivendo com base nas conquistas do passado, mas não tem o foco nem a motivação necessários para desenvolver as futuras gerações de produtos que os clientes vão querer. Jobs pensava no lucro como um subproduto de excelentes produtos, mas nunca como o objetivo em si. Ele disse a seu biógrafo: "Minha paixão é construir uma empresa duradoura onde as pessoas sejam motivadas a criar produtos excelentes... a motivação são os produtos, não os lucros".[9]

Musk estima que passa 80% de seu tempo resolvendo problemas de *design* e engenharia. Ele também se destaca no marketing e sabe chamar a atenção para seus produtos e, em consequência, criar demanda dos clientes. Para gerar apoio a um foguete capaz de ir a Marte, Musk colocou um automóvel Tesla em um foguete Falcon da SpaceX. Ele colocou um manequim no banco do

ALL IN

motorista do carro e, quando o Falcon foi lançado, ele divulgou uma foto do "astronauta" sentado no Tesla dentro do foguete passando pela Terra. No painel do carro estavam as palavras "Não entre em pânico". O foguete provavelmente ficará em órbita por centenas de milhões de anos. Outro exemplo do talento de Musk no marketing é o *design* de seus produtos. A versão mais potente do Tesla S é capaz de acelerar de 0 a 100 km/h em 2,27 segundos, uma velocidade que seria excepcional para qualquer carro, especialmente um carro elétrico. Para atingir esse nível de aceleração, o motorista ativa uma opção na tela de controle do carro com os dizeres "aceleração insana".[10]

Apesar de seus automóveis inovadores, o destino da Tesla ainda é incerto. Até pouco tempo atrás, em várias ocasiões Musk deixou de cumprir as promessas de produção e lucratividade da Tesla, o que o levou a perder parte de seu apoio, prejudicou sua empresa e reduziu o preço das ações. O *Wall Street Journal* observou que, no decorrer de cinco anos, Musk levou em média um ano a mais para atingir dez dos objetivos que anunciou ao público.[11]

Esse padrão de prometer demais, além de outros fatores, incluindo a maior concorrência de empresas como a Volkswagen, fizeram da Tesla uma das ações mais vendidas a descoberto no mercado financeiro dos Estados Unidos, o que significa que muitos investidores estão apostando que a empresa vai falir. O próprio Musk chegou a afirmar que só tem 10% de chances de criar uma empresa automotiva tradicional.

Em 2019, a Tesla conseguiu atingir suas metas de produção e abriu uma nova fábrica na China em tempo recorde. Tornou-se a empresa automobilística mais valiosa da história dos Estados Unidos. No entanto, nem todo mundo concorda sobre o futuro da empresa. Mas até seus críticos precisam admitir que Musk não recua diante de desafios audaciosos (e dos riscos de enfrentar esses desafios). Ele disse que pegou os lucros da venda do PayPal e aplicou em três novos empreendimentos: US$ 100 milhões na SpaceX, US$ 70 milhões na Tesla e US$ 10 milhões na Solar City. Musk acredita que é errado usar o dinheiro dos outros em empreendimentos arriscados se ele mesmo não se dispor a investir o próprio dinheiro. Sobre essa decisão, ele observou: "A maioria das pessoas, quando ganha muito dinheiro, não quer arriscar perdê-lo. Para mim, o objetivo nunca foi ganhar dinheiro, mas resolver problemas para garantir o futuro da humanidade".[12]

CRIANDO PRODUTOS EXCELENTES

CRIE ALGO QUE FAÇA UMA DIFERENÇA

A obsessão de Musk começa com a criação de produtos que beneficiarão a sociedade: "Meu interesse é em coisas capazes de mudar o mundo ou afetar o futuro e novas tecnologias maravilhosas que você vê e pensa: 'Uau, como foi que isso aconteceu? Como é possível?'"[13] Se os carros elétricos da Tesla se popularizarem, Musk conseguirá reduzir os danos ao meio ambiente causados por motores de combustão interna. Os painéis solares reduzirão os prejuízos causados por usinas de energia convencionais, especialmente as usinas a carvão. De acordo com Musk, a SpaceX ajudará a humanidade a se tornar uma espécie multiplanetária. Os produtos que fazem uma diferença nem sempre são revolucionários. Alguns só facilitam e melhoram a vida do maior número possível de pessoas. Por exemplo: o PayPal ajudou a facilitar fazer compras na internet, uma contribuição relativamente insignificante em comparação com a construção de foguetes para que a humanidade possa colonizar Marte. Ao encorajar outros empreendedores, Musk diz que o primeiro objetivo de uma empresa centrada no produto é criar algo que contribua para o bem-estar das pessoas.

Muitas empresas, especialmente no setor da tecnologia, alegam que seu objetivo é tornar o mundo um lugar melhor. A missão do Facebook é "dar às pessoas o poder de compartilhar e tornar o mundo mais aberto e conectado". Só que algumas pessoas argumentam, especialmente considerando a maneira como o Facebook lida com as questões de privacidade de dados, que a empresa está mais focada em fazer com que o maior número possível de pessoas use e permaneça em seu site, em aprender o máximo possível sobre elas e em usar essas informações para gerar receitas com anúncios. As informações do usuário são o ativo mais valioso do Facebook, permitindo que a empresa forneça publicidade direcionada a empresas dispostas a pagar caro para alcançar grupos específicos de clientes.[14] Fazer o bem e ganhar dinheiro não sejam objetivos mutuamente excludentes, as atitudes do Facebook sugerem que o crescimento e o lucro são fatores fundamentais para orientar suas decisões.

É difícil fazer a mesma crítica à Tesla ou à SpaceX. As empresas de Musk são verdadeiramente voltadas à missão, com sonhos grandiosos e consequências potencialmente enormes se elas tiverem sucesso. Por exemplo: os veículos elétricos já estavam sendo vendidos anos antes de Musk entrar no setor. Poucas pessoas queriam ter um, devido a sua autonomia limitada, experiência insatisfatória ao volante e *design* pouco atraente. As únicas pessoas que compravam um carro elétrico pré-Tesla eram os ambientalistas muito comprometidos com a causa (e, portanto, dispostos a dirigir um veículo inferior). A Tesla mudou o jogo quando entrou em cena, oferecendo um carro elétrico rápido e atraente, que se tornou um símbolo de *status* por outros motivos além do fato de ser elétrico revitalizando assim o segmento de veículos elétricos.[15] Musk gostaria que outros fabricantes seguissem seu exemplo na produção de carros elétricos porque: "Estamos, neste exato momento, realizando o experimento mais perigoso da história, que é ver quanto dióxido de carbono a atmosfera... consegue acomodar antes de uma catástrofe ambiental".[16] Outros fabricantes de automóveis, como a Volkswagen, a Mercedes e a Ford, estão intensificando seus esforços para produzir e comercializar veículos elétricos depois de passar anos ignorando a categoria. A GM vai lançar vinte carros elétricos nos próximos quatro anos. Musk revolucionou a indústria automotiva e corre o risco de cair vítima do próprio sucesso quando os concorrentes maiores começarem a abocanhar a vantagem do pioneiro da Tesla.

BUSQUE ATINGIR UTILIDADE, CONFIABILIDADE E BELEZA SUPERIORES

Musk é o CEO e o Principal *Designer*/Arquiteto de Produtos da SpaceX e da Tesla. Ele acredita que as pessoas com experiência em engenharia e *design* é que deveriam liderar as empresas, e não um CEO especializado em áreas mais tradicionais, como finanças, marketing ou vendas.[17] Musk acredita que os CEOs, pelo menos nas empresas focadas em produtos, deveriam se concentrar nos desafios de *design* e engenharia. Ele observou que, ao resolver problemas difíceis, o que é óbvio para ele não é óbvio para a maioria das pessoas. O resultado, se tudo der certo, será um produto bem melhor do que o existente. Ele afirma:

> Se você estiver entrando num mercado existente contra concorrentes grandes e estabelecidos, o seu produto ou serviço precisa ser muito melhor do que o deles... O cliente sempre vai comprar a marca confiável, a não ser que a diferença seja grande... Não dá para melhorar só um pouco. O seu produto ou serviço precisa ser muito melhor.[18]

CRIANDO PRODUTOS EXCELENTES

Musk, como Jobs, coloca os produtos em primeiro lugar. Ele redireciona a verba de outras áreas, como o marketing, para as áreas que ele considera cruciais: o *design* e a fabricação de produtos. Ele descreve os erros que líderes e empresas costumam cometer ao dar mais atenção ao ruído do que ao sinal, o que resulta em energia desperdiçada e foco insuficiente no que realmente importa:

> Muitas empresas se confundem. Elas gastam em coisas que não melhoram o produto. Por exemplo: na Tesla, nunca gastamos em publicidade. Alocamos todo o dinheiro em P&D, fabricação e *design* para melhorar o carro o máximo que podemos. E acho que essa fórmula pode ser usada por qualquer empresa. A ideia é ficar sempre se perguntando: "Essas iniciativas nas quais as pessoas estão gastando sua energia estão resultando em um produto ou serviço melhor?" Se não estiverem, interrompa as iniciativas.[19]

Fazer um produto melhor envolve três objetivos: o produto claramente fornece algo melhor do que os produtos existentes, tem um desempenho confiável ao longo do tempo e é lindo (o que Musk às vezes descreve como "sexy"). O *design*, nesse sentido, envolve muito mais do que a aparência do produto, muito mais do que a fachada. É o funcionamento do produto como um todo.[20] Musk cria veículos que buscam maximizar todos os três objetivos e, em consequência, seus veículos conquistam índices altíssimos de satisfação do cliente. Ele escreve: "Estamos em busca do ideal platônico do carro perfeito. Na verdade, ninguém sabe como seria esse ideal, mas a ideia é tentar fazer com que cada elemento do carro seja o mais perfeito possível. Sempre haverá algum grau de imperfeição, mas tentamos minimizar as imperfeições e criar um carro que seja simplesmente encantador em todos os sentidos".[21]

Por exemplo, os carros da Tesla são movidos por uma bateria que, quando lançada, era muito superior a qualquer outra no mercado. Ela usava a tecnologia de íon-lítio encontrada em aparelhos eletrônicos menores, como celulares e computadores. Essas baterias são mais leves e mais potentes e avanços no processo de fabricação continuam reduzindo os custos. A configuração correta das baterias de íon-lítio permitiu que o primeiro Model S percorresse mais de 425 quilômetros com uma única carga, mais do que o dobro da autonomia proporcionada por outros carros elétricos e mais perto da autonomia de muitos veículos movidos a gasolina. Isso reduziu a "ansiedade da autonomia" que representava uma barreira à popularidade dos carros elétricos. Além disso, a nova tecnologia resultou em um carro incrivelmente rápido.

Musk não se contentou em criar uma bateria melhor. A estética é importante para Musk e ele diz a seu pessoal: "Se vocês vão fazer um produto, ele precisa ser lindo. Mesmo se não afetar as vendas, eu quero que seja lindo".[22] A atenção que ele dá à estética é refletida, por exemplo, nas maçanetas dos veículos da Tesla. Ele queria uma maçaneta distinta, que se apresentaria ao motorista quando ele se aproximasse do veículo e voltaria a se recolher na porta quando o carro estivesse em movimento. Parece simples; mas não vemos esse tipo de maçaneta na maioria dos carros porque esse sistema é incrivelmente complicado de projetar e fabricar. A maçaneta precisa ser confiável e não pode impedir o motorista de entrar no carro. Para isso, é necessário que ela funcione repetidamente milhares de vezes em uma variedade de condições (calor, frio, gelo, chuva). A maçaneta também precisa ser segura e não pode ser recolhida se a mão da pessoa ainda estiver nela. Apesar da resistência de alguns de seus engenheiros, Musk conseguiu o que queria na maçaneta, que acabou se tornando uma característica distintiva de seus carros.

Nesse sentido, Musk é parecido com Steve Jobs ao enfatizar a importância do *design* dos produtos para o sucesso da empresa. Os dois sugerem que as melhores empresas resultam de produtos excelentes. Em um comentário revelador, Jobs disse que não via problema algum com o sucesso da Microsoft, conquistado a duras penas. Sua maior objeção era que a empresa produzia o que Jobs considerava produtos de terceira categoria, sem originalidade nem recursos esteticamente desejáveis. Ele sugeriu que o problema da Microsoft, sob a liderança de Gates e Ballmer, era que as pessoas da empresa não se apaixonavam pelo que criavam.

SEJA OUSADO E SEJA OBCECADO PELOS DETALHES

Musk tem um foco obsessivo em ideias e técnicas inovadoras. Ele descreve sua mente como "uma explosão interminável" de ideias que ele não consegue desligar. "Tem dias que eu fico andando de um lado para o outro de madrugada... Se estou tentando resolver um problema e acho que estou perto de descobrir alguns elementos do problema, passo horas andando de um lado

CRIANDO PRODUTOS EXCELENTES

ao outro tentando chegar a uma solução".[23] Como já vimos, os fundadores da empresa e Musk tiveram o *insight* de que as baterias de lítio, que a Tesla chama de "sistema de energia de íon-lítio", seriam muito superiores a qualquer outra coisa disponível no mercado na época. Essa bateria permite que os carros tenham uma aceleração muito mais rápida e têm uma vida útil mais longa do que as baterias tradicionais de níquel ou chumbo-ácidas. O problema é que as baterias de íon-lítio são caras e só seriam utilizadas em um carro se inovações de *design* e fabricação reduzissem seu custo. Uma vez que Musk se decidiu pela bateria de íon-lítio, ele se concentrou no difícil trabalho de reduzir seu custo para produzi-la em massa.

Essa mesma mentalidade inovadora chama a atenção na SpaceX. Musk constatou que foguetes reutilizáveis reduziriam o custo das viagens e transportes espaciais (e fariam com que façanhas como a viagem a Marte fossem economicamente viáveis). Muitas pessoas que atuavam na indústria espacial acreditavam que era impossível criar um foguete reutilizável. Nem a NASA, com décadas de experiência e amplo apoio do governo norte--americano, produziu um foguete reutilizável, mas Musk não se deixou dissuadir. Um colega disse que Musk, sem experiência em *design* nem fabricação de foguetes, lia vorazmente livros e manuais técnicos sobre o assunto e procurava especialistas do setor em busca de aconselhamento. Ele também contratou alguns dos maiores talentos do setor para aprender com eles. Um funcionário observou: "No começo eu achei que ele estava me questionando para testar o meu conhecimento da minha área, mas depois eu percebi que ele estava tentando aprender. Ele faz perguntas sem parar até aprender 90% de tudo o que você sabe".[24] O processo de aprendizagem de Musk, contudo, não se limitou a absorver o que os outros fizeram ou disseram. Ele questionava as suposições, como a viabilidade de um foguete reutilizável. Um de seus colegas disse que Musk costumava questionar especialistas altamente conceituados da área, sendo que alguns chegavam a se insultar ao ser contestados por uma pessoa sem experiência no setor.[25] Eles o viam como um novato, inexperiente e ingênuo no que diz respeito às possibilidades e impossibilidades do setor.

Musk, como Bezos e Jobs, acredita que ter ideias inovadoras é só o começo da criação de algo revolucionário. O líder também precisa mergulhar nos detalhes do *design* e da fabricação porque produtos excelentes são feitos de centenas, senão milhares, de detalhes. Os especialistas em gestão costumam ser contra a abordagem de Musk, sugerindo que os líderes

ALL IN

seniores evitem as minúcias operacionais porque esse tipo de detalhamento os distrai do trabalho mais estratégico que só eles podem fazer. Os executivos que mergulham nos detalhes também podem desmoralizar as pessoas encarregadas desse trabalho, que acreditam que elas, não os executivos, é que deveriam gerenciar as áreas que lhes foram atribuídas.

Musk, por sua vez, acredita que os líderes que não se envolvem nos detalhes são negligentes e quem acaba pagando o preço são os produtos. Ele se descreve com orgulho como um "nanogerente", ciente de que os detalhes fazem uma grande diferença. Essa é a maneira dele dizer que vai além do que alguns chamam de microgerenciamento e é "obcecado pelos menores detalhes operacionais e de *design* dos automóveis da Tesla".[26] Seu profundo conhecimento do produto orienta não só suas decisões de *design*, mas também a execução de sua visão, incluindo áreas como manufatura, logística e marketing. Musk argumenta que gerenciar um negócio é como travar uma batalha, e que os líderes precisam atuar na linha de frente com seus soldados em vez de ficar sentados em suas salas com um entendimento limitado do produto que está sendo produzido e vendido.

PEÇA *FEEDBACK*, PRINCIPALMENTE UM *FEEDBACK* NEGATIVO

Musk acredita que as empresas ficarão estagnadas se presumirem que seu produto é bom o suficiente para manter ou aumentar a participação de mercado da empresa. As empresas devem melhorar continuamente seus produtos ou alguma outra empresa lançará um produto melhor e levará os clientes consigo.[27] Um exemplo dessa abordagem foi a atitude de Musk com os primeiros carros que saíram da linha de montagem da Tesla. Ele examinou os veículos à medida que saíam da linha de montagem, procurando meticulosamente a menor variação do que ele queria. Notou detalhes que a maioria dos CEOs não perceberia ou que delegaria aos outros, como: o menor desalinhamento de uma lanterna traseira ou uma peça mal aparada, uma peça da carroceria com ligeiras variações, uma pintura com diferenças minúsculas. Musk disse a um entrevistador que a sensação de encontrar esses defeitos relativamente sem importância em um carro da Tesla era como alguém enterrando punhais em seus olhos.[28]

Um dos métodos utilizados por Musk para melhorar seus produtos é pedir um *feedback* negativo aos usuários. Essa atitude pode ser um tanto

CRIANDO PRODUTOS EXCELENTES

surpreendente, já que ele pode ficar na defensiva quando acha que alguém fez alguma desfeita a ele, sua empresa ou seus produtos. Ele disse que pedir um *feedback* negativo sobre os menores detalhes de seus produtos é fundamental para melhorar ao máximo o produto, observando que " 'É fácil ficar chapado com sua própria droga', como o Scarface já dizia. Você não pode ter medo de inovar, mas também não pode se iludir achando que alguma coisa está dando certo quando não é o caso, ou você vai ficar preso com uma solução ruim".[29] Musk acredita que o melhor *feedback* costuma vir de amigos, mas eles nem sempre são sinceros, pois não querem ofendê-lo. É por isso que Musk faz o que pode para saber a opinião sincera das pessoas, sugerindo que os líderes mais experientes busquem o *feedback* negativo mesmo quando as pessoas hesitam em dá-lo. Seu maior interesse é conversar com os clientes sobre o que eles acham que está faltando ou que está errado em seus carros. Clientes e amigos falando sobre o que gostam não ajudam a melhorar o produto. Musk é o maior conhecedor dos prontos fortes dos carros da Tesla, o que ele não tem ideia é sobre o que os clientes e amigos consideram como pontos fracos.

TRABALHE DURO, MUITO DURO

Musk acredita que a criação de produtos revolucionários requer um empenho e uma diligência implacáveis no trabalho. Ele diz às pessoas que ambicionam imitar seu sucesso que elas devem trabalhar até tarde e passar o resto da noite sonhando com os produtos quando vão dormir. Faça isso sete dias por semana, sem férias e sem parar para descansar.[30] Em um discurso de formatura para estudantes de graduação da University of Southern California, ele deu o seguinte conselho sobre como construir uma empresa de sucesso:

> Acho que a primeira coisa é... você precisa se matar de trabalhar. O que eu quero dizer com isso? Quando eu e o meu irmão estávamos abrindo a nossa primeira empresa, em vez de alugar um apartamento, a gente alugou uma salinha comercial, dormia no sofá e tomava banho no clube. A gente era tão duro que só tinha um computador. O site ficava no ar de dia e eu programava à noite. Sete dias por semana, sem parar... Então, trabalhem duro, tipo, o tempo todo que vocês estiverem acordados.[31]

ALL IN

Essa ênfase excepcional de Musk no trabalho duro está entranhada em todas as suas empresas. Comentando sobre a missão da Tesla e da SpaceX, ele observa: "Você não vai criar carros ou foguetes revolucionários trabalhando só 40 horas por semana. É simplesmente impossível. Ninguém vai colonizar Marte trabalhando só 40 horas por semana".[32] Uma semana típica para ele começa na Space X, em Los Angeles, depois ele passa vários dias na Tesla, no norte da Califórnia, e volta à SpaceX na sexta-feira. Algumas semanas também incluem uma viagem a Nevada para passar um tempo na Solar City. Em uma entrevista recente, comentou que passou três a quatro dias seguidos sem sair da Tesla. Ele precisou trabalhar com sua equipe para resolver alguns problemas de fabricação do Model 3. Quando não estava no escritório ou na fábrica, Musk ficou praticamente o tempo todo acessível a seu pessoal. Orientou que não hesitassem em entrar em contato com ele, sempre que necessário, dizendo: "Estou disponível 24 horas por dia, sete dias por semana para ajudar a resolver problemas. Podem me ligar às 3 da madrugada de sábado. Eu não ligo".[33]

A obsessão de Musk por seu trabalho se revela em um comentário que ele fez a um amigo quando ainda estava na faculdade: "Se tivesse um jeito de eu não precisar comer para poder trabalhar mais, eu não comeria. Seria bom se alguém inventasse um jeito de a gente obter nutrientes sem precisar parar para comer".[34] Seu amigo disse que ficou surpreso com o comentário, que revelava um comprometimento incomum com o trabalho. Pessoas que trabalharam com Musk fazem comentários semelhantes, sugerindo que um de seus atributos mais marcantes é seu total comprometimento com o trabalho. Um biógrafo escreveu: "A principal coisa que as pessoas não têm é o nível de determinação e comprometimento dele. Entrevistei muitas pessoas do Vale do Silício e simplesmente nunca vi ninguém como ele. Para a maioria das pessoas, mesmo o CEO mais apaixonado pelo trabalho, é só um emprego. Mas, para Elon, é algo entre uma luta de vida ou morte e uma guerra".[35]

Musk não é o único líder a mergulhar de cabeça no trabalho. Steve Jobs disse que a equipe da Apple Mac trabalhou entre quatorze e dezoito horas por dia, sete dias por semana, por mais de dois anos. Ele falou que a equipe era composta de jovens apaixonados pelo trabalho e com energia suficiente para dar conta da carga horária necessária para criar um produto revolucionário. Bill Gates disse que o mesmo se aplicou a ele e Paul Allen quando eles criaram a Microsoft na faixa dos 20 anos.[36] O mesmo vale para Travis Kalanick da Uber e Jack Ma da Alibaba. O equilíbrio entre a vida profissional e a vida pessoal é inexistente em muitas das maiores histórias de sucesso das últimas décadas.

CRIANDO PRODUTOS EXCELENTES

MONTE SUAS "FORÇAS ESPECIAIS"

Musk observou que a Tesla, assim como suas outras empresas, se concentra na contratação de pessoas extremamente talentosas em áreas cruciais, como engenharia de produtos e fabricação. Ele afirmou que algumas empresas fracassam, principalmente em áreas de tecnologia intensiva, por não terem uma massa crítica de pessoas talentosas:

> A capacidade de atrair e motivar talentos é crucial para o sucesso de uma empresa, porque uma empresa é um grupo de pessoas reunidas para criar um produto ou serviço. Esse é o propósito de uma empresa. As pessoas às vezes se esquecem dessa verdade básica. Se você conseguir atrair talentos e colocá-los para trabalhar juntos em prol de um objetivo compartilhado e tiver um senso implacável de perfeição no que diz respeito a esse objetivo, vai acabar com um excelente produto.[37]

Por sua vez, Musk acredita que a maioria das empresas de grande porte cria processos burocráticos que passam a ser mais importantes do que ter as pessoas inteligentes e criativas necessárias para entregar resultados.[38] Musk quer um grupo de funcionários talentosos e profundamente comprometidos em alcançar um objetivo compartilhado. Como Bezos, ele valoriza a mentalidade encontrada nos primeiros dias das *startups* de sucesso:

> Quero destacar a atitude que eu tenho com empresas no estágio de *startup*, que é um tipo de "abordagem das forças especiais". A nota de corte é "excelente". Acredito que as empresas iniciantes não podem deixar de ser assim se quiserem crescer e ter sucesso. Nós seguimos essa abordagem até certo ponto, mas nos desviamos desse caminho em alguns momentos. Isso não quer dizer que as pessoas que dispensamos com base nisso sejam consideradas ruins... É só a diferença entre as Forças Especiais e o Exército comum. Se você quiser sobreviver a um ambiente inóspito e garantir o crescimento da empresa, precisa de um nível altíssimo de dedicação e talento por toda a organização.[39]

Musk faz questão de entrevistar pessoalmente candidatos para posições técnicas, incluindo os que assumirão cargos mais abaixo na hierarquia da organização. Dizem que ele entrevistou todos os candidatos para os primeiros duzentos cargos de engenheiro da SpaceX. Nas entrevistas, ele pede para os candidatos falarem sobre os problemas que enfrentaram e como os resolveram. Ele não aceita descrições genéricas dos resultados, quer ouvir detalhes sobre o que foi feito, acreditando que as pessoas que realmente resolveram o problema jamais esquecerão dos detalhes.[40] Musk também avalia a disposição dos candidatos de se empenhar o suficiente para alcançar o excepcional. Uma pergunta que costuma ser feita nas entrevistas na Tesla é: "A gente trabalha muito aqui na Tesla, inclusive nos fins de semana. Imagino que você está acostumado a trabalhar 40 horas por semana e esquecer o trabalho quando chega em casa. O que você acha da exigência de trabalhar muito mais do que isso? "[41] Musk diz: "Se você trabalha na Tesla, é sinal de que você escolheu dar o máximo de si. E isso tem seus prós e seus contras. Todo mundo quer fazer parte das Forças Especiais, mas você trabalhará em dobro. Não é para qualquer um".[42]

AS DESVANTAGENS DO FOCO NO PRODUTO

A obsessão de Musk por criar produtos espetaculares vem acompanhada de uma série de importantes desvantagens, sendo que algumas chegam a ter o potencial de comprometer suas notáveis realizações.

Trabalho primeiro, vida pessoal depois: a intensidade de ser completamente consumido pelo trabalho se encaixa na personalidade de Musk. Um de seus funcionários descreveu Musk como uma máquina: trabalhando 24 horas por dia, passando anos sem tirar férias e dividindo seu tempo toda semana entre as três empresas que lidera. Para as pessoas que sugerem que ele pare um pouco para descansar e relaxar, ele diz: "A ideia de perder tempo lagarteando na praia me parece horrível. Eu ficaria maluco. Eu precisaria estar muito dopado. E ficaria absolutamente entediado. Meu lance é alta intensidade".[43] Como Musk admite, ele se pressiona a ponto de ter um colapso físico e mental. A Tesla lutou para sobreviver durante alguns períodos de sua história, assim como a SpaceX. Em uma entrevista de 2018 para o *New York Times*, Musk se emocionou ao descrever o estresse pelo qual estava passando para transformar a Tesla em um sucesso.[44]

Ao passar pelo que ele chama de o pior ano de sua vida profissional, a Tesla tentava atingir metas agressivas de produção do Model 3. A empresa precisava produzir e vender carros suficientes para cumprir as obrigações

CRIANDO PRODUTOS EXCELENTES

financeiras para manter as operações e, ao mesmo tempo, pagar uma dívida considerável. Musk observou:

> Muita gente acha que é divertido abrir uma empresa. Eu diria que não é. Não é tão divertido assim. Pode ser divertido por alguns momentos, mas, em outros momentos, é simplesmente horrível. Especialmente se você for o CEO da empresa, todos os piores problemas da empresa vão parar na sua mão. Como você sabe que não adianta passar seu tempo com as coisas que estão dando certo, você só dedica o seu tempo às coisas que estão dando errado... Acho que você precisa ter uma enorme motivação para abrir uma empresa e ter um limiar de dor bem alto.[45]

Musk admite que sua carga de trabalho extrema o levou a fazer algumas declarações imprudentes que causaram danos a ele e a sua empresa. Seu comportamento polêmico levou alguns analistas a afirmar que ele se tornou um risco para suas empresas e que não tinha o temperamento certo para ser um bom líder.[46] Uma empresa de investimento, que havia financiado Musk, disse que não continuaria a investir na Tesla, pelo menos no curto prazo, devido ao que eles descreveram como ações temerárias de Musk.[47] Um analista rebaixou as ações e escreveu: "O problema, contudo, é o comportamento errático do CEO Elon Musk... Nossa preocupação é que seu comportamento esteja maculando a marca Tesla, o que, em termos de valor, é o ativo mais importante da empresa".[48] Outro analista do mercado financeiro, comentando sobre o suposto uso de maconha por parte de Musk durante uma entrevista, sugeriu que "esse é o comportamento de um homem que não devia estar na liderança de uma empresa de capital aberto".[49]

Criatividade primeiro, processos depois: os líderes centrados no produto podem se opor aos processos. Eles preferem pessoas criativas capazes de criar produtos inovadores e, em consequência, de resolver problemas difíceis. Musk disse que não confia nos processos, que ele vê como uma resposta burocrática a problemas complexos que são resolvidos com mais eficácia por pessoas inteligentes e engenhosas. Ele afirma:

> Não acredito no processo. Na verdade, quando entrevisto um candidato e ele diz que "tudo é uma questão de processo", eu já vejo como um mau sinal. O problema é que, em muitas grandes

ALL IN

empresas, seguir os processos acaba substituindo o ato de pensar. A pessoa é encorajada a agir como se não passasse de uma pequena engrenagem numa máquina complexa. Francamente, os processos permitem que uma empresa mantenha pessoas que não são muito inteligentes, que não são muito criativas.[50]

Musk é formado em Física e se considera, acima de tudo, um engenheiro. A questão é: se ele será capaz de aplicar seus talentos não só no *design* de produtos, mas também na fabricação. Ele já provou sua capacidade de criar coisas extraordinárias, mas alguns duvidam que ele seja capaz de produzi-las em massa. A Tesla fez um progresso considerável no atingimento de suas metas de produção, mas ainda precisa demonstrar que tem como sustentar esse progresso.

Compare a abordagem de Musk com o que Steve Jobs fez na Apple. Ele delegou a produção da Apple a Tim Cook, que se certificou de que a empresa produzisse o volume e a qualidade dos produtos que a Apple precisava. Jobs manteve o foco no *design* e no marketing, enquanto Cook administrava o lado operacional do negócio, contratando fornecedores capazes de satisfazer os elevados padrões da Apple. Até o momento, Musk não tem ninguém na Tesla que possa fazer o que Tim Cook fez por Jobs.[51] Musk parece ter conseguido resolver muitos dos problemas de fabricação que restringiam a produção do Model 3. As pessoas que o subestimaram estavam erradas. Os desafios aumentarão à medida que sua empresa cresce e enfrenta novos concorrentes. Os especialistas em manufatura concordam que o desempenho superior requer processos organizacionais robustos, bem como um líder de processos experiente e disciplinado.

Produtos primeiro, funcionários depois: os empreendedores de sucesso constroem equipes e organizações capazes de transformar suas ideias em realidade. O problema é que os líderes obsessivos, principalmente os centrados no produto, se importam mais com suas criações do que com qualquer outra coisa, incluindo seus funcionários. Eles costumam ser rigorosos com seu pessoal, estabelecendo metas audaciosas e tratando os funcionários com severidade quando as coisas saem do planejado. Como outros empreendedores famosos, incluindo Jobs e Bezos, Musk não tem muita paciência com pessoas que não possuem o talento nem o comprometimento necessários para apresentar o melhor desempenho possível.

CRIANDO PRODUTOS EXCELENTES

De acordo com Musk, as empresas só existem para criar produtos excelentes. Essa maneira de ver as coisas pode ser uma inspiração para as pessoas que têm a mesma paixão que ele, mas o comprometimento total de Musk também leva a um ambiente de trabalho extremamente estressante. Estabelecer e exigir padrões elevados (inclusive padrões que as pessoas consideram impossíveis) têm alguns benefícios claros. A desvantagem da abordagem de gestão de Musk é uma cultura de trabalho sob constante pressão, com funcionários trabalhando horas a fio na tentativa de atingir metas ambiciosas. Por exemplo: a Tesla estabeleceu uma meta de dezoito meses para produzir quinhentos mil unidades do Model 3 por ano, o que representa um aumento de dez vezes em relação à taxa de produção anterior. O resultado foi um período que Musk chamou de "inferno na produção". Um colega resumiu a motivação implacável de Musk para atingir seus objetivos: "Elon não sabe nada sobre você e não perde tempo pensando se você pode ficar magoado com alguma coisa. Ele só se interessa por aquilo que precisa ser feito e mais nada. As pessoas que não se acostumam com o estilo de comunicação dele não se dão bem na empresa".[52] Vejamos como Musk costumava tratar as pessoas que não atingiam seus elevados padrões em uma de suas primeiras empresas. Pensando sobre a experiência, ele disse:

> É, a gente teve alguns engenheiros de *software* muito bons na Zip2, mas, tipo, eu sabia programar muito melhor do que eles. Eu entrava lá e consertava a merda do código deles... É muito frustrante ficar esperando, então pode deixar que eu mesmo conserto o seu código e agora ele roda cinco vezes mais rápido, seu idiota. Teve um cara que escreveu uma equação de mecânica quântica, uma probabilidade quântica no quadro, e ele errou. Eu fiquei, tipo: "Como é que você pôde escrever isso?" E eu fui lá e corrigi para ele. Ele me odiou depois daquilo. Com o tempo, eu me dei conta: "Tudo bem, eu posso até ter corrigido o erro, mas agora o cara ficou improdutivo". Não era o melhor jeito de fazer as coisas.[53]

Musk é conhecido por fazer duras críticas aos funcionários quando eles não atendem às suas expectativas. Um funcionário que trabalhou com ele em uma de suas primeiras empresas contou: "As pessoas saíam indignadas das reuniões. Não dá para chegar aonde Elon chegou sendo sempre bonzinho. Ele era muito motivado e seguro de si".[54] Outro ex-colega observou que a experiência de trabalhar na Tesla foi incrível, mas que ele jamais voltaria a trabalhar lá devido às exigências implacáveis que Musk fazia a si mesmo e aos funcionários.[55] Ashlee Vance, que escreveu uma biografia detalhada e em grande parte elogiosa de Elon Musk, concluiu que "o tipo de empatia dele não tem igual. Ele parece se condoer da espécie humana como um todo, mas nunca leva em consideração os desejos e as necessidades individuais".[56]

Um sinal de que Musk está pesando na mão é a alta rotatividade nos principais cargos executivos da Tesla. Segundo um relato, oitenta e oito executivos saíram da Tesla no período de um ano começando em janeiro de 2018, alguns por conta própria e outros demitidos por Musk.[57] A lista inclui o diretor financeiro, o diretor de engenharia, o diretor de contabilidade, o líder da engenharia, o vice-presidente de atendimento global, o vice-presidente do piloto automático, o diretor de engenharia de performance e o diretor de RH. A rotatividade alarmou alguns investidores, que sugerem que o estilo de gestão de Musk está impedindo o crescimento da empresa e que sua abordagem intensa e de "mãos na massa" está provocando um êxodo de talentos da empresa. Um biógrafo de Musk conta que um funcionário reclamou que as horas de trabalho eram excessivas e que o estavam impedindo de ver sua família. Musk supostamente replicou que o funcionário teria muito tempo para ver a família se a empresa fechasse as portas.[58]

Musk negou ter dito isso, apesar de acreditar que seu pessoal precisa se comprometer totalmente com o trabalho e com o sucesso da empresa.

O THOMAS EDISON DA ATUALIDADE?

A obsessão tem o potencial, quando combinada com um intelecto criativo, de alçar um líder e sua organização a alturas incríveis. A Tesla está saindo de um período de turbulência e Musk silenciou alguns de seus críticos mais veementes. Mas não temos como saber se a história verá Musk como o Thomas Edison ou o Nikola Tesla desta geração. Musk admira os dois, mas reverencia Thomas Edison, como ele observou quando lhe perguntaram o que ele achava das realizações dos dois:

> A empresa de automóveis se chama Tesla... porque usamos um motor de indução de corrente alternada, que é uma arquitetura desenvolvida por Tesla. E acho que o cara merece um pouco mais de notoriedade do que recebe da sociedade. Mas, em geral, sou mais fã do Edison do que do Tesla porque Edison levou suas

invenções ao mercado e tornou essas invenções acessíveis ao mundo enquanto Tesla não conseguiu fazer isso.[59]

Ainda não sabemos quanta notoriedade Elon Musk receberá no futuro que ele está decidido a melhorar. Em 2019, a empresa teve um excelente desempenho e hoje vale mais do que a GM e a Ford juntas. A questão é: será que ele e sua equipe conseguirão administrar as desvantagens de sua personalidade obsessiva, a mesma personalidade que trouxe ele e suas empresas até aqui?

LIÇÕES DO CAPÍTULO

- Elon Musk acredita que empresas excelentes se fundamentam em produtos excelentes. Todos os elementos de uma empresa devem se focar em fazer produtos que encantem os clientes e que façam uma diferença para a sociedade.

- Ele é um visionário tecnológico que acredita em "liderar na frente de batalha", envolvendo-se intimamente no *design* e nos detalhes operacionais das empresas que lidera e nos produtos que elas criam.

- Seu objetivo é criar uma organização composta em todos os níveis por pessoas extremamente talentosas e motivadas, especialmente nas funções de *design* e engenharia.

- Musk força a si mesmo e a sua equipe a ir até o limite absoluto e, com essa atitude, pode colocar em risco tudo o que conquistou.

5
PROMOVENDO O CRESCIMENTO:
TRAVIS KALANICK E A UBER

O maior ponto forte de Travis é que ele é capaz de atravessar uma parede para atingir seus objetivos. O maior ponto fraco de Travis é que ele dá de cara com a parede para atingir seus objetivos.[1]

— Mark Cuban

Travis Kalanick cresceu em um bairro suburbano pouco conhecido de Los Angeles. Seu pai, um engenheiro civil, sabia que a tecnologia da informação seria cada vez mais importante no mundo e comprou para seus filhos os melhores computadores.[2] Sua mãe, uma executiva de vendas de anúncios publicitários, incentivou Travis a se engajar em várias atividades empreendedoras. Ele vendeu facas de churrasco de porta em porta aos 10 anos, ingressos para eventos de caridade na adolescência e fundou um cursinho pré-vestibular no seu último ano do ensino médio. Travis, um nerd da matemática que se orgulhava de sua capacidade de ser mais competitivo do que os outros, mostrou, desde cedo, sinais do que viria a se tornar: um empreendedor em série do setor da tecnologia.

Kalanick se matriculou na University of California, Los Angeles, para estudar engenharia da computação, mas se empolgou mais com a ideia de abrir uma empresa do que se formar. Ele largou a faculdade no último ano para entrar em uma pequena *startup* fundada por vários colegas de turma. A empresa, chamada Scour, foi um dos primeiros serviços de compartilhamento de arquivos *peer-to-peer*. De maneira parecida com seu concorrente mais famoso, o Napster, o serviço permitia que as pessoas trocassem mídias populares pela internet. A Scour se encaixava no estereótipo de uma pequena *startup* caótica, administrada por um grupo de empreendedores brilhantes,

PROMOVENDO O CRESCIMENTO

ambiciosos e inexperientes. Um funcionário da empresa disse: "Era tudo muito improvisado e ninguém sabia direito o que estava fazendo".[3] Era fácil vender a possibilidade de baixar filmes e músicas populares de graça e Kalanick era um vendedor espetacular. Não demorou para a empresa ter milhões de usuários. O problema era que as empresas produtoras dos filmes e das músicas que os clientes de Kalanick estavam baixando, acreditavam que a Scour estava roubando sua propriedade intelectual. Elas abriram um processo para fechar a empresa, exigindo US$ 250 bilhões em danos. Diante da multa enorme que, como Kalanick ironizou, era maior que o produto interno bruto da Suécia, a Scour entrou com um pedido de falência.

Não demorou muito para Kalanick abrir outra empresa. A Red Swoosh vendia um *software* corporativo para transferência de arquivos que usava o poder de computação não utilizado dos computadores pertencentes aos usuários finais. O cliente-alvo de Kalanick era justamente o grupo de empresas que tirou a Scour do mercado (empresas de mídia que precisavam enviar arquivos grandes, como filmes, pela internet com mais rapidez e a um custo mais baixo). Kalanick não viu problema algum em vender seu novo serviço às empresas que mataram e enterraram sua primeira empresa. Ele disse: "A ideia era pegar aqueles 33 litigantes que me processaram e transformá-los em clientes. Aí, os mesmos caras que me processaram passariam a me pagar".[4]

Kalanick passou os sete anos seguintes enfrentando uma série de desafios técnicos, gerenciais e financeiros. A Red Swoosh devia US$ 110.000 à Receita Federal dos Estados Unidos por Impostos de Renda que não tinham sido retidos na fonte dos salários dos funcionários. Kalanick culpou seu sócio por não ter pago os impostos, enquanto seu sócio alegou que Kalanick estava ciente da decisão de não pagar (e usar o dinheiro para administrar o negócio). Kalanick encontrou novos investidores para pagar a Receita, evitando uma possível pena de prisão. A Red Swoosh só conseguiu sobreviver graças à persistência de Kalanick diante de vários contratempos. O cofundador desistiu do negócio e um acordo para vender a empresa acabou não vingando. Quando lhe perguntaram por que ele continuou com a empresa, tendo, inclusive, que voltar a morar na casa dos pais e passar três anos trabalhando sem salário, Kalanick disse que não controlava seu coração, mesmo sabendo que estava apaixonado por um parceiro abusivo.[5] Sua persistência foi recompensada quando a Red Swoosh foi vendida para a Akamai por US$ 19 milhões, sendo que Kalanick embolsou cerca de US$ 3 milhões com o acordo.[6]

ALL IN

Kalanick passou o ano seguinte viajando pelo mundo, curtindo as merecidas férias e decidindo o que fazer em seguida. Ele se mudou para São Francisco e investiu em várias *startups* em busca de ideias que satisfizessem a seus critérios de "grandiosidade" ou, em outras palavras, um plano de negócio que o empolgasse ao falar a respeito com as pessoas. Uma ideia intrigante foi a de Garret Camp, um empreendedor canadense que vendeu sua empresa StumbleUpon para o eBay. Camp e Kalanick frequentavam os mesmos círculos,[7] socializando com empreendedores com ideias afins para conversar sobre possíveis novos negócios.

A *startup* de Camp resultou de suas experiências morando em São Francisco. Ele tinha um carro, mas não gostava de dirigir na cidade. Preferia pegar táxi, mas o serviço não era confiável porque o número de táxis em São Francisco estava muito aquém da demanda. Camp estava frustrado com o tempo que levava para encontrar um táxi. Ele começou a usar um serviço de rádio-táxi, mas se impacientava quando o táxi demorava para chegar. Sua solução foi ligar para vários serviços e pegar o primeiro táxi que chegasse.[8] Com o tempo, as empresas de táxi se cansaram da brincadeira e passaram a se recusar a atender Camp.

Camp pensou que devia haver uma maneira melhor de fazer a ponte entre táxis e passageiros para reduzir o tempo de espera. O recém-lançado iPhone tinha um sensor de movimento que, quando usado com o GPS do celular, poderia rastrear um motorista enquanto ele dirigia pela cidade. Vendo o potencial do negócio, Camp desenvolveu um aplicativo para coordenar a localização de carros e passageiros e, assim, reduzir os tempos de espera. O aplicativo também permitiria estimativas precisas do custo total da corrida antes de ela ser aceita. Ele chamou sua nova empresa de UberCab, com a confiança que vem de disponibilizar um serviço que você sabe ser superior a qualquer outra coisa oferecida pelos concorrentes.

Camp acreditava que Kalanick seria capaz de maximizar o potencial de crescimento de sua nova empresa. Ele conta a história de quando eles estavam em Paris para uma conferência e decidiram subir a Torre Eiffel. Para a surpresa de Camp, Kalanick subiu nas barreiras para ter uma vista melhor da cidade. "Eu gostei dessa atitude de simplesmente ir lá e fazer", Camp lembra. "Eu sabia que uma ideia tão grande exigiria muita coragem e ele me pareceu um cara muito corajoso."[9] Um jornalista, comentando sobre a personalidade de Kalanick e a natureza combativa de sua empresa,

PROMOVENDO O CRESCIMENTO

observou que "a Uber nasceu como um pitbull cruel que acreditava que passaria a vida toda no ringue".[10]

Camp e Kalanick tinham ideias diferentes sobre o futuro da UberCab. Os dois sabiam que o *software* de Camp era revolucionário. Só que Camp queria montar uma frota de limusines para fornecer um serviço de luxo para clientes que buscavam algo mais sofisticado do que táxis ou serviços convencionais de transporte de executivos. A oferta da nova empresa seria mais cara do que um táxi, mas forneceria um serviço mais rápido e confiável. Kalanick argumentou que um serviço de baixo custo e de alta qualidade seria melhor porque poderia crescer e se transformar em uma grande empresa. O *slogan* do serviço seria: "O motorista particular de todos". Tarifas mais baixas, Kalanick argumentou, resultariam em mais clientes e criariam uma demanda que resultaria em mais carros circulando, o que, por sua vez, resultaria em tempos de chegada mais rápidos e mais dinheiro para os motoristas. A abordagem do custo mais baixo resultaria em um serviço melhor do que a oferta tradicional de luxo direcionada a clientes de alto poder aquisitivo. Os consultores referem-se a isso como um "ciclo virtuoso", no qual o sucesso de uma área alimenta o sucesso de outra, resultando em um ciclo positivo cada vez maior. Kalanick acreditava que seu modelo de negócio transformaria profundamente a maneira como as pessoas se deslocavam de um ponto a outro em cidades do mundo todo. Ele viu que o potencial de crescimento ia muito além de um serviço de limusine auxiliado pela tecnologia para pessoas endinheiradas de cidades como São Francisco.

A outra grande ideia de Kalanick foi criar o negócio com base em motoristas independentes que usariam o próprio carro, em vez de montar uma frota de carros da empresa com funcionários trabalhando com carteira assinada. A ideia era parecida, em alguns aspectos, com a Red Swoosh, que alavancava o poder de computação não utilizado dos computadores dos usuários finais. Kalanick queria explorar o potencial não utilizado dos carros dos motoristas. Também importantíssimo, o uso de motoristas independentes permitiria a Kalanick e Camp alegar que a Uber não era uma empresa de táxi, mas uma empresa de tecnologia que fornecia *software* para ajudar motoristas autônomos. Na cabeça de seus fundadores, terceirizar, em vez de empregar motoristas, permitiria à Uber crescer sem enfrentar a quantidade imensa de regulamentações e restrições que engessavam a competição no setor de táxis na maioria das cidades. Camp concordou com o plano de Kalanick e lhe deu uma participação na empresa que acabou fazendo dele o maior acionista individual.[11] A Uber, com Kalanick como CEO, estava a caminho de se tornar

93

ALL IN

uma das empresas mais valiosas da nova economia de serviços sob demanda com um clique.

Os motoristas adotaram imediatamente o Uber e a empresa se expandiu rapidamente em todas as novas cidades em que entrava. Os clientes só precisavam tocar em um botão do celular e um carro chegava em questão de minutos. Ninguém mais precisaria correr atrás de um táxi na rua nem reservar um serviço de transporte executivo com antecedência. Ninguém mais precisaria adivinhar quanto a corrida custaria. Ninguém mais precisaria andar com dinheiro ou cartão de crédito para pagar a corrida, porque a cobrança era automatizada. Os benefícios do que Kalanick chamou de "luxo a baixo custo" eram inegáveis e a empresa se expandiu rapidamente. O principal concorrente da Uber, a Lyft, também oferecia corridas, mas os motoristas eram donos de carros comuns, e não de carros de luxo pretos, como foi o caso nos primeiros anos da Uber.

Os fundadores da Lyft notaram, em uma viagem à África, que era comum as pessoas darem caronas em seus carros, compartilhando viagens de maneira a beneficiar tanto os motoristas quanto os passageiros.[12] Kalanick inicialmente resistiu à abordagem da Lyft, dizendo aos órgãos reguladores que permitir que os motoristas usassem qualquer carro em um serviço de compartilhamento de viagens não era seguro (em comparação com o uso de carros de luxo, mais novos). Diante da popularidade crescente da Lyft, Kalanick mudou de ideia e adotou o compartilhamento de viagens na Uber. Como resultado, a Uber se tornou uma das *startups* de crescimento mais rápido da história, chegando a ser avaliada em US$ 75 bilhões apenas dez anos depois de ser fundada.[13] Hoje a empresa emprega vinte e duas mil pessoas, tem uma rede global de 3,9 milhões de motoristas e fornece transporte para 14 milhões de pessoas por dia.[14] A empresa se vê como o futuro do transporte.

O *PLAYGROUND* DO INOVADOR

Kalanick se considera um pragmático criativo focado na solução de problemas do mundo real. Ele se compara com um matemático que prefere problemas difíceis. "O que me motiva é um problema difícil que ainda não foi resolvido e que tem uma solução interessante e impactante."[15] Ele descreve o "*playground* do inovador" como uma área na qual a crença dominante está errada, o que oferece uma enorme oportunidade para

PROMOVENDO O CRESCIMENTO

pessoas criativas e tenazes.[16] Isso requer ver oportunidades quando os outros só veem impossibilidades. Também requer a capacidade de trabalhar na concretização das ideias diante de adversidades. O desafio, e a ansiedade, de fazer o que os outros acreditam ser impossível é o que Kalanick chamou de a droga preferida de pessoas como ele.[17]

O compartilhamento de viagens foi pensado para fornecer um caminho mais rápido, barato e seguro do ponto A ao ponto B. Mas Kalanick e sua equipe enfrentaram dois grandes desafios. O primeiro desafio foi técnico: decidir como levar os carros aos passageiros com a maior eficiência possível, apesar das complexidades do trânsito na cidade e da ampla variação da demanda do consumidor. O desafio técnico exigia um sofisticado planejamento logístico, um *software* que colocasse os carros onde as pessoas mais precisavam deles e o número certo de motoristas. A ideia era fazer a oferta corresponder com a demanda de modo que os passageiros estivessem em um carro no máximo cinco minutos depois de tocar no ícone do Uber no celular.

O segundo problema, ainda mais desafiador, era político. Poucos acreditavam ser possível competir com os serviços de táxi e limusine que atuavam como um monopólio em quase todas as cidades dos Estados Unidos, no que Kalanick rotulou de "cartel dos táxis".[18] O desafio político exigia que a Uber enfrentasse uma ampla gama de *stakeholders* influentes que se posicionavam do lado de um dos setores mais regulamentados do mundo. Ele enfrentaria a resistência feroz e bem financiada de autoridades do setor de táxis, motoristas de táxi e limusine e os políticos municipais e estaduais que os apoiam. A estratégia de Kalanick foi oferecer um serviço tão excepcional que o público pressionaria os governos municipais a permitir sua utilização na cidade. Ele criou um manual de lançamento do Uber que foi sendo melhorado com o tempo e aplicado em todas as cidades em que o serviço entrou. Por exemplo: o prefeito de Nova York queria restringir as operações da Uber na cidade. Mas ele foi forçado a recuar depois que a Uber lançou uma enorme campanha de relações públicas que resultou em milhares de nova--iorquinos clamando para que o serviço não fosse restrito na cidade. Para gerar a mudança, Kalanick se dispunha a encarar poderosos grupos de interesses se fosse necessário. Ele também contratou um exército de lobistas e empresas de relações públicas para promover a causa. Ele acreditava que estava fazendo isso para corrigir um erro em prol de um bem maior.

ALL IN

Com o rápido crescimento da Uber, Kalanick logo se viu no comando de uma empresa de grande visibilidade. Como muitos fundadores famosos do setor da tecnologia, como Mark Zuckerberg e Jeff Bezos, Kalanick estava aprendendo a liderar enquanto liderava. Administrar uma empresa grande e complexa estava muito além de sua experiência na Scour e na Red Swoosh. Ele se dedicou a analisar outras empresas de tecnologia de sucesso, como a Amazon, em busca de práticas que pudesse adotar. Uma prática que lhe agradou foi desenvolver um conjunto de valores da empresa. Ele criou, para a Uber, um conjunto de valores sem igual em conteúdo e estilo. Em linhas gerais, ele enfatizou a necessidade do que chamou de "mentalidade de um defensor". Essa mentalidade começa com total compromisso entre a empresa e o trabalho. Ele disse a um grupo de estudantes:

> Caiam de amores por uma ideia. E façam de tudo para concretizar essa ideia. Se vocês fizerem isso, não importa se vocês ganharem ou perderem... sempre vai ter valido a pena... Tudo fica muito mais fácil com amor... O empreendedor que ama o que faz contra o empreendedor que não ama... fica claro quem vai sair vencendo nessa. E quem tem amor vence de longe.[19]

De acordo com a abordagem de gestão de Kalanick, um campeão dá tudo o que tem para garantir o sucesso da empresa, "deixando tudo o que tem em campo". Ele disse que as pessoas que abrem uma empresa precisam seguir em frente, sem qualquer dúvida de sua capacidade de alcançar o sucesso e observa que: "O medo é a doença, a pressa é o antídoto... corra feito um louco, cerre os dentes, abra o seu caminho para o sucesso, não tem um jeito fácil de chegar lá".[20] Kalanick se considerava capaz de superar todas as adversidades. O filme *Pulp Fiction* tem um personagem chamado Winston Wolfe, que é convocado para resolver situações difíceis. No filme, um colega de Wolfe mata uma pessoa e Wolfe é chamado para se desfazer do corpo, junto com o carro onde o assassinato ocorreu. Kalanick disse que se considerava um "consertador" como o personagem do filme, capaz de lidar com situações caóticas e estressantes que enlouqueceriam a maioria das pessoas.[21]

Kalanick também acredita em receber os conflitos de braços abertos quando eles ajudam a atingir um propósito produtivo, o que ele chama de "confronto com base em princípios".[22] Ele acredita em questionar ideias, pessoas, instituições e leis que estão, em sua opinião, do lado errado do

PROMOVENDO O CRESCIMENTO

progresso. Segundo ele, as empresas de táxi e os órgãos reguladores estavam presos no passado e eram incapazes de oferecer tecnologias e abordagens inovadoras para melhorar o transporte público. Pior ainda, ele os considerava corruptos, por colocar os próprios interesses financeiros e políticos acima dos interesses dos clientes (em parte, impedindo a operação de empresas como a Uber em suas cidades).

Um exemplo foi o condado de Miami-Dade: suas leis obrigavam os passageiros a reservar um carro com pelo menos 60 minutos de antecedência e pagar pelo menos 80 dólares por corrida. Kalanick, intencionalmente ou não, tornou-se um defensor dos que lutam contra a interferência do governo na disseminação de inovações tecnológicas. Quando questionado sobre a reação agressiva da prefeitura de São Francisco à sua empresa, ele observou: "Não tem nada de ilegal nas nossas operações e a prefeitura quer nos expulsar. Você pode fazer o que eles mandam ou pode lutar pelo que acredita".[23] Kalanick via cada cidade como um campo de batalha que precisava ser conquistado por meio de uma campanha agressiva por parte da equipe da Uber, que forçaria os grupos de interesses a ceder à pressão do público. Para isso, ele queria ter uma empresa com pessoas que compartilhassem de sua crença no confronto com base em princípios. Uma pessoa que se candidatou a um emprego na empresa lembrou: "Fiz uma entrevista lá este ano e foi o interrogatório mais agressivo que já vi... Fui entrevistado em outros lugares para checar a minha adequação à cultura da empresa, mas nada se compara àquela entrevista. Eles me deram um exemplo no qual violaram uma lei de propósito porque 'sabiam que a razão estava do lado deles' e me pediram para descrever uma experiência parecida que eu tive no trabalho".[24]

Para Kalanick, rebelar-se contra as convenções e as tradições era fundamental para a sobrevivência da Uber e uma obrigação moral. Ele adotava a mentalidade de um insurgente lutando contra o que ele considerava ser uma instituição corrupta. Um conhecido afirma: "O momento em que ele mais brilha é quando consegue subverter a norma".[25] Eric Schmidt, ex-presidente executivo da Alphabet, observou que Kalanick "é a definição de um empreendedor em série em sua forma mais pura, com todos os pontos fortes e fracos que vêm com isso. Ele é um guerreiro... Ele pode ser desagradável quando discorda de alguma coisa".[26] Um investidor da Uber foi mais direto, declarando que: "É difícil subverter o *status quo* sem ser um sujeito insuportável".[27]

ALL IN

ERROS, DELITOS E ESCÂNDALOS

Kalanick foi implacável em sua busca pelo crescimento. O problema era que sua obsessão muitas vezes o cegava para outros fatores que também deviam ser levados em consideração. Justiça seja feita, ele era apaixonado pelo desafio de encontrar a maneira mais eficiente de levar as pessoas de um ponto a outro. Seu lado matemático via isso como um problema digno de seu intelecto e ele foi tenaz em seu empenho de melhorar a capacidade da Uber de fazer a ponte entre a oferta e a demanda em cidades do mundo inteiro.[28] No entanto, suas palavras e ações sugerem que seu principal objetivo era derrotar os adversários na luta pelo crescimento da empresa. Mark Cuban, que tinha investido na Red Swoosh, conhecia Kalanick bem e temia que seu desejo de vencer batalhas fosse mais importante do que criar um serviço que as pessoas considerariam indispensável.

Kalanick não reconhecia quando seu impulso avassalador se tornava contraproducente. Acontecia muito de seu comportamento e o de sua empresa violarem limites sociais, éticos e potencialmente legais. Algumas de suas transgressões ocorreram no âmbito das relações públicas, quando ele deu declarações que prejudicaram sua reputação e a marca de sua empresa. Outros deslizes, principalmente em relação à cultura da empresa e ao comportamento da Uber no mercado, foram ainda mais danosas. Vejamos alguns exemplos:

- Kalanick se indispôs com políticos e órgãos reguladores com sua abordagem agressiva no combate a grupos que ele via como protetores do setor de táxis. Ele disse a um grupo do setor que a Uber estava travando uma batalha política na qual "o candidato é a Uber e o adversário é um imbecil chamado Táxi. Ninguém gosta dele, ele não é um sujeito legal, mas está tão entranhado na máquina e na estrutura política que muita gente tem rabo preso com ele".[29] Kalanick não foi menos agressivo em seus pronunciamentos públicos sobre os concorrentes, como a Lyft (que ele descreveu como um clone da Uber que nem valia a pena mencionar), e sobre clientes que criticavam as práticas da Uber. Em uma entrevista, ele descreveu as pessoas que criticaram as súbitas elevações de preços da Uber como àquelas que não têm inteligência para entender as leis econômicas de oferta e demanda.

PROMOVENDO O CRESCIMENTO

- A empresa usou um *software* para evitar a detecção por prefeituras que tentavam restringir o acesso de carros da Uber em certas regiões da cidade (como aeroportos). A Uber colocou uma versão falsa de seu aplicativo no celular de pessoas suspeitas de trabalhar em órgãos reguladores, impedindo-as de monitorar a verdadeira localização dos carros da Uber. Uma vez instalado, o aplicativo disfarçava a localização dos carros com o intuito de dar ao usuário a impressão de que os motoristas não estavam trabalhando nas regiões proibidas.

- A Uber deixou de informar a Apple de que estava identificando e rastreando iPhones em segredo. A Uber enfrentava um problema de fraude de contas. iPhones roubados na Ásia eram usados por motoristas desonestos para abrir contas falsas e fazer corridas falsas, pagas pela Uber.[30] A solução da empresa foi incorporar um código de identificação, chamado de impressão digital, em cada iPhone, que não poderia ser deletado mesmo se o usuário restaurasse o celular com as configurações de fábrica. O código oculto permitiu à Uber impedir o uso fraudulento de celulares roubados. O problema é que a Apple tem uma política clara de que seus celulares, uma vez revertidos às configurações de fábrica, não deixariam rastros da identidade do proprietário anterior. Sabendo disso, a Uber tentou evitar a detecção pela Apple usando um recurso chamado de "geofencing", um *software* que permitia à Uber ocultar seu código secreto. A Apple acabou descobrindo o que estava acontecendo e seu CEO, Tim Cook, informou Kalanick que, se a Uber não interrompesse a prática, a Apple bloquearia o aplicativo de compartilhamento de viagens nos iPhones.

- Durante um ano inteiro, a Uber deixou de divulgar um *hack* de dados que comprometeu as informações confidenciais de cinquenta e sete milhões de contas de motoristas e passageiros. A Uber identificou os dois *hackers* e lhes pagou cem mil dólares para destruir os dados e não revelar a violação. A empresa incluiu a propina em seus livros contábeis como o pagamento de um serviço no qual os *hackers* atacaram o *software* da Uber como uma medida preventiva de cybersegurança (o que às vezes é chamado de "bug bounty"). Quando o caso veio à tona, usuários e a imprensa acusaram a Uber de pagar um resgate a criminosos para manter o *hack* em segredo na tentativa de evitar se indispor com clientes e investidores.

ALL IN

Em geral, as pessoas acharam que, no mínimo, a Uber foi irresponsável quando decidiu não informar os passageiros e os motoristas de que seus dados pessoais foram roubados por terceiros por meio de uma violação de dados.[31]

- A Uber foi acusada de ter recebido documentos confidenciais sobre tecnologias de automóveis autônomos, que foram roubados de um concorrente. A unidade Waymo da Alphabet entrou com um processo contra a Uber alegando que um ex-executivo da Waymo, Anthony Levandowski, baixou quatorze mil arquivos confidenciais e, ao fazer isso, roubou propriedade intelectual relacionada ao trabalho da empresa na tecnologia de automóveis autônomos. A Waymo e a Uber chegaram a um acordo, com a Uber pagando à Alphabet um valor estimado de US$ 245 milhões em danos.[32]

- A Uber começou a testar carros autônomos na cidade de São Francisco sem obter as devidas autorizações do estado da Califórnia. A Uber argumentou que seus carros capacitados pela tecnologia não se encaixavam na definição de veículo autônomo, por rodarem sob a supervisão de um motorista. Vídeos de veículos da Uber, com alguns deles furando faróis vermelhos, foram divulgados ao público e o estado da Califórnia fechou a operação. Algumas pessoas especularam que a Uber deixou de emplacar os carros porque, se o fizesse, seria obrigada a reportar quaisquer situações nas quais o motorista assumisse o controle do carro, bem como quaisquer infrações (como furar faróis vermelhos).[33]

- Os aspectos tóxicos da cultura da Uber ganharam visibilidade quando Susan Fowler, uma engenheira que passou um ano na empresa, descreveu em um blog um ambiente corporativo hostil às mulheres e que não fez nada sobre suas alegações de ter sido sexualmente assediada pelo chefe.[34] Quando o blog de Fowler viralizou, outros funcionários vieram a público com alegações similares, incluindo assédio por parte de superiores e colegas quando os funcionários relatavam práticas e comportamentos discriminatórios. Pressionada pelo público, a Uber conduziu investigações internas e externas de seu ambiente de trabalho, incluindo a averiguação de mais de duzentas queixas feitas por funcionários ao departamento de recursos humanos. O resultado da investigação foi a demissão de

PROMOVENDO O CRESCIMENTO

vinte funcionários da Uber e inúmeras alterações nas políticas e práticas de gestão da empresa. Essas mudanças incluíram a revisão das práticas de remuneração da empresa para levar em conta um potencial preconceito de gênero e a nomeação de um diretor de operações para resolver outros problemas nas operações.[35]

Kalanick enfrentou uma enxurrada de problemas: importantes cargos executivos sem conseguir ser preenchidos, relatos cada vez mais negativos na imprensa, greves de motoristas protestando contra as políticas de remuneração da empresa, protestos de grupos do setor de táxis, ações judiciais abertas por órgãos reguladores e concorrentes e acusações de cultivar uma cultura machista irrestrita que discriminava as mulheres. Admitindo seu papel nos problemas, Kalanick disse: "Sei que eu posso parecer um defensor um tanto feroz da Uber. Também sei que algumas pessoas têm usado alguns palavrões para se referir a mim... Bom, eu vou ser o primeiro a admitir que não sou perfeito e que essa empresa também não é perfeita. Todo mundo erra, e nós também".[36]

Esse pedido de desculpas ao público, contudo, não foi suficiente para os maiores acionistas da empresa. Dois dos primeiros investidores da Uber, Mitch e Freada Kapor, escreveram uma carta aberta dizendo: "A Uber já passou por isso muitas vezes, reagindo à divulgação de seu mau comportamento ao público com uma reunião geral com todos os funcionários, pedindo desculpas e prometendo mudar, mas não demorou a retomar suas práticas agressivas". Alguns dos acionistas institucionais se preocupavam com o fato de a empresa estar enfrentando uma enxurrada de publicidade negativa que não daria trégua enquanto Kalanick continuasse no comando. Ele passou a personificar tudo o que a Uber tinha de errado. O valor dos investimentos dos acionistas, chegando a bilhões de dólares, corria o risco de despencar antes do pagamento de uma oferta pública inicial antecipada.

Um grupo de investidores institucionais, liderado pela empresa de *venture capital* Benchmark, exigiu que Kalanick renunciasse ao cargo de CEO.[37] O argumento era que ele tinha se transformado em um risco para a empresa e que a Uber precisava de uma nova liderança. Um membro do conselho contou: "Chegamos a um ponto em que parecia que a empresa inteira e todos os seus *stakeholders* (motoristas, passageiros, funcionários, acionistas) estariam em risco se a empresa não mudasse suas práticas".[38] Ao mesmo tempo, Kalanick sofreu uma tragédia familiar quando um acidente de barco resultou na morte de sua mãe e na hospitalização de seu pai. Um mês depois,

ALL IN

Kalanick renunciou ao cargo de CEO. Ele escreveu sobre sua saída: "Eu amo a Uber mais do que tudo neste mundo e, neste momento difícil da minha vida, aceitei o pedido dos investidores para me afastar, para que a Uber possa voltar a crescer em vez de se distrair com outra batalha".[39]

O novo líder da Uber, Dara Khosrowshahi, elogiou Kalanick por ter construído uma empresa excepcional. Ao mesmo tempo, ele culpou a empresa e, indiretamente, Kalanick por "se dispor a fazer concessões em suas práticas de negócios e penso que a empresa também foi culpada de arrogância, de achar que era a dona da razão". Ele acrescentou: "O que agora sabemos com clareza é que um crescimento vertiginoso pode ocultar problemas culturais. Nada justifica a decisão de não fazer a coisa certa".[40]

HERÓI, VILÃO OU OS DOIS?

Um "erro fundamental de atribuição" é quando damos mais crédito, ou atribuímos mais culpa, a uma pessoa do que ela merece por um determinado resultado. É um erro fazer isso porque muitos outros fatores costumam estar em jogo para determinar o desenrolar dos acontecimentos em uma empresa ou sociedade. O foco no papel de uma única pessoa para determinar os acontecimentos simplifica um mundo complexo, sugerindo que a pessoa é, sozinha, responsável por uma série de dinâmicas que não temos como conhecer totalmente. Vejamos o extraordinário sucesso da empresa cinematográfica Pixar depois de ter sido comprada por Steve Jobs. A Pixar revolucionou a indústria da animação com filmes tecnicamente inovadores, aclamados pela crítica e adorados pelo público. Jobs teve uma influência positiva no sucesso da Pixar, em termos do dinheiro que investiu e de sua influência na gestão. Mas também é verdade que os líderes da Pixar, Ed Catmull e John Lasseter, foram fundamentais para garantir a capacidade da empresa de produzir um sucesso depois do outro. Quem foi mais importante para o sucesso da Pixar? Dos três, Jobs tinha a maior visibilidade, dada a sua fama na Apple, e recebeu grande parte dos créditos, mas é provável que todos os três foram indispensáveis para o sucesso da empresa.[41]

No caso da Uber, corremos o risco de atribuir tanto seus sucessos quanto seus fracassos exclusivamente a Travis Kalanick. Não é justo minimizar o impacto de sua liderança, mas precisamos levar em conta muitos outros fatores ao buscar entender a trajetória da Uber e extrair lições dessa história.

PROMOVENDO O CRESCIMENTO

Dito isso, qualquer análise da Uber começa com a influência de Kalanick na empresa. Vendo pelo lado positivo, a Uber é uma empresa que só merece nossa atenção em virtude da liderança de Kalanick. Camp desenvolveu a revolucionária tecnologia de compartilhamento de viagens, mas foi Kalanick quem definiu a estratégia de crescimento e as operações de negócio da empresa. É de se perguntar se qualquer outro líder , além de Kalanick, seria capaz de ter criado uma empresa com a incrível velocidade de crescimento que a Uber teve durante sua gestão. Ele tinha um conjunto especial de habilidades que resultou em uma combinação quase perfeita para as necessidades da Uber no início de sua história. Ele tem um poder de análise extraordinário, é criativo na resolução de problemas complexos, tem um talento excepcional para levantar capital e tem uma enorme capacidade de execução. Garrett Camp, o fundador da empresa, não errou ao ver em Kalanick a pessoa da qual ele precisava para impulsionar o crescimento da empresa. Um observador notou:

> A disrupção nunca é fácil e muitos que tentam, fracassam. Para desestabilizar o setor de transportes com seu aplicativo de compartilhamento de viagens, Kalanick fez vista grossa para ameaças legais, ignorou protestos de taxistas e colocou a Uber de frente com barreiras regulatórias... Ele sempre se recusou a negociar, mesmo com os grupos que ditavam as regras, se a solução proposta não se encaixasse em sua visão de fazer com que o Uber fosse a maneira mais fácil de se locomover pela cidade.[42]

Poucas pessoas criaram uma empresa com o crescimento meteórico da Uber. O Uber facilita a vida de milhões de pessoas todos os dias. Também é o modelo que uma série de novos serviços "sob demanda", como *delivery* de refeições, está usando para revolucionar vários aspectos de nossa vida. Um membro do conselho da empresa, mesmo tendo se unido aos clamores pela renúncia de Kalanick, reconheceu as realizações de Travis Kalanick. Ele escreveu: "Muitas páginas dos livros de história serão dedicadas ao @travisk. Pouquíssimos empreendedores tiveram um impacto tão duradouro no mundo".[43] Uma petição circulou na empresa para convencer Kalanick a voltar, com mais de mil assinaturas. Um funcionário da Uber escreveu uma defesa a Kalanick no Facebook, dizendo que ele inspirou as pessoas a "pensar maior, mais rápido e com mais impacto do que qualquer pessoa jamais ousou pensar antes".[44]

Seus defensores admitiram que ele cometeu erros, mas disseram que esses erros resultaram, em parte, do fato de a Uber ter enfrentado obstáculos que

ALL IN

exigiam uma abordagem mais agressiva e implacável. Chris Messina, ex-líder de experiência dos desenvolvedores da Uber, diz que é preciso julgar Kalanick no contexto do setor de transportes. "O ambiente de atuação da Uber tem um número muito maior de grupos de interesse, sendo que cada um atua sob um conjunto diferente de regras" em comparação com as histórias de sucesso do Vale do Silício, diz Messina. "Pensando assim, será que é certo usar os mesmos critérios para avaliar Travis e a cultura que ele criou? Será que estamos realmente comparando maçãs com maçãs?" [45]

Outros acreditam que o rápido crescimento da Uber, aliado à estrutura organizacional descentralizada, resultou em um ambiente caótico que aumentava as chances de erros. A empresa estava se expandindo em uma velocidade praticamente sem precedentes e não tinha a cultura, as práticas nem os talentos necessários para prevenir atos ilícitos. Marisa Mayer, que foi uma executiva sênior do Google e CEO do Yahoo, defendeu Kalanick, dizendo que acreditava que ele não estava ciente das transgressões que ocorriam na empresa (principalmente no que diz respeito às acusações de discriminação). Ela observou: "Não é fácil lidar com um crescimento tão rápido... Acho que ele é um líder fenomenal. A Uber é incrivelmente interessante... Eu só acho que ele não sabia. Não é fácil quando a sua empresa cresce tão rápido".[46]

No entanto, foi Kalanick quem impulsionou o crescimento, de modo que ele precisa ser responsabilizado por não gerenciar os riscos associados a esse crescimento. Na verdade, ele foi a fonte de muitos dos problemas. Os executivos do Vale do Silício costumam falar sobre o desafio de escalar uma empresa, ou seja, a necessidade de desenvolver os processos formais e informais necessários para administrar uma empresa cada vez maior. Os líderes precisam equilibrar continuamente a promoção do crescimento e o gerenciamento do caos resultante. Foi claramente o que aconteceu na Uber, o que não justifica o ocorrido. O problema, em parte, foi que Kalanick não conseguiu escalar sua liderança para acompanhar o crescimento da Uber. Ele manteve todos os pontos fortes e as limitações que apresentou em suas funções de liderança anteriores, mesmo trabalhando em uma empresa muito maior, com muito mais impacto e visibilidade. Três de seus erros de liderança são especialmente notáveis para quem busca aprender com sua experiência:

Falta de tato: nem sempre Kalanick apresentava a inteligência emocional e social que se espera de líderes de empresas proeminentes. A imprensa o aclamava por ser um novo tipo de líder, disposto a fazer

PROMOVENDO O CRESCIMENTO

o que os outros não tinham coragem de fazer e disposto a dizer o que os outros não ousavam dizer. Em comparação com a maioria dos líderes corporativos preocupados com a imagem e que tomam o cuidado de fazer declarações ponderadas e politicamente corretas em público, Kalanick nunca procurou esconder suas crenças e táticas. O problema é que ele foi longe demais e fez declarações que acabaram prejudicando a ele e a sua empresa.

Quando lhe perguntaram sobre o futuro dos carros autônomos, ele respondeu que a nova tecnologia era inevitável por dois motivos. Para começar, eles seriam mais seguros. Um milhão de pessoas morrem todos os anos em acidentes de carro e os carros autônomos serão um meio de transporte mais seguro. Um segundo fator que impulsionaria o crescimento do setor era o custo. As despesas cairiam porque o "outro cara no carro", o motorista, era caro. Se você conseguir se livrar do motorista, vai poupar muito dinheiro. A afirmação de Kalanick, apesar de ser verdade, não foi bem recebida pelos milhares de motoristas que trabalhavam duro todos os dias para atender aos clientes da Uber.[47]

Outro exemplo de que Kalanick nem sempre pensava nas possíveis consequências de suas palavras ocorreu quando um entrevistador perguntou como o sucesso da Uber afetou sua vida. Kalanick disse que às vezes se refere à empresa como "boober" ("boobs" é uma gíria em inglês para "seios") porque as mulheres o consideravam mais atraente por ser o líder de uma empresa de grande sucesso. Essa declaração não agradou muitos de seus clientes. Um terceiro exemplo famoso da pouca inteligência emocional de Kalanick é o memorando que ele enviou a seus funcionários antes de um retiro da empresa em Miami. No memorando, ele descreve o que espera que os funcionários façam ("Divirtam-se à beça") e o que espera que eles não façam ("Não transem com outro funcionário A NÃO SER QUE: a) você pediu pelo privilégio à pessoa e a resposta foi um enfático 'SIM! Eu também quero transar com você' e b) vocês dois [ou mais pessoas] não respondem ao mesmo superior. É isso aí. Isso significa que o Travis vai ser um celibatário nessa viagem".[48] O memorando vazou para a imprensa e resultou em manchetes previsivelmente negativas.

Problemas éticos:[49] um segundo problema, ainda mais fatal, foi a postura de Kalanick de vencer a qualquer custo. Os líderes que constroem empresas visionárias normalmente são pessoas implacáveis que fazem o que é necessário para que suas empresas sobrevivam e tenham sucesso. Só que ele conseguiu ser ainda mais extremo, criando um histórico de atuar bem perto dos limites éticos e legais. No início da carreira de Kalanick, empresas das indústrias fonográfica e cinematográfica processaram a Scour por permitir *downloads* supostamente ilegais de músicas e filmes. Depois disso, a Red Swoosh deixou de pagar o Imposto de Renda dos funcionários e usou o dinheiro para bancar suas operações. A Uber enfrentou acusações por comportamento impróprio de Kalanick para com funcionários, motoristas, clientes e concorrentes. Em alguns aspectos, ele lembra Jeff Skilling, outro CEO hiperagressivo que liderou a companhia de energia Enron. Skilling foi preso por crimes que incluíram fraude e uso de informações privilegiadas. Como já vimos, Kalanick não foi condenado por qualquer atividade ilegal. No entanto, suas ações sugerem que ele, como Skilling, estava disposto a fazer de tudo para garantir o crescimento de sua empresa. Um comentarista observou: "A Uber personificava o espírito capitalista do Vale do Silício: disposto a vencer a qualquer custo e sem remorso algum".[50]

Os melhores líderes, como os melhores atletas, nem sempre são pessoas admiráveis. As características que possibilitam suas realizações notáveis também resultam em ações questionáveis. É ingênuo presumir que a grandeza em uma área da vida de uma pessoa leva a qualidades louváveis em todas as outras áreas. Os melhores líderes criam produtos e serviços que beneficiam a sociedade, mas, para isso, podem se valer de ações polêmicas e até danosas. Foi o caso de Kalanick, cuja abordagem agressiva ao mesmo tempo beneficiou e prejudicou a Uber. E ele não é o único. Steve Jobs chegava a ser falso e punitivo com funcionários e pessoas de fora da Apple que questionavam suas ações. Uma das razões que levaram Elon Musk a perder cargos de liderança nas empresas que fundou foi a severidade com a qual ele tratava seus subordinados. A questão é: em que ponto as ações de um líder passam dos limites e causam mais danos do que benefícios? Quais são os limites éticos que não podem ser cruzados? Até que ponto a imagem deles fica tão manchada aos olhos dos *stakeholders*, como clientes, funcionários e acionistas, que eles não têm mais como se recuperar e continuar na liderança?

Os líderes obsessivos precisam de pessoas que possam protegê-los de si mesmos. É especialmente importante ter um grupo de conselheiros quando um líder leva seus pontos fortes ao extremo, correndo o risco de essas forças se transformarem em fraquezas. Parece que Kalanick estava cercado de pessoas

PROMOVENDO O CRESCIMENTO

que concordavam com a necessidade de defender o crescimento com unhas e dentes. Ou eles eram muito parecidos com Kalanick ou não tinham a autoridade necessária para evitar os escândalos que acabaram prejudicando enormemente a empresa. Os principais líderes operacionais, de recursos humanos e jurídicos de Kalanick são considerados especialmente responsáveis por não ter evitado os erros que assolaram a Uber nos últimos anos do mandato de Kalanick. Nunca é fácil questionar o chefe, mas uma boa equipe deve ter essa liberdade. Tudo indica que ninguém na Uber foi capaz de refrear Kalanick. O presidente da empresa, Jeff Jones, renunciou apenas seis meses depois de entrar na Uber. Ao sair, ele declarou: "Ficou claro que as crenças e a abordagem de liderança que orientaram toda a minha vida profissional não se encaixam no que eu vi e vivenciei na Uber e não posso mais permanecer na liderança dessa empresa de compartilhamento de viagens".[51]

Problemas de narrativa: o terceiro erro de liderança de Kalanick foi sua incapacidade de controlar a narrativa sobre si mesmo e sua empresa. No início da história da Uber, a imprensa o elogiou por sua ousadia ao criar um serviço de compartilhamento de viagens que o público adorou. O estilo de Kalanick também tinha seu apelo, já que ele era o CEO de uma empresa importante que falava como um surfista da Califórnia. Em uma entrevista, ele descreveu como um filme de Woody Allen, de quando o diretor estava na faixa dos 70 anos, inspirou Kalanick depois das decepções de suas primeiras *startups*: "É tipo assim, o cara está velho. E ele ainda está com tudo!... E eu penso assim, tudo bem, eu também posso conseguir. Eu consigo".[52] Em outro discurso, ele descreveu o *software* da Uber, criado pelo fundador da empresa Garrett Camp nos seguintes termos: "Estou vivendo no futuro. Eu apertei um botão e um carro chegou para me pegar. Agora eu sou tipo um cafetão. E o Garret foi o cara que inventou esse troço".[53] Os CEOs da maioria das corporações multibilionárias não fala assim, o que agradou muita gente. Anand Sanwal observou que muitas pessoas da imprensa e do público viu a empresa com bons olhos nos primeiros anos:

> A narrativa da Uber tinha um apelo enorme. Fundador impetuoso confronta uma indústria entrincheirada e morosa, muda o jogo e cria um serviço extremamente valioso que as pessoas adoram... E tudo isso enquanto mostrava o dedo para os órgãos reguladores e os concorrentes.[54]

ALL IN

No entanto, as palavras e as ações de Kalanick e a cultura que ele criou na Uber acabaram colocando a imprensa e o público contra ele. Antes uma pequena *startup*, com a missão de melhorar a vida das pessoas, a empresa passou a ser vista como uma corporação que jogava sujo na ânsia de vencer a qualquer custo. O fato de a Uber ter fornecido mais de dez bilhões de corridas no decorrer de sua história se perdeu em um labirinto de publicidade negativa.[55] Um evento que ajudou a mudar a opinião do público ocorreu quando Kalanick foi filmado discutindo com um motorista do Uber chamado Fawzi, que discordava das políticas de remuneração do aplicativo.

Fawzi disse que achava que a Uber devia pagar mais os motoristas. A certa altura, Kalanick replicou: "Tem gente que simplesmente se recusa a assumir a responsabilidade pela própria situação. Essa gente culpa os outros por tudo o que acontece de errado na vida deles. Boa sorte para você". Algumas pessoas sugerem que o motorista provocou Kalanick de propósito para gravar a conversa e postá-la na internet.[56] De qualquer maneira, o vídeo mostrou Kalanick como um CEO rico que não dava a mínima para as pessoas que trabalhavam na linha de frente de sua empresa. O vídeo resultou em um raro pedido de desculpas de Kalanick por meio de um memorando enviado a todos os funcionários:

> Sei que vocês já viram o vídeo no qual fui desrespeitoso com um motorista do Uber. Não tenho como expressar a minha vergonha. O meu trabalho como o líder de vocês é liderar... e isso começa com um comportamento que dê orgulho a todos nós. Não foi o que eu fiz, que, de qualquer maneira, eu não tenho como explicar. Fica claro que o vídeo mostra quem eu sou, e as críticas que recebemos mostram que eu preciso crescer e mudar todo o meu estilo de liderança. Esta é a primeira vez que eu admito que preciso de ajuda para liderar e pretendo obter essa ajuda. Gostaria de estender as minhas mais sinceras desculpas a Fawzi, bem como à comunidade de motoristas e motociclistas e à equipe da Uber.[57]

Outro incidente que ficou famoso foi quando um dos executivos seniores de Kalanick, Emil Michael, disse que a Uber estava disposta a pagar mais de US$ 1 milhão para investigar jornalistas que escreveram artigos sobre a empresa que a Uber considerava injusto. Uma jornalista, Sarah Lacy, foi apontada por Michael como um alvo dessa investigação. Em seus artigos, Lacy descreveu o que ela via como atitudes misóginas na Uber e ela disse aos leitores que tinha deletado o a   ativo da empresa de seu celular.[58]

PROMOVENDO O CRESCIMENTO

Lacy interpretou as palavras de Michael como uma ameaça com a intenção de prejudicar sua reputação e impedi-la de escrever artigos que desagradassem à Uber. Seria razoável presumir que outros jornalistas se irritaram com a intimidação dirigida a uma colega, no que eles consideraram um atentado à liberdade de imprensa. Assim que um relato dos comentários de Michael foi a público, ele pediu desculpas e alegou que suas palavras não eram oficiais e que não representavam as verdadeiras crenças dele e da Uber.[59] É seguro presumir que a maioria dos jornalistas não aceitou seu pedido de desculpas.

Kalanick também se indispôs com clientes, que sentiam que a Uber se aproveitava deles quando mais precisavam. Kalanick argumentou que outros setores, como o hoteleiro e os transportes aéreos, usavam a mesma abordagem. No caso da Uber, os preços mais altos nos horários de pico de demanda resultavam em um número maior de motoristas nas ruas, levando a maior rapidez e um atendimento melhor. O problema era que as altas súbitas de preços não eram informadas com clareza aos clientes. Eles não gostavam dos preços muito mais altos durante uma tempestade ou uma greve de taxistas. O aplicativo passou a avisar os passageiros, antes de enviar um carro, que o preço de pico estava em vigor e que a tarifa estimada seria mais alta. No entanto, isso não mudou a opinião negativa sobre as práticas de precificação de pico da Uber. Kalanick passou a ser visto como um CEO ganancioso e insensível que não se importava com os clientes e, com isso, deu a seus adversários razões para retratá-lo como um líder antiético.[60]

Outros líderes enfrentaram críticas semelhantes, apesar de não tão duras. Mas alguns deles, como Bezos, são muito cientes da maneira como uma empresa pode ser afetada pela imagem do líder. De acordo com o autor Brad Stone, vários anos atrás Bezos conversou com sua equipe de liderança sobre a importância de uma empresa ser vista com bons olhos pelo público. Em um memorando para sua equipe, intitulado "amazon.love", ele questionou por que algumas empresas têm uma imagem positiva (como a Apple) e outras não (como a Goldman Sachs) aos olhos do público. Bezos declarou que manter a boa reputação era fundamental para conquistar o apoio do público e, em consequência, garantir o crescimento de longo prazo da empresa, e destacou dezessete atributos que, segundo ele, contribuíam para a boa reputação de uma empresa. A Uber apresentava algumas das características do que Bezos chamou de "descoladas" (ser uma empresa inovadora e pioneira), mas deixou de apresentar outras (sendo uma empresa grosseira e aparentemente capaz de fazer de tudo para vencer os concorrentes).[61]

A maior diferença é que Bezos não acredita que o objetivo da Amazon seja provocar disrupções, mas sim encantar os clientes. Mesmo assim, Bezos e a Amazon estão enfrentando algumas das mesmas críticas que foram direcionadas a Kalanick e à Uber. Um artigo recente do *New Yorker* descreveu Bezos como "o mestre do capitalismo selvagem". Os preceitos que ele elaborou no memorando "amazon.love" estão sendo duramente questionados por pessoas que criticam as práticas competitivas da empresa e seu impacto na sociedade. A Amazon enfrenta críticas em uma série de áreas, incluindo, mas não se limitando a potenciais violações antitruste com o contínuo crescimento da empresa, a ameaça a lojas de varejo tradicionais e a empregos, uma tributação federal supostamente baixa nos Estados Unidos, as árduas condições de trabalho impostas aos funcionários nos centros de distribuição da empresa, a autenticidade e a segurança dos produtos vendidos pela empresa e a resistência da empresa à sindicalização de sua força de trabalho. A opinião pública em relação à Amazon vem tendendo cada vez mais ao negativo, e Bezos precisa tomar cuidado para o público não confundir implacável com brutal.[62]

A CONFIANÇA É FUNDAMENTAL

O efeito cumulativo dos erros cometidos por Kalanick levou muitos *stakeholders* da Uber a perder a confiança nele.[63] Para manter a confiança, um líder precisa, antes de mais nada, entregar resultados. Em muitos aspectos, a capacidade de Kalanick nessa área era extraordinária. O número de passageiros aumentava a cada ano e os investidores faziam fila para injetar dinheiro na empresa, que contava com uma avaliação cada vez maior no mercado de ações. A Uber enfrentou alguns problemas, como sua incapacidade de se estabelecer na China, mas, na maioria de seus mercados, a empresa continuou atraindo clientes em alta velocidade. Para manter a confiança, também é preciso agir com integridade. Kalanick foi em grande parte um fracasso nesse sentido, considerando os escândalos que assolaram a empresa. Em terceiro lugar, um líder precisa mostrar que se preocupa com os outros, especialmente clientes e funcionários. Isso requer empatia para ver o mundo do ponto de vista dos outros. Também nesse caso, as palavras e ações de Kalanick o levaram a ser visto como um líder egoísta e insensível. Ele criou um serviço que as pessoas adoram, mas suas ações sugeriam que ele estava mais focado no crescimento e na lucratividade de sua empresa do que no bem-estar de clientes, funcionários e motoristas.

PROMOVENDO O CRESCIMENTO

A confiança é conquistada quando todos esses três elementos (resultados, integridade e preocupação com os outros) são claros. Kalanick entregava resultados, o que levou alguns *stakeholders*, especialmente os acionistas, a ser mais tolerantes com seu comportamento questionável. Mas suas ações dificultaram vê-lo como um líder íntegro e preocupado com os outros. Existe um limite que, uma vez cruzado, leva a confiança a ser quebrada. Kalanick cruzou os limites tanto da integridade quanto da preocupação com os outros e não conseguiu encontrar o caminho de volta.

Kalanick chegava a falar da Uber como se fosse sua esposa, algo que ele amava mais do que qualquer outra coisa no mundo.[64] Esse nível de comprometimento pode resultar em um comportamento defensivo quando um líder sente que sua empresa está sendo ameaçada. Combine isso com a confiança que costuma vir com um enorme sucesso e o resultado pode ser um líder fechado para as opiniões e as sugestões dos outros. Kalanick era a força motriz de uma empresa diante de obstáculos enormes. Ele se deparou com uma enorme oposição do setor de transportes e do governo, que tentaram destruir sua empresa. É verdade que Kalanick cometeu seus erros, mas não é difícil entender por que ele não mudou sua abordagem, considerando o extraordinário sucesso que ele alcançou na Uber e a necessidade de lutar contra todos os que se opuseram a ele. Quando finalmente percebeu que precisaria amadurecer como um líder, era tarde demais. Ele tinha perdido a confiança de seus principais investidores, da imprensa, de muitos motoristas e de parte de seus clientes. Seu fracasso na liderança, em resumo, resultou de sua incapacidade de crescer na velocidade necessária para gerenciar uma empresa cada vez mais complexa e importante.

Kalanick não foi o único responsável pela crise da Uber. O sistema de governança da empresa foi igualmente culpado. Mais especificamente, o conselho de administração da Uber falhou em seu papel de monitorar e controlar os piores instintos de Kalanick. Os membros do conselho estavam cientes de seu temperamento. Eu suspeito que eles não queriam repetir o erro cometido mais de trinta anos antes, quando o conselho de administração da Apple expulsou Steve Jobs da empresa fundada por ele. O medo de demitir um fundador visionário pode resultar em um conselho de administração em grande parte passivo ou, em casos mais extremos, que atua como "um facilitador e um defensor".[65]

ALL IN

Essa tendência é agravada pela estrutura de muitos conselhos de administração, especialmente no setor da tecnologia, no qual os fundadores costumam reter o poder de decisão em suas empresas. Os empreendedores tendem a estruturar suas empresas para manter o controle por meio de ações com direito a voto depois da abertura do capital. Isso pode resultar em membros do conselho e acionistas com um poder limitado para forçar mudanças no comportamento de um líder ou nas práticas e na cultura de uma empresa.[66] No caso da Uber, Travis Kalanick, Garrett Camp e Ryan Graves (o primeiro CEO e depois o diretor geral da empresa) mantiveram o controle por votos da empresa, o que significava que os membros do conselho e os principais acionistas da Uber até podiam fazer sugestões, mas as sugestões só seriam colocadas em prática se os três aceitassem as propostas.

Algumas empresas de investimento também são culpadas de permitir um comportamento disfuncional do líder na ânsia de posicionar-se como "amigáveis ao fundador". Essas empresas não querem ser preteridas por fundadores de *startups* para investimentos em estágios iniciais. As empresas de investimento que tendem a expulsar os fundadores não costumam ser bem-vistas pelos empreendedores. Os fundadores têm razões para se preocupar, já que pesquisas indicam que a maioria deles acaba renunciando aos cargos de liderança de suas empresas, sendo que quatro em cada cinco são forçados a fazê-lo por investidores ou pelo conselho de administração da empresa.[67] A passividade do conselho de administração e dos investidores é ainda mais provável quando o fundador criou algo excepcional e, no caso da Uber, está gerando bilhões de dólares em ganhos de capital para os acionistas. Levando tudo isso em conta, não é tarefa fácil expulsar um fundador ou refrear seu comportamento. Foi o que observou o membro do conselho Bill Gurley, comentando sobre a renúncia de Kalanick: "Todos os acontecimentos dos últimos meses culminaram em uma decisão dificílima para nós... As duas perguntas que as pessoas mais costumam nos fazer são: 'Como é que vocês puderam fazer isso?' e 'Por que vocês demoraram tanto para fazer isso?' É claro que essas duas perguntas se opõem uma à outra".[68]

O membro do conselho da Uber que teve a maior responsabilidade pelos erros da empresa, além de Kalanick, foi Garrett Camp. Por ser o cofundador da empresa, em alguns períodos o presidente do conselho e um dos maiores acionistas, ele era a única pessoa com poder formal e informal para influenciar Kalanick. Na ausência de um conselho de administração forte, cabia a Camp proteger a Uber dos danos causados pelo comportamento

PROMOVENDO O CRESCIMENTO

obsessivo de Kalanick. Camp queria um pitbull e Kalanick fez o que se esperava dele. Mas, quando um cachorro morde alguém, será que a culpa é do cachorro? Em muitos aspectos, a personalidade já vem "gravada" no cérebro da pessoa e, com base no que aconteceu na Uber, o temperamento de Kalanick não era muito flexível. Camp precisaria ter entrado em cena para equilibrar a situação.

Não temos como saber sobre o que os dois conversavam, mas conhecemos os resultados das transgressões da empresa. Ou Camp não sabia o que estava acontecendo na empresa ou optou por não intervir. De qualquer maneira, ele teve sua parcela de culpa. Depois da renúncia de Kalanick, Camp disse que a Uber vinha passando por dores de crescimento e não conseguia criar os sistemas e a cultura necessários para operar com eficácia diante do aumento do número de passageiros. Ele admitiu que a empresa tinha aprendido com os erros e que daria mais atenção às pessoas que possibilitaram seu crescimento, especialmente os funcionários e os motoristas da Uber. Camp não criticou Kalanick diretamente nem assumiu sua parcela de responsabilidade pelos problemas da Uber. Em vez disso, ele preferiu se focar no futuro e no impacto positivo da Uber na sociedade.

A imprensa também foi, pelo menos em parte, responsável pelo que aconteceu com a Uber, tendo retratado Kalanick primeiro como um herói e depois como um vilão. Ele começou sendo apresentado como o exemplo de uma nova geração de CEOs: jovens, brilhantes e sem medo do confronto. E acabou se transformando, aos olhos da imprensa, em um capitalista ganancioso e antissocial. No fim, a imprensa garantiu que Kalanick não conseguiria escapar da narrativa condenatória que ele ajudou a criar com suas palavras e ações irresponsáveis. Ele se tornou o alvo de uma série de críticas relacionadas ao comportamento irresponsável de grandes empresas de tecnologia. Um jornalista especializado na indústria da tecnologia, observando que todo e qualquer relato envolvendo Kalanick passou a ter um viés negativo, twittou: "Ele não é o monstro no qual a imprensa o transformou".[69] Os fãs de uma boa teoria da conspiração não param por aí e sugerem que Kalanick foi alvo de tantas crítica porque colocou em risco poderosos grupos de interesse, como a indústria de táxis e limusines e seus apoiadores políticos. Essas pessoas alertam que outros líderes visionários, incluindo Elon Musk, correm o mesmo risco se suas empresas crescerem e ameaçarem os interesses dominantes em seus respectivos setores.

A lição que temos a aprender com Kalanick é que equipes e líderes obsessivos sempre correm o risco de ter um foco tão intenso em seus objetivos e ser tão ferozes ao proteger suas empresas que acabam se autodestruindo. A busca obstinada de Travis Kalanick para fazer da Uber a empresa dominante do setor de transportes prejudicou a empresa que ele tanto amava e encerrou seu mandato como CEO. Sua fixação em levar pessoas e produtos do ponto A ao B o mais rápido possível foi a mesma fixação que ele aplicou ao crescimento de sua empresa. Ele desempenhou ao máximo seu papel na história da Uber, fazendo a única coisa que sabia fazer. Sua ascensão e queda, talvez mais do que qualquer líder de negócios da história recente, ilustra por que a obsessão é ao mesmo tempo uma bênção e uma maldição.

LIÇÕES DO CAPÍTULO

- Travis Kalanick estava disposto a fazer o necessário para transformar a Uber na empresa que é hoje. Ele foi a força por trás da Uber, estabelecendo o compartilhamento de viagens como uma alternativa de transporte viável e um modelo copiado por outras empresas em mercados ao redor do mundo.

- Ele deixou de fazer o certo para perseguir sua obsessão por "promover o crescimento". O resultado foi uma série de erros e escândalos que comprometeram o que Kalanick e sua equipe tinham construído.

- Sua queda resultou, em parte, de não ter ninguém para impedir seus atos autodestrutivos. Nenhuma pessoa de seu conselho de administração, equipe executiva ou grupo de assessores conseguiu protegê-lo das desvantagens de sua natureza obsessiva.

APLICANDO A OBSESSÃO

6 A ESCOLHA DO INDIVÍDUO:
MERGULHAR OU NÃO DE CABEÇA?

Aprendi que só um monomaníaco com uma missão consegue realizar feitos grandiosos.

— Peter Drucker[1]

Os professores J. Stuart Bunderson e Jeffery Thompson são especialistas no estudo dos fatores psicológicos envolvidos em um trabalho profundamente significativo. Dez anos atrás, eles conduziram um estudo que focou em uma única profissão, uma que, eles acreditavam, forneceria valiosos *insights* sobre os prós e os contras de ser consumido pelo trabalho. A profissão que eles escolheram para estudar foi a de tratadores de animais de zoológico. Os tratadores de animais de zoológico, em geral, têm altos níveis de motivação, apesar de ganhar um salário relativamente baixo, que os coloca no quartil inferior da remuneração para pessoas com diploma universitário. Seu comprometimento é ainda mais marcante quando levamos em consideração os aspectos indesejáveis de seu trabalho.

Eles trabalham entre animais selvagens que podem feri-los ou matá-los a qualquer momento. Eles precisam se manter em vigilância constante para proteger a si mesmos e aos colegas. Eles também são encarregados da desagradável tarefa de limpar, na chuva, no frio e no calor, os locais onde os animais vivem, incluindo remover diariamente as fezes dos animais. Muitos tratadores também ficam de sobreaviso fora do horário normal de trabalho e são obrigados a ir trabalhar se os animais sob sua responsabilidade precisarem de atenção a qualquer hora do dia ou da noite. Mas o perigo, o trabalho árduo e as obrigações não detêm as pessoas que desejam trabalhar em um zoológico. Muitos trabalham como estagiários não remunerados antes de receber ofertas de cargos permanentes. Mesmo quando são

A ESCOLHA DO INDIVÍDUO

contratados, eles têm poucas oportunidades de avançar porque a maioria dos zoológicos precisa operar com um número limitado de cargos de supervisão e com orçamentos apertados, além de ter baixa rotatividade. A questão, então, é: por que os tratadores de animais de zoológico são tão motivados?[2]

À primeira vista, seria possível supor que seu amor pelos animais lhes possibilita tolerar as exigências da profissão. No entanto, os pesquisadores descobriram que as razões eram mais profundas. Depois de realizar um levantamento com cerca de mil tratadores de centenas de zoológicos, eles concluíram que muitos tratadores acreditam que estão destinados a trabalhar com animais e que têm o dever de garantir sua sobrevivência, mesmo se tiverem de fazer sacrifícios pessoais para isso. Eles adoram os animais, como muitas outras pessoas, mas sua escolha vocacional não se baseou principalmente em desejos pessoais nem na busca pela realização individual. Pelo contrário, os tratadores sentem que têm a missão pessoal de proteger os animais e salvá-los da extinção. Os pesquisadores observaram: "Eles tinham a ideia de que nasceram para fazer esse trabalho... Muitos deles diziam que foram destinados a trabalhar cuidando de animais em um zoológico. Eles chegavam a contar histórias sobre como os eventos de sua vida os levaram a trabalhar no zoológico, como se fosse por obra do destino".[3] Os pesquisadores resumiram suas descobertas em um artigo intitulado "The Call of the Wild" (algo como "O chamado da selva"). A outra conclusão do estudo é que a vocação, pelo menos para os tratadores de animais de zoológico, também tem seu preço. Os que tinham o maior senso de missão tendiam a se sacrificar mais pelo trabalho, seja recebendo um salário mais baixo, passando mais tempo no trabalho ou enfrentando dificuldades ou adversidades físicas. Em outras palavras, quanto mais dedicado for o tratador, maior será a probabilidade de ele pagar um preço por essa dedicação.

> Um senso de missão complica a relação entre os tratadores de animais de zoológico e seu trabalho, promovendo um senso de identificação profissional, um significado transcendental e importância da profissão, por um lado, e um senso de dever inflexível, sacrifício pessoal e alta vigilância, por outro. Nossas investigações com essa amostra de tratadores de animais de zoológico sugerem, portanto, que uma missão pode ser, dolorosamente, uma espada de dois gumes.[4]

Indo mais longe, outra linha de pesquisa sugere que as pessoas apaixonadas pelo trabalho têm mais chances de ser exploradas por seus chefes e organizações.[5] Esse tipo de exploração ocorre quando é solicitado ao funcionário para trabalhar por mais tempo, fazer mais e realizar tarefas que eles não são pagos para executar. Essas exigências são feitas com base na crença de que as pessoas apaixonadas consideram seu trabalho intrinsecamente motivador e se dispõem a fazer o trabalho extra quando os colegas se recusam a fazer o mesmo. Os pesquisadores concluem que a paixão, apesar de seus muitos benefícios, tem um lado negativo, que eles chamam de "exploração da paixão".

A VOCAÇÃO É UMA CARACTERÍSTICA DESCOBERTA OU CRIADA?

A definição de vocação é "um apelo ou forte inclinação para um determinado estado ou curso de ação".[6] A origem do termo é a palavra latina *vocare,* que significa "chamar" e originalmente designava as pessoas que ingressavam em uma ordem religiosa. A vocação é irmã da obsessão, sendo que a última sugere posse e a primeira implica em missão. Nos dois casos, a pessoa é afetada por uma força que a impele a buscar algo de importância central.

O significado de vocação se expandiu por meio dos escritos de Martinho Lutero e João Calvino. Eles propuseram que todas as pessoas poderiam manifestar a vontade de Deus produzindo algo que ajudasse a humanidade por meio do trabalho, incluindo atividades tão antigas quanto assar pão ou fazer sapatos. Também afirmaram que cada pessoa, independentemente de seu *status* na sociedade, contribuía para o bem-estar da humanidade por meio de seu trabalho. Desse modo, o trabalho passa a ser mais do que um meio de colocar comida na mesa e um teto sobre a cabeça, transformando-se em um ato divino com implicações morais e sociais.[7]

Desse ponto de vista, a missão de cada pessoa na vida é descobrir e colocar em prática sua vocação específica. A versão mais radical dessa crença sugere que as pessoas são veículos para forças maiores do que elas. Foi o que Jeff Bezos enfatizou quando disse: "Você não escolhe as suas paixões. São as suas paixões que escolhem você. Ninguém sabe ao certo como elas se formam. Mas acho que algumas coisas simplesmente ficam gravadas na sua infância e você acaba se empolgando mais com elas".[8] Ele acrescentou: "Muitas crianças e muitos adultos acabam descobrindo suas

A ESCOLHA DO INDIVÍDUO

paixões com o tempo... Acho que não é muito difícil. Acredito que diversas vezes deixamos nosso lado racional falar mais alto do que essas paixões, e é isso que precisamos impedir".[9] A ideia, então, é descobrir a sua vocação e se tornar a pessoa que você foi destinado a ser.

Um exemplo de uma pessoa que descobriu sua vocação logo cedo, é o músico Mark Knopfler (famoso pelo Dire Straits) que aos 18 meses, já ouvia sua mãe cantarolar as músicas tocadas no rádio. Ele lembra que, aos 6 anos, pensou "o meu lance é a música" e viu com clareza o caminho que deveria seguir na vida. Aos 15 anos, seu pai comprou para ele sua primeira guitarra elétrica, no dia que descreveu mais tarde como sendo o melhor dia de sua infância. Na faculdade, Knopfler se formou em inglês e começou a compor canções. Ele entrou em uma banda logo depois de se formar e passou quase cinquenta anos tocando e produzindo música.[10]

Uma segunda maneira de ver a vocação, que a professora Carol Dweck, da Stanford University, explica muito bem, é que a vocação surge com o tempo como resultado da experiência, principalmente por um processo de tentativa e erro.[11] Dweck afirma que o objetivo não é descobrir sua missão, mas criá-la ativamente por meio de esforço e exploração. A vocação, desse modo, não é encontrada, mas feita. A diferença pode ser sutil, mas os defensores da abordagem desenvolvimentista da vocação a consideram importante. O empreendedor Kent Healy explica: "Buscar a sua paixão não é um processo proativo. Na verdade, é bastante passivo, porque a busca se fundamenta na crença equivocada de que, quando vista, a paixão será imediatamente reconhecida. A realidade é que a paixão da vida inteira muitas vezes se revela ao trabalhar com fervor em algo a que a pessoa tem acesso imediato".[12] A maioria das pessoas não descobre sua vocação aos 6 anos nem segue um caminho direto ou tranquilo para avançar na carreira. Em outras palavras, são raras as pessoas que já nascem com uma missão. Pelo contrário, as pessoas experimentam uma variedade de coisas antes de se decidir por uma profissão que, se tudo der certo, vai consumi-las por anos, ou até décadas. Um dos pesquisadores da abordagem de "desenvolver sua paixão", observou:

> Se você olhar uma coisa e pensar: "Isso parece interessante, acho que eu poderia contribuir para essa área", você se envolve... Você dedica algum tempo a ela, encontra desafios e, com o tempo, desenvolve um compromisso.[13]

ALL IN

Vejamos o caso de Brian Chesky, cofundador da famosa empresa de compartilhamento de casas Airbnb. Ele estudou *design* na faculdade e trabalhou em vários cargos de *design* industrial depois que se formou. Após passar vários anos no que ele descreveu como empregos pouco inspiradores, ele se mudou para São Francisco com a ideia de abrir uma empresa. Ele não sabia ao certo que tipo de empresa abriria e fez vários experimentos, incluindo a venda de caixas de cereais estampadas com caricaturas de políticos.[14] Durante esse período, Chesky e um amigo também criaram um site oferecendo pernoites no apartamento deles em São Francisco (sendo que os primeiros hóspedes dormiram em um colchão de ar na sala). Eles perceberam que algumas pessoas preferiam o senso de pertencimento resultante de ficar hospedadas na casa de um anfitrião amigável a se hospedar em um hotel impessoal. Chesky viu uma oportunidade de negócio e, com dois sócios, criou uma empresa para fornecer essas experiências, usando a tecnologia para fazer a ponte entre anfitriões e hóspedes. Com o crescimento da Airbnb, ele passou a acreditar que sua missão era promover um senso de pertencimento, primeiro entre os hóspedes e anfitriões de sua empresa, mas também entre seus funcionários e nas comunidades em que eles atuam. Hoje ele é o CEO e o diretor de comunidade da Airbnb, uma empresa que já hospedou 500 milhões de pessoas desde sua fundação, pouco mais de dez anos atrás.[15] Se você perguntasse ao Chesky adolescente no que ele pensava em trabalhar, duvido que ele diria que sua missão era criar comunidades de pertencimento ao redor do mundo.

Dweck afirma que as pessoas que têm uma noção fixa de vocação, pensando que só precisam descobrir sua missão, reduzem suas chances de sucesso nessa busca. Uma noção fixa de vocação pode afastar as pessoas de áreas potenciais de trabalho significativo porque não se apaixonam imediatamente por essas áreas. Não conseguem enxergar as oportunidades que requerem mais tempo para ser exploradas e, se for o caso, até transformadas em uma paixão. Se elas não se apaixonam de cara, presumem que aquele trabalho não deve ser sua vocação. Elas também podem se afastar de uma potencial vocação quando o trabalho fica difícil ou frustrante, pensando, erroneamente, que uma missão profissional sempre envolve um trabalho agradável e motivador. Dweck sugere que a missão das pessoas evolui com a experiência, à medida que elas "crescem para se adequar melhor à sua vocação".[16]

Vários fatores são vistos em pessoas com uma grande vocação, seja ela descoberta ou criada. Para começar, sua missão é uma fonte infinita de fascínio para essas pessoas. Elas se importam com o trabalho e dedicam

A ESCOLHA DO INDIVÍDUO

muito tempo a ele, quando outras pessoas ficariam entediadas e partiriam para a próxima. Elas acreditam que o "trabalho é muito mais agradável do que a diversão".[17] Steve Jobs disse a estudantes universitários em um famoso discurso de formatura que: "O trabalho vai ocupar uma grande parte da vida de vocês e a única maneira de vocês ficarem verdadeiramente satisfeitos é fazendo o que acreditam ser um excelente trabalho. E a única maneira de fazer um excelente trabalho é amar o que vocês fazem. Se vocês ainda não sabem o que é, continuem procurando. Não se acomodem".[18] Esse conselho é importante porque, em qualquer profissão, as realizações requerem anos de esforço, e a paixão nos dá a motivação para seguir em frente quando outros desistiriam. Isso inclui nos engajar no que os pesquisadores chamam de "prática deliberada".[19] São os elementos da vocação que requerem mais trabalho para a pessoa atingir um nível mais alto de desempenho. A paixão no trabalho pode resultar em fazer o que for necessário para se destacar, focando-se nas áreas nas quais a pessoa precisa melhorar.

Também podemos presumir que um profundo senso de vocação é mais provável quando a pessoa tem um talento natural em sua área de interesse. O talento, além dos outros benefícios, aumenta a motivação de uma pessoa para atingir um objetivo. A maioria das pessoas gosta de se engajar em atividades nas quais elas se destacam e são motivadas pelo reconhecimento que recebem por isso. Uma pessoa com um talento natural provavelmente dedicará mais tempo e energia a uma tarefa e terá mais chances de sucesso com o tempo. Jeff Bezos é um exemplo de como o talento afeta a motivação e, em consequência, a realização. Ele planejava estudar Física na faculdade e se destacar na área. Sua primeira paixão foi a exploração espacial e ele queria ser um físico. Bezos percebeu que alguns de seus colegas da Princeton University tinham um "cérebro diferente" e eram capazes de entender rapidamente coisas que ele não tinha a mesma facilidade. O biógrafo, Brad Stone, descreve o momento em que Bezos viu com clareza suas limitações:

> Numa noite, no primeiro ano da faculdade, Bezos estava penando para resolver uma equação diferencial parcial. Depois de algumas horas, ele e seu colega de estudo foram até o dormitório de um colega de classe, que bateu os olhos na equação e disse: "Cosseno". "Quando não o levamos muito a sério", Bezos conta, "ele escreveu três páginas de equações que, no fim, demonstraram que a solução de fato era cosseno".[20]

ALL IN

A experiência levou ao que Bezos chamou de uma "constatação prática": algumas pessoas eram dotadas de um cérebro capaz de processar conceitos abstratos da Física em um nível muito superior à capacidade dele.[21] Ele sabia que as pessoas que contribuíam para o campo da Física teórica precisavam estar entre os cinquenta melhores do mundo. Essas pessoas tinham talentos que ele não possuía. Ele podia se empenhar mais do que qualquer pessoa da área e mesmo assim não conseguia chegar nem perto do nível dos maiores talentos. Em vista disso, ele decidiu mudar de curso na faculdade e se formou em engenharia elétrica e ciência da computação. Seu maior talento não estava na Física, apesar de sua paixão de longa data pela exploração espacial.

O talento, contudo, nem sempre resulta em mais dedicação ao trabalho. Para algumas pessoas, um grande talento acaba sendo uma desvantagem. O talento lhes permite fazer mais com menos esforço e essas pessoas podem nunca desenvolver a motivação e a disciplina necessárias para concretizar seu potencial. Por exemplo: a maioria das crianças-prodígio não se torna uma celebridade em seu campo de atuação. Um psicólogo que estudou pessoas desse grupo observou: "Quando o sucesso é muito fácil, os prodígios não sabem o que fazer quando a adoração se dissipa, os concorrentes começam a alcançá-los e as coisas ficam difíceis".[22] Jonathan Plucker, psicólogo da Indiana University, acredita que isso se deve, em parte, à maneira como tratamos os prodígios. "Dizemos: 'Caramba, você é muito talentoso'. Nós não dizemos: 'É, mas mesmo assim você vai ter de trabalhar 60 horas por semana se quiser fazer grandes contribuições no seu campo de atuação'".[23] Algumas pessoas não têm a "fúria de dominar" alguma área porque seus talentos naturais lhes possibilitam ter sucesso sem muito esforço. Elas tropeçam quando o trabalho fica mais difícil e os concorrentes melhoram, exigindo mais deles do que seu talento inato é capaz de proporcionar.

Outra característica dos obcecados pelo trabalho é que eles acreditam que estão fazendo algo que resultará em um bem maior. Os tratadores de animais de zoológico que se sentem no dever de proteger os animais, se encaixam nessa descrição. O foco é no que a pessoa pode oferecer ao mundo e não no que o mundo pode oferecer às pessoas em termos de uma profissão.[24] Os tratadores de animais não eram motivados pela autorrealização, no sentido mais estreito do termo. Eles buscavam atingir um objetivo mais elevado, contribuindo para o bem-estar dos animais. O envolvimento nesse tipo de trabalho resulta em altos níveis de motivação e uma maior disposição para persistir diante de contratempos. Uma das maiores autoridades sobre os fatores que motivam as pessoas no trabalho, Barry Schwartz, concluiu que a maioria das pessoas quer um trabalho significativo. "Você não precisa trabalhar na cura para o câncer... Você pode ser um vendedor ou um cobrador de pedágio, mas, se o seu objetivo for resolver os problemas das pessoas, terá, a cada dia, cem oportunidades de melhorar a vida de alguém e a sua satisfação aumentará muito".[25] O desejo de fazer um trabalho significativo, que pode ser encontrado em todas as profissões, é ainda mais pronunciado nas pessoas que são obcecadas pelo trabalho.

Há diferentes perspectivas sobre a importância relativa da paixão e do talento na busca por concretizar uma vocação. Algumas pessoas, incluindo Steve Jobs, Elon Musk e Jeff Bezos, sugerem que a melhor abordagem é buscar a paixão, que fornece a motivação necessária para se destacar em qualquer vocação. Elas argumentam que é melhor começar com a paixão e segui-la até onde der. Já outros sustentam que a melhor abordagem é seguir seu talento natural e a paixão virá à medida que você dedicar mais tempo trabalhando na área que possibilita demonstrar seu talento. Uma variação dessa crença é a sugestão de que as pessoas devem se concentrar em dominar sua profissão, mesmo se não forem excepcionalmente talentosas, e a paixão crescerá com a experiência.[26] Outros sugerem que devemos seguir uma vocação que beneficiará as pessoas. A ideia é começar identificando um propósito maior, como trabalhar para proteger o meio ambiente. As pessoas que acreditam que a vocação resulta de fazer o bem sugerem que ela leva a uma profunda motivação, que, por sua vez, nos leva a atingir mais realizações e a ter mais satisfação no trabalho do que as pessoas que buscam atingir um objetivo mais egocêntrico.

Descobrir nossa missão costuma ser um processo confuso, incluindo várias combinações de paixão, talento e propósito passando a ser mais ou menos importantes dependendo da pessoa e de seu ambiente social. Esses três fatores inevitavelmente se sobrepõem e, para algumas pessoas, uma abordagem pode ser mais útil do que as outras duas, resultando em caminhos diferentes, porém igualmente viáveis. Cada pessoa precisa decidir seu caminho contando com sugestões e o apoio de mentores e familiares. As dicas a seguir ajudam os leitores que estão em busca de encontrar sua missão no trabalho:

- Imagine que suas atividades diárias, no trabalho e na vida, ocorrerão em uma repetição infinita, sem jamais incluir nada de novo. Esse ciclo repetido não incluirá apenas reviver o que você gosta. A repetição hipotética também incluirá experiências frustrantes ou até dolorosas. Os obcecados pelo trabalho não hesitam em dizer que

ALL IN

aceitariam viver nesse ciclo. Outras pessoas podem achar que essa repetição seria um verdadeiro inferno, uma prisão da qual elas não teriam como escapar.[27] O filósofo Nietzsche, explorando de maneira mais geral o que constitui uma boa vida, chamou essa ideia de "o eterno retorno". Ele acreditava que era uma maneira de saber se a pessoa realmente estava vivendo a vida que deveria.[28] Se você gostar da ideia de reviver sua vida no trabalho dia após dia, é provável que tenha encontrado sua vocação.

■ As pessoas em busca de uma vocação também podem pensar nos momentos em que elas ficam tão profundamente envolvidas em uma tarefa que não veem o tempo passar. Nessas situações, a pessoa fica totalmente imersa na atividade e chega a perder a consciência de si mesma. A atividade em si resulta em um alto nível de engajamento. Ela impõe desafios que corresponde à capacidade da pessoa e acaba sendo altamente estimulante e prazerosa. Mihaly Csikszentmihalyi, um psicólogo famoso por seu trabalho nessa área, descreve isso como um estado de fluxo. Suas pesquisas sugerem que as pessoas são mais felizes quando estão engajadas em atividades que as colocam nesse estado de fluxo. O fluxo também pode ser um indicador da vocação de uma pessoa.[29] Uma tarefa na qual a pessoa mergulha completamente é uma tarefa que mobiliza algo significativo e, em alguns casos, pode apontar para uma vocação.

■ Outra maneira de descobrir a sua missão na vida é imaginar-se com 80 anos refletindo o que viveu até então. Jeff Bezos usou essa abordagem ao se perguntar, em diferentes momentos de sua carreira, se ele se arrependeria de suas decisões no futuro. Ele disse que essa técnica deixou claro que ele precisava largar seu emprego bem-remunerado em Nova York para explorar as oportunidades que via no comércio eletrônico. Bezos batizou essa técnica de "modelo de minimização do arrependimento".[30] Uma versão diferente da abordagem de Bezos é pensar no que lhe daria orgulho ao olhar para trás e pensar no que você fez de sua vida. No entanto, esse orgulho não pode ser o resultado de quatro ou cinco conquistas, mas de uma só. A sua contribuição deve ser resumida em uma única frase. O legado identificado não precisa ser relacionado ao trabalho e, para muitas pessoas, envolverá a família, os amigos ou a comunidade.

A ESCOLHA DO INDIVÍDUO

- Steve Jobs sugeriu uma abordagem um pouco diferente para encontrar sua missão. Ele disse que se olhava no espelho todo dia de manhã e perguntava: "Se hoje fosse o último dia da minha vida, eu ia querer fazer o que estou fazendo hoje?"[31] Se a resposta fosse negativa durante dias seguidos, Jobs sabia que precisava encontrar algo mais próximo de sua verdadeira missão. Como já vimos, ele acreditava que, sem paixão, as pessoas não dedicariam a energia e o tempo necessários para fazer um excelente trabalho e persistir diante dos contratempos. Ele acreditava que é impossível ter uma vida gratificante sem um trabalho significativo e que descobrir sua missão era o caminho para viver essa vida.

OS BENEFÍCIOS DE TER UMA MISSÃO PROFISSIONAL

Em seu livro *The Orchid Thief*, Susan Orlean analisa a psicologia da obsessão examinando o perfil de colecionadores de orquídeas. Os *insights* da autora sugerem que as pessoas obcecadas se consideram engajadas em algo que dá foco a sua vida. Elas acordam de manhã sabendo quem são, o que querem fazer e as atividades que aproximarão de seu objetivo. Isso lhes permite canalizar sua energia a algo que dá estrutura e sentido a sua vida. Ela escreve:

> Eu estava começando a acreditar que temos uma paixão porque isso reduz o mundo a um tamanho mais administrável. O mundo deixa de ser enorme e vazio e passa a ser um lugar repleto de possibilidades.[32]

Ela também observa que os obcecados veem as adversidades como um fator necessário em sua busca e se orgulham de sua capacidade de suportar e superar os obstáculos, chegando a ter prazer nisso. Eles usam o sofrimento para demonstrar seu compromisso com o objeto de sua obsessão. A autora conclui que os obcecados se dispõem a pagar o preço para superar a monotonia da existência cotidiana, "que a maioria das pessoas, de uma maneira ou de outra, busca atingir algo excepcional, encontrar algo para atingir, por sua conta e risco, em vez de viver uma vida ordinária".[33]

Um estudo conduzido pela empresa de recrutamento Korn Ferry descobriu que muitas pessoas, mesmo se não forem tão obsessivas, gostam de desafios. Os pesquisadores encontraram uma variedade de razões que

ALL IN

levavam as pessoas a sair do emprego, sendo que a mais comum era o tédio. Um terço dos entrevistados disse que queria um emprego mais desafiador.[34] Eles se dispunham a correr o risco de trocar de emprego na esperança de fazer um trabalho que utilizasse melhor seus talentos e lhes possibilitasse crescer profissionalmente. Isso era mais importante do que outros motivadores, incluindo o desejo de ganhar mais. Para eles, é pior ficar entediado no trabalho do que ganhar pouco. Os obsessivos levam ao extremo esse desejo de enfrentar desafios e buscam um objetivo que exige o máximo deles.

O segundo benefício da obsessão é que ela pode resultar em um nível de maestria que poucas pessoas conseguem atingir. Um foco total e absoluto permite que as pessoas dotadas de um talento inato consigam ir mais fundo e mais longe do que outras na missão escolhida. Pense na experiência de Jeff Bezos, Elon Musk, Tavis Kalanick e Steve Jobs construindo empresas que revolucionaram setores inteiros. Ao fazer isso, eles superaram obstáculos, incluindo seus críticos, para realizar algo excepcional. Os investidores do Vale do Silício achavam que Brian Chesky não tinha o talento necessário para construir e administrar uma empresa de alto crescimento. Como ele era formado em *design* e não tinha experiência em negócios nem em tecnologia, os investidores sugeriram que ele procurasse um emprego onde pudesse trabalhar para alguém que tivesse essa experiência.[35] Jeff Bezos foi criticado constantemente na primeira década da Amazon por criar um negócio que ganhava pouco ou nenhum lucro. Muitas pessoas respeitadas da imprensa e da comunidade financeira disseram que o negócio era insustentável. Elon Musk foi criticado quase semanalmente por não cumprir suas promessas de vendas e produção da Tesla, apesar de estar trabalhando para levar carros elétricos ao mercado. Tentaram convencer Travis Kalanick de que ele jamais sairia vitorioso sobre os grupos de defensores do que ele chamava de cartel dos táxis.

Independentemente de sua fama e riqueza, esses líderes têm experiências que vão além do que a maioria das pessoas pode imaginar. O autor David Foster Wallace, interessado nos custos e benefícios de ser obsessivo, passou um tempo acompanhando o dia a dia de um dos melhores jogadores profissionais de tênis. Wallace queria saber o que levava alguém a dedicar a vida inteira a um único objetivo. Em sua descrição de Michael Joyce, na ocasião um dos cem melhores jogadores de tênis, ele escreve:

> A extrema compressão de seu foco e de seu senso de si mesmo permitiram que ele dominasse uma arte, algo que pouquíssimas

A ESCOLHA DO INDIVÍDUO

pessoas conseguem atingir. Ele é capaz de pôr à prova partes de suas reservas psíquicas que a maioria das pessoas nem sabe se tem (coragem, jogar acometido de náuseas violentas, controlar o lado emocional etc.)... Ele quer alcançar isso e se dispõe a pagar o preço de ter essa capacidade, de buscá-la, de deixar com que ela o defina, e se dispõe a pagar com a alegria implacável de um homem para quem a dificuldade de escolher tornou-se irrelevante há muito tempo.[36]

A obsessão também nos dá a oportunidade de participar de uma comunidade de pessoas com interesses, objetivos e estilos de vida parecidos com os nossos ou, em outras palavras, pessoas com as mesmas fixações. Seguir uma vocação, especialmente se envolver uma empreitada audaciosa, tem o poder de criar vínculos fortíssimos. Trabalhadores de muitas organizações passam mais tempo uns com os outros do que com a família e, no cenário ideal, compartilham uma paixão pelo trabalho e pela empresa. O trabalho deles passa a fazer parte de sua história e identidade coletivas. Vejamos o exemplo da equipe de Elon Musk na SpaceX e o espírito de coleguismo entre as pessoas que lançaram o primeiro foguete reutilizável e a primeira espaçonave privada a atracar na Estação Espacial Internacional. Veja os vídeos da equipe da SpaceX comemorando do lado de fora da sala de controle depois do sucesso do lançamento de um foguete Falcon e ficará claro que foi uma experiência compartilhada que as pessoas presentes jamais esquecerão.[37] Ou veja o exemplo de quando Steve Jobs apresentou o novo computador Mac a uma plateia lotada em uma reunião de acionistas. Jobs e sua equipe receberam aplausos em pé de cinco minutos e Jobs lembra que viu sua equipe do Mac na primeira fila, todos com lágrimas nos olhos.[38] O vínculo emocional entre pessoas que superam adversidades e alcançam o extraordinário pode ser tão profundo quanto os vínculos familiares.

Uma vantagem final, e mais pragmática, de ser obcecado é avançar na carreira. Uma pessoa que dedica a vida a uma missão profissional, que Peter Drucker descreveu como "um monomaníaco com uma missão", tem mais chances de sucesso. Jeff Bezos procura contratar "missionários" totalmente dedicados a dar aos clientes produtos e serviços superiores. Ele contrasta os missionários com os "mercenários", que trabalham principalmente para ganhar dinheiro. Dito isso, se todos os outros fatores forem iguais, as empresas tendem a reconhecer e recompensar mais as realizações de pessoas que mergulham de cabeça no trabalho. A obsessão não tem como ser evocada com o objetivo de

127

ALL IN

avançar na carreira ou ganhar mais dinheiro, mas, quando presente, não deixa de ser um benefício potencial, pelo menos quando bem administrada.

REALIDADES PROFISSIONAIS

Os benefícios da obsessão sugerem seu valor potencial tanto para pessoas quanto para organizações. Um comentarista observou que a maneira como vemos o trabalho mudou com o tempo "de *empregos* para *carreiras* e para *missões* ou, em outras palavras, da necessidade para o *status* e para o sentido".[39] Hoje, o trabalho compete com a religião (ou até a substitui) como um caminho para atingir a realização pessoal e melhorar a sociedade. No mundo cada vez mais laico de hoje, a nova religião de algumas pessoas é a vocação, digna de níveis extremos de dedicação e sacrifício.[40] Jack Ma, o fundador da empresa chinesa de comércio eletrônico Alibaba, ganhou manchetes quando defendeu uma abordagem de dedicação total e absoluta ao trabalho, com trabalhadores tão dedicados quanto qualquer monge ou sacerdote. Mais especificamente, ele elogiou uma prática chamada de "996" na China. Os três dígitos indicam que as pessoas trabalham das 9 da manhã às 9 da noite, seis dias por semana. Ma observou que ele e seus colegas trabalharam em esquema 996 para transformar a Alibaba em uma das maiores empresas de comércio eletrônico do mundo. Ele disse: "Acho que poder trabalhar 996 é uma dádiva enorme. Muitas empresas e muitas pessoas não têm a chance de trabalhar 996".[41]

No entanto, algumas pessoas rejeitam a ideia de que a vocação deve dominar tudo e acreditam que o trabalho não passa de um meio para atingir a realização em áreas mais importantes da vida, como a família e a comunidade. Para essas pessoas, o trabalho não é um fim por si só, mas um meio para atingir um fim. O trabalho pode até ser prazeroso em algumas situações, mas não deveria substituir as áreas sociais mais importantes da vida. Elas também argumentam que colocar o trabalho no centro da vida é "cruel e explorador",[42] resultando em uma sociedade que acredita que as pessoas precisam se matar no trabalho se quiserem ter uma vida plena. Os críticos do enaltecimento do trabalho sugerem que isso não passa de uma tentativa de fazer os trabalhadores aceitarem ser explorados por pessoas que lucram com esse empenho, incluindo bilionários como Elon Musk.[43] Um jornalista se referiu à obsessão pelo trabalho como sendo uma "síndrome de Estocolmo profissional", com as vítimas se identificando com os sequestradores e ficando do lado deles para poder sobreviver.[44]

A ESCOLHA DO INDIVÍDUO

Os que se opõem a uma sociedade baseada no trabalho não acreditam na sugestão de Ma de que trabalhar 72 horas por semana é uma dádiva. Derek Thompson escreve:

> O que é o "trabalhismo"? É a crença que o trabalho não só é necessário para a produção econômica como também é o elemento central da identidade e do sentido da vida de uma pessoa; e a crença de que qualquer política para promover o bem-estar humano deve sempre encorajar mais trabalho.[45]

Outro crítico da ideia de um mundo obcecado pelo trabalho escreve: "Uma sociedade que cultua a busca do sucesso extremo pode até produzir um pouco de sucesso. Mas o sucesso extremo é um deus refutável, que rejeita a grande maioria de seus adoradores. Nosso emprego não se presta a suportar o peso de uma fé e está cedendo sob a pressão".[46]

Não podemos presumir que todas as pessoas desejam (ou deveriam desejar) perseguir uma missão profissional. Será que todo mundo quer que o trabalho tenha um papel central em sua vida, em detrimento de todo o resto? Será que todo mundo gostaria de dedicar setenta horas ou mais por semana ao trabalho? Será que todo mundo quer sacrificar o tempo com a família para atender às demandas do trabalho? Será que todo mundo está disposto a abrir mão de *hobbies* e encontros com os amigos? Para algumas pessoas, a resposta a essas perguntas é não, pois consideram que o preço a pagar para colocar o trabalho acima de tudo é alto demais.

Um segundo fator a ser levado em consideração, não tão claro. mas igualmente importante, é que nem todo mundo é capaz de ser obcecado pelo trabalho. As pessoas que atingem um sucesso extraordinário afirmam, em seus livros e discursos de formatura, que todos são apaixonados pelo trabalho e que basta persistir na busca e não se desviar do caminho. Esse conselho normalmente vem na forma de "nunca desistam de seus sonhos". Só que, da mesma forma como diferentes pessoas têm uma ampla gama de capacidades cognitivas, físicas e emocionais, é possível presumir que as pessoas também têm capacidades diferentes de comprometer-se com o trabalho. Não estamos dizendo que essas pessoas não têm o talento necessário para atingir o sucesso em sua vocação profissional, mas que elas podem não ter o temperamento necessário para mergulhar de cabeça e se engajar totalmente no trabalho.

Em outras palavras, as pessoas têm capacidades diferentes de se interessar pelo trabalho, mesmo se quiserem se comprometer totalmente com o trabalho. Elas podem se entediar com a busca de atingir um único objetivo. Elas podem não ter a curiosidade necessária para mergulhar a fundo nas complexidades de sua profissão. Ou podem não ter a resiliência necessária para superar os desafios que inevitavelmente surgem na busca de atingir um objetivo ambicioso. Muitas pessoas extremamente competentes, dedicadas e bem-intencionadas não têm a disposição necessária para ser obcecadas por uma profissão. Uma analogia que ilustra esse ponto é que todos nós conhecemos algumas pessoas que possuem uma maior capacidade de amar. Elas têm, por alguma razão, a maior profundidade emocional que o amor requer. Todo mundo quer amar profundamente, mas algumas pessoas simplesmente são mais bem equipadas para isso. As diferenças na capacidade de ser obcecado pelo trabalho se aplicam a pessoas que atuam em todos os níveis de uma empresa, embora possa parecer que os líderes são naturalmente mais imersos no trabalho. Alguns líderes, contudo, não são obsessivos como Bezos e Musk. Eles provavelmente são comprometidos, profissionais e podem até ter uma garra incrível, mas isso é diferente de trabalhar com um foco total e absoluto e uma motivação implacável.

Gostamos de pensar que todos nós temos uma vocação e que basta descobri-la ou desenvolvê-la. Sugerir o contrário pode soar elitista ou injusto. Ainda assim, admitir que as pessoas variam em sua disposição e sua capacidade de comprometer-se totalmente com a profissão pode ser útil tanto para as pessoas quanto para as organizações que as empregam. É por isso que é importante sabermos com clareza o que queremos do trabalho e qual é a nossa capacidade de mergulharmos de cabeça nele. Munidos desse conhecimento, podemos tomar decisões melhores sobre o tipo de trabalho que buscamos, a empresa na qual queremos trabalhar e os sacrifícios que estamos dispostos a fazer.

DEFINIÇÃO DE EQUILÍBRIO

A primeira decisão é esclarecer o papel do trabalho na nossa vida, além da necessidade de ganhar dinheiro para sobreviver e, em muitos casos, sustentar a família. A escolha da profissão depende, naturalmente, da formação acadêmica, situação financeira e disponibilidade de empregos. Nem todo mundo pode se dar ao luxo de buscar uma vocação. No entanto, se a pessoa tiver essa opção, ela precisa decidir até que ponto estaria disposta a se sacrificar

A ESCOLHA DO INDIVÍDUO

para realizar sua vocação. Qual preço estaríamos dispostos a pagar para fazer do trabalho o centro da nossa vida e da nossa identidade?[47] As pessoas que buscam um foco total e absoluto no trabalho inevitavelmente terão de fazer sacrifícios pessoais, além de enfrentar o estresse de tentar alcançar uma realização excepcional.

Os sacrifícios que acompanham uma obsessão pelo trabalho variam de insignificantes a enormes. Nenhum gestor da Amazon ou da Tesla pode se dar ao luxo de trabalhar só 40 horas por semana. Bezos admite, até com certo orgulho, que não é fácil trabalhar na Amazon. A necessidade de passar muito tempo dando duro no trabalho é especialmente clara no caso de novas empresas e no desenvolvimento de novos produtos. Refletindo sobre o período inicial da história da Microsoft, Bill Gates disse: "Parei de ouvir música e assistir TV depois dos 20 anos. Pode parecer radical, mas fiz isso porque achei que essas coisas só me distrairiam de pensar sobre *software*". Os sacrifícios de Gates, embora sejam difíceis para a maioria das pessoas, são pequenos em comparação com o que algumas pessoas se dispõem a abrir mão pelo trabalho. Um engenheiro que fazia parte da equipe de desenvolvimento do computador Macintosh da Apple descreveu as vantagens e as desvantagens de trabalhar na equipe:

> Acho que, se você conversar com muitas pessoas da equipe do Mac, elas vão dizer que nunca trabalharam tanto na vida. Algumas dessas pessoas vão dizer que nunca foram mais felizes na vida, mas acho que todas vão dizer que certamente foi uma das experiências mais intensas e mais gratificantes que elas terão em toda a vida delas... Algumas pessoas não têm como manter esse ritmo de trabalho sem pagar um preço por isso. Minha vida inteira mudou. Eu acabei perdendo a minha esposa. Acabei perdendo meus filhos. Toda a estrutura da minha vida mudou para sempre só porque eu trabalhei no Mac.[48]

Seguir uma missão no trabalho implica sacrifícios, uma realidade da qual alguns se esquecem diante do fulgor positivo associado ao trabalho com um profundo significado. Muitas pessoas, ao ver o resultado da obsessão, admiram os que têm sucesso na missão escolhida. Por exemplo, Kevin Na, um jogador profissional de golfe, entrou no ranking dos melhores golfistas juniores dos Estados Unidos. Jogadores alguns anos mais novos perguntavam o que precisavam fazer para atingir seu nível de desempenho.

ALL IN

Ele respondeu que precisavam viver como um monge, restringindo deliberadamente o escopo de sua vida para se focar no golfe. Disse aos adolescentes que o abordavam qual era o caminho para o sucesso: "Quais sacrifícios você está disposto a fazer para atingir a excelência? Eu tive de reduzir meus *hobbies*, deixar de namorar, deixar de sair com os amigos no fim de semana porque preciso desse tempo para treinar".[49]

A decisão do quanto sacrificar pela vocação não é tomada apenas uma única vez, mas periodicamente, com o desenrolar da vida. A carga horária que dedicamos ao trabalho na nossa juventude pode não ser a ideal quando tivermos 40 ou 50 anos. Uma fixação obstinada pelo trabalho pode ser impossível, ou pelo menos mais difícil, depois que nos casamos, temos filhos ou somos responsáveis por cuidar de pais idosos. Mesmo na ausência dessas demandas, a intensidade de uma pessoa na casa dos 20 ou 30 anos pode ser difícil de manter a cada década que passa. A fotógrafa Annie Leibovitz notou isso quando disse que às vezes tem inveja de como ela era na juventude porque o trabalho que ela produzia na época era mais puro e cheio de energia:

> Eu era absolutamente obcecada. Tudo na minha vida girava em torno da fotografia. Eu não desgrudava da minha câmera e vivia com ela. De certa forma, no meu caso, para crescer eu tive de que afastar de tudo isso e começar a viver.[50]

Parte da dificuldade de sermos francos sobre o que queremos do nosso trabalho é lidar com as expectativas dos outros. As pessoas que não querem que sua vida seja consumida pelo trabalho não se sentem muito à vontade revelando esse fato em setores e empresas nas quais trabalhar 24 horas por dia é valorizado e esperado. O autor Gianpiero Petriglieri observa que as empresas exigem cada vez mais de seus funcionários, sendo que algumas chegam a esperar que seu pessoal coloque o trabalho acima de tudo. "O maior tabu na maioria das culturas corporativas hoje em dia é dizer: 'Eu estou aqui só pelo dinheiro e encontro um maior senso de propósito na minha igreja, na minha instituição de caridade, nos meus esportes, na minha família'. Nós confundimos talento com a disposição da pessoa de colocar o trabalho no centro de sua vida".[51] Dizer aos colegas, ou pelo menos a um chefe, que você quer sair do trabalho na hora todos os dias e não trabalhar no fim de semana pode ser difícil em uma empresa como a Tesla ou a Amazon.

A ESCOLHA DO INDIVÍDUO

No outro extremo, estão as pessoas que valorizam o trabalho acima de tudo. Elas adoram o trabalho e sentem-se mais energizadas quando estão trabalhando. Mas também nesse caso pode ser difícil ser franco sobre o papel central do trabalho em sua vida. Imagine dizer a seu parceiro ou filhos que o seu trabalho vem em primeiro lugar e é mais importante para você do que conviver com a família. Também pode ser difícil confessar isso aos colegas, pelo menos nas empresas que enfatizam a importância do equilíbrio entre o trabalho e a vida ou em comunidades que dão mais importância à família ou às atividades religiosas. Algumas pessoas acreditam que os obcecados pelo trabalho perderam de vista o que realmente importa na vida por serem viciados no trabalho.

Podemos presumir que a maioria das pessoas busca evitar esses dois extremos e quer um trabalho gratificante e uma vida pessoal interessante. Elas fazem malabarismos com as tensões e as trocas constantes entre o trabalho e a vida. Jeff Bezos acredita que "o equilíbrio entre a vida profissional e a vida pessoal" é um termo enganoso porque sugere um conflito entre os dois. Ele prefere o termo "harmonia da vida profissional com a vida pessoal" e acredita que o sucesso em uma área ajuda no sucesso na outra.[52] Uma boa vida pessoal ajuda a melhorar a vida profissional e uma boa vida profissional ajuda a melhorar a vida pessoal:

> Na verdade, é um círculo. Não é um equilíbrio. Se eu estiver feliz em casa, chego ao trabalho com uma energia tremenda. E, se eu estiver feliz no trabalho, volto para casa com uma energia tremenda. Você não quer ser aquele cara, e todo mundo trabalha com alguém assim, que entra numa reunião e suga toda a energia da sala... Você quer chegar no escritório e dar uma injeção de energia em todo mundo.[53]

Essa abordagem de Bezos é mais idealista do que realista para as pessoas que precisam fazer difíceis escolhas que inevitavelmente surgem entre o trabalho e a vida pessoal. Os conflitos e as decepções são inevitáveis quando uma área da vida tem prioridade sobre outra. Dizer que o objetivo é atingir a harmonia não torna o processo mais fácil nem mais prazeroso. Não é fácil dizer a seu filho que você não vai ao jogo de futebol dele porque precisa trabalhar ou dizer aos seus colegas que você não vai participar de uma reunião importante por causa de um evento familiar. Só posso presumir que algumas pessoas que trabalham na Amazon acham no mínimo curioso ouvir Bezos falar de harmonia, já que foi ele o arquiteto do intenso e exigente ambiente de trabalho da empresa.

ALL IN

O primeiro passo, portanto, é decidir o papel que queremos que o trabalho tenha na nossa vida. Em seguida, precisamos fazer escolhas de acordo com o nosso nível desejado de comprometimento... e aceitar as consequências. Christine Lagarde, presidente do Banco Central Europeu, falou sobre os sacrifícios que fez em termos de tempo com a família devido às exigências de seu trabalho:

> Tive que aceitar que eu não poderia ter sucesso em tudo. Você define as suas prioridades e precisa viver com muita culpa... Mas esse sentimento vai passando com o tempo. À medida que você envelhece, vai se sentindo menos culpado porque os filhos crescem, os netos chegam e você meio que faz as pazes com as suas decisões.[54]

Todas e quaisquer decisões que tomamos sobre o trabalho e, em termos mais gerais, sobre a vocação, têm seu custo. As pessoas que acreditam que o trabalho não deve passar de um meio para atingir um fim, uma maneira de viabilizar o que elas consideram ser áreas mais importantes da vida, podem ter menos sucesso profissional. Em outras palavras, o trabalho não é tão importante para elas quanto sua família, comunidade, religião ou vida pessoal e, portanto, elas não dedicam tanto tempo e energia ao trabalho. Quando questionado sobre o ritmo de trabalho exigente da Uber e como isso afeta o equilíbrio entre a vida pessoal e profissional dos funcionários, Travis Kalanick observou: "Veja bem, se alguém produzir mais, vai subir mais rápido na empresa. É assim e acabou. Não tem como contornar isso".[55] Os obcecados pelo trabalho também pagam um preço nos âmbitos da saúde e dos relacionamentos. Além disso, eles se sacrificam para concretizar sua vocação, mas não alcançar o sucesso e, no futuro, podem se arrepender de ter colocado o trabalho acima de todo o resto. Já as pessoas que ficam em algum ponto entre esses dois extremos precisam administrar as constantes decisões e tensões na tentativa de satisfazer às demandas profissionais e pessoais.

ENCONTRANDO O AMBIENTE CERTO

Depois de decidir qual papel o trabalho desempenha na sua vida, você vai querer encontrar uma empresa que se encaixa nessa decisão. A escolha de onde trabalhar é importantíssima. Vejamos uma pessoa que decide fazer de tudo para concretizar sua missão profissional. Na melhor das hipóteses, os interesses de uma empresa e de seus funcionários se alinham, com cada um

A ESCOLHA DO INDIVÍDUO

se beneficiando de sua obsessão em comum. Algumas empresas esperam que seus funcionários mergulhem de cabeça no trabalho enquanto outras podem não ter essa expectativa. Um comportamento obsessivo considerado inadequado em uma empresa pode ser valorizado em outra.

Vejamos o exemplo do engenheiro que trabalhava em uma empresa que esperava que ele sempre respondesse aos e-mails dos colegas, e principalmente dos chefes, em poucas horas, inclusive no fim de semana. Ele conseguiu um emprego em outra empresa que o repreendeu por mandar e-mails aos colegas tarde da noite e no fim de semana. A nova empresa não queria que as pessoas passassem o tempo todo trabalhando e ele estava violando uma norma da cultura da empresa voltada a promover o equilíbrio entre a vida pessoal e profissional. Dependendo de como a pessoa encara o trabalho, ela vai adorar trabalhar nessa empresa ou ficar extremamente frustrada. Desse modo, algumas empresas têm uma cultura e práticas de trabalho mais adequadas aos obcecados. Além disso, os obcecados também precisam de chefes e colegas que pensam como eles sobre o trabalho e sobre a cultura de trabalho ideal. Eles ficam muito motivados ao trabalhar com pessoas com ideias afins e atributos e talentos parecidos com os deles. Por outro lado, trabalhar com pessoas menos dedicadas pode ser desmotivador para os obcecados pelo trabalho.

Um estudo conduzido na Academia da Força Aérea dos Estados Unidos sugere que pessoas altamente motivadas tendem a se frustrar ao trabalhar em equipe com colegas menos comprometidos. Os pesquisadores estudaram o condicionamento físico de quase 3.500 cadetes no decorrer de quatro anos.[56] Eles queriam entender por que algumas pessoas melhoravam mais o condicionamento físico do que outras. Eles descobriram que o nível de condicionamento variava muito de um esquadrão a outro, sendo que cada um era composto de cerca de trinta cadetes que viviam e trabalhavam juntos. Os pesquisadores encontraram uma correlação entre o aumento do condicionamento físico de um cadete e o condicionamento físico dele quando entrou na Academia, o que não foi uma surpresa. Os que já tinham um bom condicionamento físico tiveram mais chances de melhorar.

No entanto, os estudiosos descobriram que outro fator importante também foi o nível de condicionamento físico de cada esquadrão e, em particular, o condicionamento físico do cadete de pior desempenho nesse critério em cada esquadrão. Seria natural presumir que a pessoa com o melhor condicionamento físico de um grupo, ou a pessoa com o maior talento de

ALL IN

liderança, seria a mais importante para determinar o nível de condicionamento físico do grupo como um todo, motivando outras pessoas a atingir níveis mais elevados de desempenho. Por incrível que pareça, os resultados do estudo indicam que um cadete menos disciplinado derrubava o desempenho do grupo todo. O impacto do cadete com o pior condicionamento físico de todos foi maior entre os cadetes que também tendiam a ter um pior desempenho. Em outras palavras, os cadetes menos resistentes seguiam o exemplo do cadete que tinha o pior condicionamento físico de todos. Se extrapolarmos as descobertas sobre o o estado de resistência a outras situações no trabalho, a implicação para os obcecados pelo trabalho é que eles afetam menos os colegas do que os trabalhadores menos motivados. Em outras palavras, o comportamento do grupo tem um fator contagiante que pode ser diferente do que se esperaria. Uma lição que podemos aprender com essa pesquisa é escolher os colegas com cuidado.[57]

A escolha do ambiente também é importante para os mais talentosos. Como já vimos, o comprometimento total com o trabalho tende a resultar em um desempenho melhor. Vejamos, por exemplo, os resultados de um estudo que analisou 414 cabeleireiros que trabalhavam em 120 salões de beleza de Taiwan. Com base em suas descobertas, os pesquisadores concluíram que os cabeleireiros de alto desempenho eram ao mesmo tempo ajudados e prejudicados pelos colegas.[58] As pessoas de alto desempenho recebem o apoio dos colegas, pois que acreditam que podem melhorar o desempenho do grupo, desenvolver seus talentos e de obter mais recursos para o grupo devido às contribuições delas. Segundo os pesquisadores, as pessoas de alto desempenho dão mais "acesso a recursos" para os colegas do grupo.

Por outro lado, os membros da equipe também podem prejudicar as pessoas de alto desempenho. Os colegas se preocupam com a possibilidade de as pessoas de alto desempenho considerarem os outros menos competentes e menos dedicados ao trabalho. As pessoas de alto desempenho também podem ser invejadas pelos colegas porque chamam mais atenção, recebem melhores oportunidades de avanço na carreira ou têm acesso a mais recursos do que os colegas menos talentosos. O resultado é que as pessoas de desempenho mais baixo não sabem como acompanhar um colega mais talentoso e motivado. As pessoas de alto desempenho também podem ser prejudicadas por colegas igualmente talentosos que as veem como uma ameaça competitiva a sua autoestima e avanço profissional. Esse tipo de atuação prejudicial

A ESCOLHA DO INDIVÍDUO

em um grupo pode ser explícito ou sutil. Em alguns casos, os talentos são caracterizados com descrições negativas ("ele não é muito estratégico"), boatos são espalhados ("ele assume os créditos pelo trabalho dos outros"), são culpados quando as coisas dão errado ("ele não liberou os recursos necessários para atingir as metas") ou são isolados de interações sociais ("não vamos chamá-lo para o nosso churrasco"). Os pesquisadores especularam que a combinação de ser ao mesmo tempo ajudadas e prejudicadas pode confundir e elevar o nível de ansiedade das pessoas de alto desempenho (mais ainda do que só ser prejudicadas).[59] Desse modo, os obcecados precisam tomar muito cuidado ao escolher um ambiente de trabalho que atenda às suas necessidades, concentrando-se principalmente no talento e no comprometimento dos colegas potenciais.

Um último fator a ser levado em consideração ao escolher um lugar para trabalhar é a extensão na qual uma organização tende a explorar o comprometimento de seus funcionários. As empresas apresentadas neste livro, como a Amazon, a Tesla e a Uber, têm um histórico de pressionar muito seu pessoal. Uma das razões para elas agirem assim é a dedicação de seu pessoal ao propósito da empresa e ao trabalho em si. Em algumas situações, uma pessoa obcecada pelo trabalho aceitará de bom grado o alto grau de exigência porque a organização lhe permite se engajar na atividade que ele mais preza na vida. Eles são usados porque querem ser úteis. A desvantagem é que eles podem ter tanta necessidade de ser úteis que chegam a tolerar, e até aceitar de braços abertos, demandas extremas no trabalho.[60] Elon Musk e Jeff Bezos sugeriram que a cultura de suas empresas é adequada para algumas pessoas, mas não para outras. As pessoas precisam ser realistas no que diz respeito aos desafios profissionais que enfrentarão e, também muito importante, no que diz respeito à cultura da empresa em relação ao papel que o trabalho desempenha na vida delas.

DESENVOLVENDO ROTINAS PRODUTIVAS

Um fator importantíssimo para o sucesso é reconhecer quando a obsessão passa a ser contraproducente ou até tóxica. Nem sempre é fácil ver isso, porque a obsessão não leva naturalmente à autoconsciência ou ao autocontrole. Desse modo, os obcecados sempre correm o risco de engajar-se em um comportamento autodestrutivo. Alex Ohanian, o fundador da Reddit, acredita que isso tem ainda mais chances de acontecer em setores como a

ALL IN

tecnologia, onde é mais comum as pessoas enaltecerem práticas excessivas de trabalho. Elas usam as redes sociais para se vangloriar de todo o tempo que passam trabalhando e sua enorme dedicação ao trabalho, inclusive à noite e no fim de semana. Ohanian usa o termo "*hustle porn*" (algo como "tesão pelo excesso de trabalho", em português) para descrever a exaltação do trabalho que domina todas as áreas da vida de uma pessoa. Ele diz:

> Essa é uma das coisas mais tóxicas e perigosas da tecnologia no momento. Essa ideia de que, se você não estiver sofrendo, penando, trabalhando o tempo todo todos os dias, você não está se empenhando o suficiente no trabalho.[61]

Ohanian e outras pessoas argumentam que é fundamental estabelecer rotinas físicas e emocionais saudáveis para reduzir os riscos da obsessão pelo trabalho. Steve Magness, um treinador de corredores de longa distância, acredita que um fator importantíssimo para atingir um desempenho sustentado de alto nível é a capacidade de focar e se empenhar para se destacar em uma área específica e, em seguida, descansar para se recuperar. Ele descreve essa abordagem como "estresse + descanso = crescimento".[62] Ele acredita que o estresse na busca para atingir uma meta difícil pode ser produtivo e destrutivo, dependendo de como a pessoa o administra. A ideia é empenhar-se para se destacar, desde que a mente e o corpo suportem sem se exaurir. Ele argumenta que sair da zona de conforto promove a aprendizagem e, em consequência, melhora o desempenho. Por outro lado, também é importante tirar um tempo para se desligar da atividade e se adaptar ao estresse ao qual a pessoa se submete. Segundo ele, os melhores atletas do mundo desenvolvem abordagens que produzem a medida certa de estresse e descanso, sendo que ambos são necessários para atingir um desempenho de alto nível.

Pesquisas acadêmicas confirmam o benefício de desligar-se periodicamente de uma obsessão. O professor Robert Vallerand conduziu vários estudos sobre a psicologia da paixão.[63] Ele acredita que a paixão assume duas formas: harmoniosa e obsessiva. A paixão harmoniosa é quando as pessoas fazem algo que adoram fazer, mas não permitem que a atividade domine outros aspectos de sua vida. Elas decidem quando se engajar na atividade e quando querem se focar em outras. Já a paixão obsessiva é quando as pessoas não têm controle sobre suas paixões, ou seja, quando elas não conseguem largar a atividade mesmo quando essa atividade entra em conflito com outras áreas de sua vida

A ESCOLHA DO INDIVÍDUO

ou até corre o risco de ser prejudicial. Essas pessoas estão sempre pensando no trabalho, mesmo quando estão engajadas em outras tarefas. Vallerand criou um questionário para identificar pessoas obsessivamente apaixonadas e descobriu que elas têm mais chances de dizer que as afirmações a seguir descrevem como se sentem:[64]

- Acho difícil controlar meu impulso de trabalhar.

- Meu trabalho é a única coisa que me empolga na vida.

- Se eu pudesse, eu passaria o tempo todo trabalhando.

- Tenho a impressão de que meu trabalho me controla.

Vallerand conclui que a paixão obsessiva, quando a pessoa não consegue se desligar do trabalho, é prejudicial para seu bem-estar físico, mental e social.

Vejamos o caso de Jeff Bezos. Ele disse que faz questão de dormir pelo menos oito horas por noite. Ele começa o dia sem pressa, normalmente lendo o jornal e passando um tempo com a família. Ele organiza sua agenda de trabalho alocando as tarefas mais difíceis para o final da manhã, quando ele está no pico de sua capacidade cognitiva. Em geral ele não trabalha até tarde e encontra tempo para se exercitar regularmente. Também tira férias regularmente com a família e os amigos e viaja a uma variedade de locais distantes.[65] Compare essa abordagem com a de Elon Musk, que passou anos sem tirar férias e, segundo muitos relatos, normalmente trabalha cem horas por semana. Musk disse que sua agenda acompanha principalmente os desafios enfrentados pela Tesla e reconhece que é incapaz de se desligar do trabalho. Mesmo respeitando o compromisso de Musk com alcançar o extraordinário, a maioria das pessoas diria que Bezos tem uma rotina pessoal e profissional mais sustentável e talvez até mais produtiva. Arianna Huffington, uma das fundadoras do *Huffington Post* e que atuou no conselho de administração da Uber, escreveu uma carta aberta a Musk sugerindo que a abordagem dele não tem como levar ao sucesso:

> Trabalhar 120 horas por semana não potencializa as suas qualidades especiais, mas as desperdiça. É simplesmente impossível continuar avançando como um rolo compressor. Não é assim que o nosso corpo e o nosso cérebro funcionam. Ninguém sabe melhor do que você que é impossível chegar a Marte ignorando as leis da Física. E não podemos chegar aonde queremos ignorando as leis científicas entra dia e sai dia.[66]

ALL IN

Cada um precisa estabelecer a melhor rotina para se recuperar das demandas do trabalho. Para algumas pessoas, isso pode implicar em parar de trabalhar depois de um determinado horário, reservar um tempo nos fins de semana para se desligar completamente do trabalho e dos colegas ou programar férias periódicas para relaxar e recarregar as baterias.

Outra abordagem que algumas pessoas usam para evitar um *burnout* é eliminar distrações profissionais e pessoais que consomem tempo e energia. Pesquisas no campo da psicologia sugerem que as pessoas têm uma capacidade cognitiva limitada e que cada decisão a ser tomada consome parte dessa capacidade disponível. Até as pessoas mais inteligentes ficam esgotadas se tiverem de tomar muitas decisões em um dia. Sabendo de suas limitações, algumas pessoas eliminam atividades que consomem seu tempo e, ainda mais importante, suas reservas de tomada de decisão. Elas podem manter a mesma dieta todos os dias. São capazes de simplificar seu guarda-roupa para não precisar decidir o que vestir todo dia de manhã. Podem até usar um "uniforme" pessoal que não requer tomar uma decisão. Substituições mais significativas complementam essas mudanças relativamente pequenas, incluindo com quem socializar e o nível de socialização ou até que ponto elas querem se engajar em *hobbies* ou atividades fora do trabalho. A ideia é remover distrações e eliminar decisões que consomem um tempo e uma energia que seriam dedicados ao trabalho.

Uma terceira abordagem interessante é pedir regularmente um *feedback* sobre como você está administrando a sua vocação, tanto profissional quanto pessoal. Você vai precisar ser disciplinado e pedir periodicamente a opinião e as sugestões das pessoas. Também vai precisar construir relacionamentos com algumas fontes confiáveis de opinião e ajuda, como familiares, colegas de equipe ou conselheiros. Estamos falando de confidentes que sejam ao mesmo tempo bons ouvintes e capazes de oferecer um *feedback* útil (e nem sempre fácil de engolir). Todo mundo tem pontos cegos e os obsessivos são mais vulneráveis do que a maioria.[67] Steve Jobs acreditava que uma equipe excelente é caracterizada por integrantes que compensam os pontos fracos uns dos outros, se empenhando para

A ESCOLHA DO INDIVÍDUO

manter suas qualidades negativas sob controle. O *feedback* também pode vir de pessoas de fora, se elas tiverem conhecimento suficiente para dar bons conselhos. Essas pessoas precisam conhecer profundamente os pontos fortes e fracos do obsessivo, bem como os problemas que ele está enfrentando no trabalho. Elas podem ajudar muito se uma obsessão for longe demais, levando a potenciais danos à pessoa e ao objetivo que ela está buscando atingir. Elas podem ajudar o obsessivo a fazer uma pausa, refletir sobre as próprias ações e fazer as mudanças necessárias para evitar as armadilhas de mergulhar de cabeça em uma missão.

O problema é que os obsessivos são tão confiantes a ponto de ser arrogantes, especialmente quando têm sucesso. Em consequência, eles podem rejeitar o *feedback* ou podem desconsiderar ou ignorar o conselho. Como já vimos, relatos sugerem que vários membros do conselho e investidores da Uber tentaram convencer Travis Kalanick a mudar sua abordagem, mas sem muito sucesso, pelo menos a julgar pela miríade de erros cometidos durante seu mandato. O líder precisa ter o mínimo de autoconsciência para pedir um *feedback* negativo e dar ouvidos a opiniões contrárias sobre o líder e sua empresa. É comum as pessoas que buscam alcançar o extraordinário ouvir que sua missão é improvável ou até impossível. Cada líder aprende a confiar nos próprios instintos, talentos e engenhosidade para superar os obstáculos, apesar do que os outros possam pensar. O problema é que essa mentalidade também pode levar os líderes a não dar ouvidos a um *feedback* valioso. O líder corre o risco de se tornar um visionário incapaz de flexibilizar suas crenças e fechado a novas informações e pontos de vista. É claro que nem todos os conselhos estarão certos, mas o líder não pode ignorar as opiniões dos outros. As pessoas que dão *feedback*, por sua vez, devem ter o mínimo de credibilidade e a capacidade de influenciar um líder impetuoso quando ele estiver correndo o risco de se autodestruir.

LIÇÕES DO CAPÍTULO

- A vocação é a crença de que a pessoa tem como missão na vida realizar um determinado tipo de trabalho.

- O desafio é decidir se o trabalho será um fator central na vida da pessoa e, se for o caso, o caminho profissional a seguir.

- Para as pessoas que descobrem e aceitam sua vocação, o objetivo é escolher a organização que mais se encaixa nessa missão. A missão, a cultura e as práticas de uma empresa são importantíssimas, bem como a possibilidade de trabalhar com colegas igualmente talentosos e comprometidos.

- É sempre um risco ser obcecado pelo trabalho. Para administrar a obsessão, a pessoa precisa cercar-se de rotinas físicas, mentais e sociais para evitar as armadilhas de deixar-se consumir pelo trabalho.

7. O DESAFIO DA ORGANIZAÇÃO: CULTIVANDO A OBSESSÃO

VOCÊ TEM DUAS OPÇÕES: GERENCIAR SEUS FUNCIONÁRIOS OBSESSIVOS OU GERENCIAR O SEU DECLÍNIO

Em sua juventude, minha mãe morava em Londres quando a cidade foi bombardeada pelos ataques aéreos alemães na Segunda Guerra Mundial. Ela sempre evitou falar a respeito e só dizia que odiava ir aos metrôs lotados da cidade, que serviam como abrigos antibomba para a população. Ela preferia se arriscar na superfície. Os alemães mandavam ondas de bombardeiros para sobrevoar o país, principalmente à noite. O objetivo era destruir fábricas e portos da Grã-Bretanha, derrubar o moral de seus cidadãos e viabilizar uma eventual invasão do país. A blitz cessou oito meses depois, quando a Alemanha se deu conta de que os ataques não produziriam os resultados pretendidos e redirecionou sua força aérea para a invasão da Rússia. Três anos depois, a Alemanha voltou a atacar Londres, mas com uma arma nova e radical: o V2, o primeiro míssil balístico de longo alcance do mundo.

A "arma da vingança"[1] foi uma criação de Werner von Braun. Desde a infância, ele sempre foi apaixonado pela exploração espacial. Seu sonho era inventar um foguete que permitisse aos humanos ir à Lua e, depois, a Marte. Ele escreveu sobre seu desejo de participar da primeira expedição ao espaço.

> Viagem interplanetária! Eis uma empreitada à qual vale a pena dedicar a vida. Não só espiar a Lua e os planetas por um telescópio, mas alçar pelos céus e explorar os mistérios do Universo. Eu sabia como Colombo se sentiu.[2]

ALL IN

Von Braun foi um estudante universitário brilhante e acabou chamando a atenção de professores e funcionários do governo, o que resultou em sua nomeação, aos 20 anos, como o mais importante especialista civil de desenvolvimento de foguetes da Alemanha. Ele sabia que seu sonho de viabilizar as viagens interplanetárias exigiria muito dinheiro, que os militares tinham mais chances de oferecer. Por sua vez, os militares queriam que von Braun desenvolvesse armas avançadas, de mísseis a caças, que ajudassem a Alemanha a vencer a guerra que Hitler travaria em breve. Von Braun e os militares acreditavam os dois lados sairiam ganhando com o acordo, cada um usando o outro para conseguir o que queria.

Com a Alemanha nazista em 1945, von Braun e membros de sua equipe se renderam aos militares norte-americanos. Os especialistas alemães em foguetes foram transferidos secretamente para os Estados Unidos, primeiro para El Paso, no Texas, e depois para o Alabama. O governo dos Estados Unidos não queria que von Braun caísse nas mãos dos russos, um aliado que em pouco tempo viria a se tornar um adversário. Os militares acreditavam que von Braun e sua equipe de cientistas e engenheiros, os mais avançados do mundo na época, acelerariam a construção de armas balísticas e recursos espaciais.

Von Braun, que acabou se tornando um cidadão americano, ocupou uma variedade de cargos de liderança cada vez mais importantes no Exército dos Estados Unidos e depois na agência espacial NASA. Ele foi crucial nas tentativas dos Estados Unidos de desenvolver o melhor programa espacial do mundo, proporcionando uma liderança técnica e organizacional de valor inestimável. Também foi destaque em revistas populares, programas de TV e filmes educativos com celebridades como Walt Disney, conquistando o apoio do público e do governo para a exploração do espaço. Suas contribuições para o desenvolvimento do foguete Saturn V foram fundamentais para levar a primeira pessoa à Lua, sendo que algumas pessoas chegam a sugerir que os Estados Unidos jamais teriam conseguido realizar essa façanha sem a liderança de von Braun.[3] Um historiador da NASA acredita que von Braun foi o engenheiro de foguetes e defensor da exploração especial mais influente da época, um homem complexo e controverso que foi indispensável para "vender a ideia dos voos espaciais e torná-la uma realidade".[4]

Com o tempo, foi ficando claro até que ponto von Braun estava disposto a ir para realizar seu sonho da exploração espacial. Registros históricos indicam

O DESAFIO DA ORGANIZAÇÃO

que ele entrou no partido nazista e chegou a atuar como um oficial da SS.[5] Depois da guerra, ele disse que não teve escolha e que foi pressionado por políticos e militares nazistas do alto escalão. Também disse que lamentava as mortes de civis resultantes de suas invenções, mas enfatizou que houve vítimas dos dois lados da guerra e que "guerra é guerra e, quando meu país está em guerra, meu dever é ajudá-lo a vencer essa guerra".[6] A perspectiva mais generosa da história de guerra de von Braun é que ele foi um alemão patriota e fez o que foi preciso para ajudar seu país enquanto trabalhava na exploração espacial.

As pessoas começaram a questionar a ideia de que von Braun foi um "bom alemão" quando ficaram sabendo que trabalhadores escravos, principalmente prisioneiros judeus e russos em campos de concentração, foram forçados a trabalhar em condições horrendas para montar seus foguetes. Quando pressionado, ele disse que não estava sabendo da utilização de trabalho forçado nem a morte de milhares de pessoas que trabalhavam nas fábricas. Ele alegou que trabalhava em um centro de pesquisa a centenas de quilômetros das fábricas e que não podia ser responsabilizado pelo que acontecia lá. No entanto, alguns registros históricos e testemunhas sugerem que von Braun visitou as fábricas pelo menos uma dúzia de vezes e observou, se não aprovou, as condições desumanas e a brutalidade com a qual os prisioneiros eram tratados.[7] Em seus últimos anos de vida, ele expressou remorso pelo uso de trabalho escravo, mas disse que não participou do abuso nem tinha poder para impedi-lo.

Pode acontecer de governos, bem como organizações e equipes, não medirem esforços para se beneficiar do que seus obsessivos talentosos têm a oferecer.[8] O governo norte-americano considerava von Braun um dos cientistas mais importantes da Alemanha e queria que ele trabalhasse do lado dos Estados Unidos na corrida armamentista que estava para ser travada com a Rússia. Há quem acredite que von Braun deveria ter sido julgado por crimes de guerra, junto com outras autoridades alemãs do alto escalão, como Albert Speer. No entanto, em 1945, o governo dos Estados Unidos decidiu não processá-lo judicialmente. Pelo contrário, políticos e militares de alto escalão valorizavam as possíveis contribuições que ele poderia dar no desenvolvimento de novas armas numa era de novas tensões causadas pela Guerra Fria. Eles queriam se beneficiar do trabalho inovador de von Braun no desenvolvimento do V2, bem como do que um colega descreveu como "uma capacidade de organização excepcional".[9] Quando ele chegou aos Estados Unidos, as ações de von Braun durante a guerra foram minimizadas

ALL IN

ou ignoradas pelo governo e substituídas por uma campanha de propaganda que fez dele um herói para muitos americanos no início da era espacial. A complexidade de seu papel na história é sugerida pelo fato de ele ter sido uma das poucas pessoas já fotografadas com Adolf Hitler e, décadas depois, com o presidente John F. Kennedy.

A relevância de Von Braun para este livro está na maneira como sua vida ilustra a natureza contraditória da obsessão. A história da vida dele é uma história na qual "o bom e o mau se misturam".[10] Seu foco total e absoluto em um propósito e sua motivação inabalável resultou em realizações notáveis. Von Braun possibilitou a criação do primeiro foguete a atingir os limites do espaço sideral em 1942, o primeiro satélite americano a ser lançado em 1958 e os foguetes que enviaram astronautas à Lua em 1969. Sua obsessão também o levou a tolerar, se não apoiar, os horrores da era nazista.[11] Segundo alguns relatos, von Braun era apolítico e tudo o que ele queria era realizar seus sonhos de exploração espacial. O legado de von Braun ainda está em debate. Seus defensores o consideram um visionário da tecnologia preso em um contexto histórico que ele não conseguia controlar. Seus detratores o veem como um oportunista imoral que trabalhou com entusiasmo em prol de um regime nazista bárbaro e que, no mínimo, foi uma testemunha passiva de abuso e sofrimento. Um editorial publicado na ocasião da morte de von Braun o descreveu como "um homem possuidor de tamanha visão, tamanha fome intelectual, que qualquer concessão pode ser justificada na busca para saciá-la".[12] O que não está em debate é sua obsessão total e absoluta com o avanço da exploração espacial, que ele acreditava poder beneficiar a humanidade.[13]

Usar von Braun como um exemplo do potencial da obsessão não é sugerir que o que se passa nos escritórios corporativos é de algum modo equivalente às atrocidades do regime nazista. No entanto, a vida de von Braun, com seus extremos, ilustra como a obsessão pode ser uma força tanto para o bem quanto para o mal e como ela precisa ser administrada com cautela por pessoas e organizações. Duas perguntas são de especial importância para examinar o impacto da obsessão:

- Para a pessoa: Até que ponto estou disposto a ir pela minha obsessão? Onde eu traço o limite da minha motivação para atingir meu objetivo?

- Para a organização: Até que ponto estamos dispostos a ir para apoiar a uma pessoa obsessiva que pode contribuir para o nosso sucesso? Onde traçamos o limite de nossa tolerância?

O DESAFIO DA ORGANIZAÇÃO

Pode parecer natural que as organizações queiram ter obsessivos trabalhando para elas, pois elas se beneficiarão da total dedicação do obsessivo para alcançar algo excepcional. Qual empresa não tenta contratar e reter pessoas que se empenham ao máximo para atingir uma meta ambiciosa? Só que não é tão simples trabalhar com os obsessivos. Vejamos as ações de Elon Musk, que resultaram em Musk e Tesla sendo processados por fraude pela Securities and Exchange Commission (ou SEC, a Comissão de Valores Mobiliários dos Estados Unidos). A primeira queixa ocorreu depois que Musk postou declarações no Twitter sugerindo que ele tinha um "financiamento garantido" para a potencial privatização de sua empresa. O preço das ações de Tesla subiu com base nessa declaração, chamando a atenção da SEC. O processo judicial resultou em um acordo que incluiu uma multa de valor considerável para Musk e a Tesla (US$ 20 milhões cada), com Musk deixando o cargo de presidente do conselho da Tesla e uma exigência de que as futuras comunicações de Musk (pelo menos as que poderiam afetar o preço das ações da empresa) deverão passar pelo crivo da empresa antes de ir a público.[14]

Musk defendeu seu tweet com uma postura bastante crítica em relação à SEC, mas depois admitiu que, na ocasião, estava propenso a cometer erros porque vinha trabalhando muito e estava muito estressado resolvendo os problemas de produção da Tesla. Uma possível interpretação é que Musk fez aquela declaração porque sentia que ele e sua empresa estavam sendo prejudicados por especuladores do mercado de ações. Alguns observadores especulam que o tweet foi uma tentativa de elevar o preço das ações da Tesla e punir os especuladores, que perderiam dinheiro se isso acontecesse.[15] Os líderes obsessivos são mais dedicados a seus produtos e empresas do que a maioria das pessoas é capaz de entender, mais ou menos como o amor que um pai ou uma mãe sente pelo filho. O comprometimento total de Musk com a Tesla o leva a fazer de tudo para proteger a empresa de pessoas e grupos que ele considera críticos, mesmo correndo o risco de causar mais danos do que benefícios.

As empresas e seus acionistas desejam o crescimento, mas também valorizam a previsibilidade e o controle. Além disso, a razão e a lógica são relegadas ao segundo plano na busca de uma obsessão. Não é de admirar que algumas empresas e seus acionistas considerem que os líderes obsessivos requerem mais atenção, dinheiro e risco do que valem. Steve Jobs saiu da Apple em 1994 porque o conselho de administração de sua empresa recusou-se dar apoio a ele e a seus planos. Os conselheiros também achavam que ele estava causando conflitos improdutivos, favorecendo seus próprios projetos e não o que eles acreditavam ser o melhor para a empresa. Travis Kalanick foi pressionado a renunciar ao cargo de CEO porque os acionistas concluíram que suas decisões e comportamentos tinham desgastado irrevogavelmente sua credibilidade na liderança e estavam manchando o nome da Uber.

As melhores empresas sabem que precisam atrair, gerenciar e dar apoio aos líderes obsessivos produtivos, mesmo se esses líderes tiverem personalidades difíceis e forem propensos a cometer erros. Essas pessoas, em geral, consideram seu trabalho mais importante do que as regras e procedimentos da empresa. Steve Jobs descreveu a Apple como sendo uma empresa construída por "imigrantes", refugiados de outras empresas que foram incapazes de lhes dar a autonomia e o suporte que eles queriam.

ESCLAREÇA O FOCO OBSESSIVO DA ORGANIZAÇÃO

O primeiro passo para gerenciar a obsessão é deixar claro o que mais importa para a organização ou, em outras palavras, deixar claro qual é a obsessão da empresa. A principal obsessão, compartilhada pelos líderes descritos neste livro, é a motivação implacável para melhorar algum produto ou serviço que já existe. Jeff Bezos, Elon Musk e Travis Kalanick se empenharam para substituir "o que existe" por algo melhor, um produto ou serviço superior ao oferecido pelos concorrentes ou pela própria empresa deles. O líder obsessivo e inovador trava uma guerra contra o *status quo* com base na crença de que criar algo melhor é uma necessidade ao mesmo tempo competitiva e social. A Amazon, por exemplo, reduziu metodicamente o tempo de entrega e, em consequência, melhorou o atendimento aos clientes e o desempenho dos concorrentes (que foram forçados melhorar para acompanhar a Amazon).

Ter funcionários total e absolutamente comprometidos, focados na coisa certa, é especialmente importante em determinados períodos da história de uma empresa. Pode ser durante o estágio inicial de uma *startup*, quando a empresa tenta substituir concorrentes mais estabelecidos, como a Amazon fez quando enfrentou a Barnes & Noble, muito maior, e como a Tesla fez ao competir com gigantes da indústria automobilística, como a Volkswagen e a GM. A obsessão também é necessária quando uma empresa estabelecida se vê atacada por um novo concorrente. Vejamos os desafios enfrentados

O DESAFIO DA ORGANIZAÇÃO

pelo Walmart e pela Target, que precisam decidir como competir em um setor de varejo em rápida mudança. Líderes que se limitam a trabalhar 40 horas por semana não levarão uma empresa a vencer um concorrente com a ambição e os recursos de uma Amazon. As empresas que não tiverem como se beneficiar desse tipo de obsessão mais cedo ou mais tarde ficarão para trás e acabarão fracassando. As chances de isso acontecer são ainda maiores em setores altamente competitivos e voláteis, nos quais as regras da concorrência vivem sendo reescritas. Por exemplo, a Ford Motor Company está tentando competir com empresas como o Google e a Tesla no desenvolvimento de veículos autônomos. Para isso, a Ford e seus parceiros investirão bilhões nos próximos anos. A Ford precisará montar uma equipe de pessoas talentosas e comprometidas para criar um produto melhor do que esses concorrentes poderosíssimos. A empresa também vai precisar de uma cultura corporativa que dê apoio a essas pessoas e não as engessem com crenças e práticas que inibem a inovação e a disposição de correr riscos. A Ford pode ter dificuldade de atrair e reter as pessoas das quais precisa, em parte porque sua cultura corporativa foi formada ao longo de décadas operando em um ambiente de lenta evolução e baixa tecnologia.

Como vimos no capítulo 3, Jeff Bezos acredita que o foco obsessivo pode ser direcionado a diferentes áreas e que cada empresa precisa decidir a mais adequada para seu setor e sua cultura. O crescimento das empresas apresentadas neste livro sugere que o foco em clientes ou produtos tem mais chances de resultar em uma empresa capaz de sobreviver e prosperar por décadas. Compare isso com empresas que se focam em resultados financeiros de curto prazo ou em vencer a concorrência. Uma vez esclarecido o foco, a empresa precisa colocá-lo em prática. Muitas empresas afirmam que seu principal foco está nos clientes. Só que não é fácil criar uma cultura que prioriza o cliente, com práticas robustas para satisfazê-los. É fácil dizer que você é obcecado pelo cliente, mas não é fácil ser obcecado.

Outro erro comum é abraçar uma variedade de obsessões potenciais e não priorizar a mais importante. O resultado é tentar agradar a todos, sem a clareza e a disciplina necessárias para ter um único princípio para orientar as decisões da empresa. É dificílimo ser excepcional em uma área, e tentar ser excepcional em três ou quatro áreas pode ser contraproducente (as pessoas ficam sem saber qual é a prioridade da empresa, que aloca recursos de maneira a reduzir as chances de uma boa execução). Para focar-se em uma prioridade, o líder ou a empresa não precisa ignorar as outras áreas. Na melhor das

ALL IN

hipóteses, outras crenças e práticas existem para dar suporte à obsessão dominante da empresa. A Amazon quer que seus produtos, como o Kindle e o Echo, sejam dispositivos espetaculares e se empenha para melhorá-los a cada nova versão. No entanto, a obsessão pelo cliente claramente orienta tudo o que a empresa faz.

ESCOLHA SEU MODELO ESTRUTURAL

A próxima tarefa é decidir o modelo organizacional necessário para concretizar a obsessão da empresa. Uma possível abordagem é criar um grupo de forças especiais na empresa, uma equipe composta de pessoas escolhidas a dedo para resolver um problema difícil da organização. A equipe é composta por um grupo seleto de pessoas talentosas e dedicadas da empresa. A expressão "forças especiais", neste caso, significa que nem todos precisam atingir um nível obsessivo de comprometimento.

Uma justificativa para adotar a abordagem das forças especiais é que nem todos têm a capacidade nem o desejo de ser obsessivos no trabalho. Como vimos no último capítulo, as pessoas se posicionam em pontos diferentes em uma escala progressiva, que vai da apatia, passando pelo interesse, pela paixão, até chegar à obsessão. O ideal, em alguns casos, é criar um grupo menor de obsessivos enquanto mantém os outros funcionários engajados e com um bom desempenho, mas não consumidos pelo trabalho. Esse modelo é semelhante ao das Forças Armadas dos Estados Unidos, onde grupos de elite, como os SEALs (a "tropa de elite" da Marinha), são criteriosamente selecionados e treinados para ter um nível de desempenho superior ao de outras unidades militares. A taxa de desistência das pessoas que tentam se tornar SEALs é alta devido às extremas exigências físicas e mentais às quais elas são submetidas. As que conseguem terminar o treinamento passam a fazer parte da elite: pessoas que têm as capacidades físicas, mentais e emocionais necessárias para dar conta das mais difíceis tarefas.

No mundo corporativo, pessoas com esse perfil costumam ser alocadas para trabalhar em equipes de projetos especiais. Por exemplo, elas são responsáveis por projetar e levar ao mercado uma tecnologia inovadora necessária para o crescimento de uma empresa. A equipe do Mac da Apple, mencionada acima, é um exemplo de um grupo de forças especiais.

O DESAFIO DA ORGANIZAÇÃO

Um modelo organizacional mais agressivo não se limita a um pequeno número de pessoas talentosas e motivadas e se empenha na criação de uma empresa inteira obcecada por sua missão. Elon Musk usa o termo "forças especiais" para se referir à empresa toda e à necessidade de que todos apresentem um desempenho superior. É muito mais difícil desenvolver e sustentar a obsessão na empresa toda, considerando que cada pessoa tem um grau diferente de comprometimento com o trabalho. É preciso combater a tendência da maioria das organizações de se tornar cada vez mais complacente e burocrática no atingimento de um determinado nível de sucesso. As empresas de sucesso podem se dar ao luxo de ser menos intensas e motivadas. É mais difícil sustentar um modelo do tipo "mutirão" porque não é fácil promover um alto nível de foco e comprometimento por toda a força de trabalho. Dito isso, esse é o objetivo de empresas como a Amazon, a Tesla e a Uber.

Esses dois modelos, "forças especiais" e "mutirão", não são mutuamente exclusivos. O ideal pode ser uma combinação dos dois. Isso envolveria a maioria dos funcionários comprometida com a obsessão da empresa e uma minoria disposta e capaz de se empenhar muito mais. Esses dois modelos resultam em diferentes dificuldades de atrair, motivar e reter pessoas produtivamente obsessivas. Por exemplo, o modelo das forças especiais pode resultar em uma hierarquia corporativa na qual os grupos de elite recebem mais atenção, recursos e reconhecimento. Se não for bem administrado, isso pode resultar em um conflito do tipo "nós contra eles". Foi o que aconteceu na Apple quando a equipe do Mac, que Steve Jobs descreveu como um grupo de piratas que não raro se opunha à "marinha da Apple", se indispôs com os colegas e provocou divisões por toda a empresa.[16] A equipe também produziu o computador Mac, que levou ao mercado recursos revolucionários que mudaram o papel dos computadores na nossa vida. A equipe do Mac demonstrou ao extremo os pontos fortes e fracos do modelo das forças especiais.

As empresas estão cada vez mais focadas em valorizar e apoiar a diversidade em uma variedade de dimensões. Uma área que não costuma ser discutida na questão da diversidade é o papel do trabalho na vida das pessoas. Algumas pessoas podem ver seu trabalho como um meio para atingir um fim e outras o veem como um fim em si mesmo. Nem sempre as pessoas se encaixam num desses dois extremos e elas normalmente tentam atingir uma combinação dos dois. No entanto, as pessoas diferem em suas atitudes em relação ao trabalho e as empresas precisam decidir como irão valorizar e apoiar pessoas que se posicionam em pontos diferentes na escala progressiva da obsessão. As pessoas diferem muito na maneira como veem o papel do trabalho em sua vida e as empresas não podem presumir que todos os seus funcionários tenham a mesma perspectiva ou as mesmas necessidades.

Uma possível abordagem é enfatizar a importância do trabalho, mesmo quando a empresa promove o equilíbrio entre a vida pessoal e profissional. Todas as empresas descritas neste livro têm ambientes de trabalho intensos que exigem muito de seu pessoal. Uma outra abordagem é criar um ambiente menos intenso que respeita o fato de que as pessoas precisam ter uma vida fora do trabalho. Essas duas abordagens não são mutuamente excludentes, mas as empresas precisam escolher entre elas e lidar com as desvantagens da abordagem selecionada.

ALUGUE UMA MASSA CRÍTICA DE OBSESSIVOS

A terceira tarefa é atrair e reter um número suficiente de pessoas com a mentalidade e a capacidade necessárias para promover a obsessão de uma empresa. O número deve variar dependendo do modelo estrutural escolhido (as abordagens das "forças especiais" e do "mutirão" requerem talentos diferentes). De qualquer maneira, os obsessivos procuram organizações que lhes possibilitem trabalhar no que eles consideram mais importante. As pessoas que trabalham na Tesla ou na SpaceX sabem que estão criando alguns dos produtos mais inovadores do mundo. Eles também são atraídos pelo impacto que esses produtos terão na sociedade. Uma empresa não deve tentar atrair todas as pessoas, mas deve ter um foco claro que atraia pessoas que têm a mesma paixão pela missão da empresa e que se adequam a sua cultura. Se a empresa conseguir articular com clareza sua missão, ela conseguirá atrair talentos que compartilham dessa missão e que terão mais chances de permanecer na empresa.

Cada empresa precisará criar um processo para selecionar pessoas mais adequadas a seu foco e cultura específicos. A Amazon e a Tesla procuram habilidades específicas em seus candidatos, como a capacidade de resolver problemas complexos. Se um engenheiro se candidata a uma vaga, Musk investiga o papel do candidato no desenvolvimento de um produto, pedindo detalhes específicos sobre sua contribuição e sobre como os problemas foram resolvidos. Em termos gerais, a Tesla quer pessoas obcecadas com a excelência dos produtos, enquanto a Amazon busca candidatos focados no cliente. O objetivo é identificar pessoas apaixonados pelo que a empresa mais valoriza.

O DESAFIO DA ORGANIZAÇÃO

As perguntas da entrevista sobre a capacidade de um candidato de ser produtivamente obsessivo incluem:

- Dê um exemplo de uma ocasião na qual você superou todas as adversidades para alcançar algo extraordinário. O que especificamente você fez para entregar o resultado? [Procure detalhes que indiquem um alto nível de engajamento.]

- Descreva um dia de trabalho ideal para você. O que você estaria fazendo/produzindo?

- Qual posição você preferiria: uma que se adeque aos seus interesses mas que ofereça menos visibilidade e impacto na empresa ou uma posição equivalente com mais visibilidade e impacto em outra área da empresa? Por quê?

- Descreva uma ocasião em que você perdeu a noção do tempo de tão envolvido que ficou no trabalho.

- Fale sobre uma ocasião em que você chegou a exagerar na busca de atingir um objetivo na sua vida pessoal ou profissional.

Perguntas para investigar a adequação do candidato à obsessão da empresa:

- Por que você quer trabalhar na nossa empresa? [Investigue a adequação com a obsessão da empresa.]

- Quais características você procura nos seus funcionários? [Investigue a adequação com a obsessão da empresa.]

- Imagine que você já está há dez anos trabalhando na nossa empresa. Olhando para trás, qual conquista lhe daria mais orgulho? [Investigue a adequação com a obsessão da empresa.]

- Fale sobre uma experiência que ilustra o seu compromisso com [a obsessão da empresa, como encantar os clientes, criar produtos superiores etc.].

- Fale sobre uma ocasião na qual você enfrentou um desafio difícil, como reclamações dos clientes, problemas no *design* do produto etc. O que você fez para resolver o problema?

- Como você pensa em garantir que seu foco sempre estará em melhorar [a questão relevante, como a experiência do cliente, o desempenho do produto etc.]?

- Até que ponto você gosta de vencer um concorrente [em comparação com encantar os clientes, criar produtos inovadores etc.]?

O outro fator indispensável, além de atrair as pessoas certas, é sustentar uma cultura focada e motivada. Como vimos acima, é por essa razão que Bezos enfatiza a necessidade do que ele chama de mentalidade do Dia 1. Manter essa mentalidade envolve uma série de práticas de reforço cultural, incluindo abordagens para garantir que cada funcionário esteja contribuindo para que a empresa tenha o necessário para alcançar o sucesso. A maioria das *startups* que operam no modo do Dia 1 não pode se dar ao luxo de manter pessoas que não têm a capacidade e a motivação necessárias para promover o crescimento da empresa. Uma das decisões mais difíceis que um líder precisa tomar é afastar as pessoas que ajudaram a empresa a atingir o sucesso no início de sua história, mas que não têm as características necessárias para garantir o sucesso da empresa no futuro. Steve Jobs, assim como Bezos e Musk, acreditava que é impossível criar excelentes produtos e serviços sem os melhores talentos. A maioria dos líderes tem esse discurso, mas poucos têm a coragem de afastar os funcionários que não atendem às suas expectativas. Steve Jobs disse que era responsável por garantir que as cem pessoas mais importantes da Apple fossem "*A-players*", ou seja, talentos do mais alto nível. No início de sua carreira, Jobs concluiu que as contribuições dos melhores engenheiros de *software* e *hardware* eram cem vezes maiores do que as contribuições dos engenheiros que ele chamou de "*C-players*", ou seja, os funcionários "medíocres". Com base nessa constatação, ele se empenhou para encontrar e reter os melhores colaboradores, que ele acreditava ser fundamentais para criar excelentes produtos. Ele também disse que aprendeu com a equipe do Mac que os melhores talentos querem trabalhar com outros talentos e que cabia a ele e à sua equipe de liderança afastar os menos talentosos da empresa. Ele queria evitar o que chamou de "explosão de bozos", que ocorre quando os medíocres são mantidos na empresa.[17]

ATRIBUA RESPONSABILIDADES IMPORTANTES

Depois de atrair pessoas com o talento e as habilidades necessárias, a organização deve saber engajá-las. Os obsessivos querem trabalhar em atribuições que farão uma diferença. É especialmente importante alocar aos obsessivos projetos impactantes que correspondam a seus interesses. Também é imprescindível não sobrecarregá-los com tarefas burocráticas que

O DESAFIO DA ORGANIZAÇÃO

os afastam do trabalho. E inevitável que número de políticas, procedimentos e processos aumente com o crescimento da empresa, muitas vezes devido à necessidade de gerenciar seu tamanho e complexidade crescentes. O problema é que isso pode resultar em um fardo burocrático especialmente abominável para pessoas com uma personalidade obsessiva, que odeiam ser forçadas a se distrair com o que consideram como atividades isentas de valor agregado. Um exemplo disso, que vimos acima, foi quando Levandowski, na época diretor do grupo de veículos autônomos do Google, ignorou os procedimentos da empresa e comprou cem carros para testar sua tecnologia. Para evitar o processo de autorização formal da empresa, ele simplesmente comprou os carros e incluiu o custo em seu relatório de despesas. Talvez aquele também tivesse sido seu jeito de dar um recado à liderança sênior sobre a burocracia que ele acreditava estar impedindo a agilidade necessária para a empresa beneficiar-se de novas oportunidades em um setor em rápida evolução.

As empresas em crescimento podem ter dificuldade de manter um ambiente interessante para os obsessivos. Uma das maneiras que a Amazon usa para fazer isso é criando pequenas equipes para atingir metas desafiadoras. Bezos gosta de dizer que, se uma equipe da Amazon precisar pedir mais de duas pizzas, a equipe é grande demais.[18] O uso de equipes pequenas permite que cada pessoa veja o impacto de suas contribuições, o que aumenta a responsabilidade tanto individual quanto da equipe pelos resultados. A cultura da Amazon minimiza o "efeito do parasita", que tem mais chances de ocorrer em equipes maiores, nas quais integrantes menos dedicados ou menos talentosos podem pegar carona no trabalho dos outros. Equipes pequenas também reduzem o tempo necessário para os integrantes se comunicarem e coordenarem as ações, o que geralmente consome um tempo valioso em grupos maiores.

Durante o mandato de Steve Jobs, a Apple também deu aos obsessivos o que eles queriam, eliminando os comitês e mantendo um único líder para cada área funcional.[19] Cada líder era encarregado de entregar o que Jobs esperava e precisava prestar contas por isso. Jobs acreditava em contratar os melhores talentos e responsabilizá-los claramente por entregar os resultados. Os vice--presidentes da Apple sabiam que Jobs não aceitava desculpas e esperava que o líderes seniores entregassem os resultados esperados apesar das dificuldades. Todos trabalhavam para atingir os objetivos da Apple e eram recompensados com base no desempenho da empresa como um todo. Ele acreditava que essa abordagem era mais eficaz do que recorrer a processos rigorosos ou diluir a responsabilidade entre os integrantes das equipes funcionais. Ele disse que concebeu a Apple para ser uma grande *startup* com ele no centro cercado por pequenas equipes focadas, cada uma conduzida por um líder talentoso e responsável que prestava contas a ele.[20]

DEFINA BONS CONTROLES

As abordagens descritas acima aumentam as chances de atrair e reter obsessivos. No entanto, seria um erro dar a essas pessoas total autonomia para decidir como trabalhar, já que elas podem ser irresponsáveis na busca de atingir seus objetivos. Em algumas empresas, os obsessivos não precisam responder por suas ações porque entregam resultados. A Uber deu muita autonomia a Travis Kalanick enquanto ele buscava agressivamente o crescimento da empresa. Arianna Huffington, que na época atuava no conselho de administração da Uber, disse que o conselho não toleraria comportamentos irresponsáveis. "Uma das coisas que eu disse na minha primeira reunião geral com os funcionários foi que aquele dia marcaria o fim do culto aos entregadores de resultados a qualquer custo... Não podemos fazer vista grossa para o comportamento de uma pessoa só porque ela entrega resultados. E esse tipo de coisa acontece muito no Vale do Silício. Chamei os entregadores de resultados de 'babacas brilhantes' e disse: 'Nossa política para eles será de tolerância zero'".[21]

As empresas que têm líderes obsessivos precisam de processos formais e informais para impedir atos destrutivos. É importantíssimo esclarecer o que a empresa considera um comportamento inadequado por parte dos líderes e suas equipes. Na Uber, a mentalidade de crescimento de Kalanick permeava a cultura da empresa e resultou em ações que destruíram a confiança de um grande número de clientes, motoristas e funcionários. Conselheiros e colegas podem impedir esse tipo de consequência, se forem capazes de intervir quando um líder obsessivo age de maneira irresponsável. Como vimos no capítulo 5, Garrett Camp estava em posição de ajudar Travis Kalanick nesse sentido. Não sabemos o que Camp fez para tentar refrear o comportamento de Kalanick, já que ele continuou com as mesmas atitudes que prejudicaram a Uber.

Não é fácil questionar ou impor limites a um líder forte como Kalanick, que foi em grande parte responsável pela construção de uma das empresas

O DESAFIO DA ORGANIZAÇÃO

de crescimento mais rápido da história. E é especialmente difícil para os funcionários de um líder confrontar o chefe com um *feedback* negativo e opiniões conflitantes, sabendo que podem até colocar seu emprego em risco ao fazer isso. Isentar-se de dar sua opinião, contudo, pode resultar na derrocada do líder, prejudicando a empresa como um todo. No caso da Uber, Camp ou alguma outra pessoa em posição similar deveria ter se empenhado mais ou sido mais habilidoso em evitar a autodestruição de Kalanick.

Por outro lado, um líder obsessivo pode se beneficiar de colegas capazes de agir de maneira a reduzir as desvantagens de sua obsessão. Um programador que trabalhou na Apple disse que Henri Lamiraux, então vice-presidente de engenharia de *software*, foi importantíssimo na tarefa de neutralizar o lado destrutivo do estilo de gestão de Steve Jobs. Ele descreveu Lamiraux como uma "fonte de sobriedade que nos impedia de nos queimar o tempo todo com o calor escaldante de Steve".[22] Nesse sentido, um colega pode maximizar o que um obsessivo tem a oferecer e ao mesmo tempo restringir as várias desvantagens detalhadas neste livro. Não é fácil desempenhar esse papel, porque a pessoa precisa da confiança e do apoio tanto do líder obsessivo quanto daqueles que atuam nos níveis mais baixos da organização. A pessoa não pode se tornar um defensor do mau comportamento do líder. Na melhor das hipóteses, ela atua de maneira a produzir resultados melhores para o líder, sua equipe e a organização.

O líder e a cultura organizacional também são submetidos ao crivo de um comitê diretivo, como um conselho de administração. Isso pode ser feito por meio de uma série de conversas informais com colegas sobre o comportamento de um líder e como é trabalhar para ele. Alguns líderes resistirão a esse tipo de escrutínio, considerando-o uma intrusão em seu estilo de gestão. No entanto, o objetivo não é encontrar ou apontar defeitos, mas garantir que os problemas ou desafios sejam identificados e resolvidos a tempo. Uma abordagem mais formal inclui uma investigação interna periódica ou a contratação de uma consultoria externa para auditar as práticas da firma. Muitas empresas usam esse procedimento quando grandes problemas ocorrem, como foi o caso da Uber, só que o estrago já tinha sido feito quando a empresa decidiu seguir por esse caminho. Uma abordagem melhor é conduzir periodicamente um levantamento para identificar os problemas antes de eles se transformarem em uma crise.

ALL IN

Apesar da importância de criar e implementar controles, uma empresa precisa resistir à criação de um número excessivo de políticas e procedimentos que reduzem a motivação de equipes e pessoas obsessivas. Um bom conjunto de controles fornece as diretrizes necessárias, mas não leva as pessoas a sentir que estão sendo microgerenciadas. As pessoas mais motivadas e criativas costumam preferir trabalhar com uma grande dose de autonomia. Mas elas não são as únicas: a maioria das pessoas gostaria de ter mais controle sobre seu trabalho. Quem tem autonomia também tem mais satisfação no trabalho e mais motivação para fazer um excelente trabalho. Essas pessoas também são mais saudáveis do que os colegas que não têm muita liberdade de decidir como seu trabalho deve ser feito.[23] As empresas precisam atrair e reter obsessivos produtivos criando uma cultura que lhes dê apoio mesmo quando eles entram em conflito com a burocracia e os controles comuns nas grandes empresas. A arte está em criar controles organizacionais capazes de impedir problemas de comportamento mas sem se indispor com os obsessivos.

GERENCIANDO AS ARMADILHAS DA OBSESSÃO

Mesmo quando as ações acima são tomadas, as organizações precisam se manter atentas ao potencial negativo da obsessão. No capítulo 2 vimos uma prévia dos perigos da obsessão. No entanto, as organizações que adotam um foco obsessivo também enfrentam alguns desafios mais específicos. O primeiro risco é a liderança ficar obcecada pelo modelo de negócio atual da organização enquanto ignora as tendências sociais e de mercado. Como já vimos, a obsessão é o foco único e a motivação implacável necessários para atingir uma meta ambiciosa. O setor de táxis pode ter líderes obcecados por proteger o modelo de transporte do qual eles se beneficiam, mesmo diante de alternativas melhores (como o Uber). Não é difícil entender por que eles adotam essa atitude, considerando que eles têm um grande interesse em manter as coisas como estão. Outros grupos cometem o mesmo erro quando resistem a mudanças que desestabilizarão seu setor ou até ignoram essas mudanças. A BlackBerry, fabricante do que já foi o smartphone mais popular do mundo, não imaginou que o iPhone ameaçaria sua posição na liderança do setor. Não demorou para ficar claro que os consumidores adoraram os produtos da Apple e a participação de mercado da BlackBerry despencou de 50% para menos de 1%.[24]

O DESAFIO DA ORGANIZAÇÃO

A obsessão produtiva não se foca no *status quo*, mas em criar algo melhor para os clientes e a sociedade como um todo. O problema de muitas empresas é que elas ficam obcecadas por seu modelo de negócio, buscando melhorar os produtos e serviços existentes, que inevitavelmente se tornarão obsoletos. A tentativa da Barnes & Noble de aumentar o apelo de suas livrarias oferecendo comodidades como cafés em suas lojas físicas não conseguiu impedir o ataque agressivo da Amazon. Manter o *status quo* pode até funcionar por um tempo, mas a maioria dos setores passa por mudanças que exigem uma abordagem mais radical em determinados momentos. Um exemplo recente é a Netflix. A empresa conseguiu promover o crescimento de seu negócio de locação de DVDs pelo correio ao mesmo tempo que construía seu negócio de *streaming on-line*, que acabou levando ao extraordinário crescimento da empresa. A Uber enfrentará um desafio parecido ao se empenhar para construir uma empresa que atualmente conta com milhões de motoristas ao mesmo tempo que faz a transição para um futuro que será profundamente afetado pelos veículos autônomos.

Uma segunda armadilha organizacional é a obsessão pelo crescimento a qualquer custo. Como vimos no capítulo 5, Travis Kalanick se focou em fazer a Uber crescer mais rápido do que os concorrentes e se opôs agressivamente a qualquer um que se colocasse em seu caminho. Ele fez isso porque a empresa que tiver o maior número de motoristas, se todos os outros fatores forem iguais, atrai a maioria dos motoristas, o que, em consequência, reduz o tempo de atendimento da empresa. Isso, por sua vez, atrai ainda mais motoristas e resulta em um ciclo virtuoso. A estratégia de "promover o crescimento" da Uber a levou a ser a maior e mais valiosa empresa de compartilhamento de viagens dos Estados Unidos.

A Uber não é a única empresa a manter um foco agressivo no crescimento. O Facebook é o mais importante site de rede social, com mais de dois bilhões de usuários ao redor do mundo.[25] Recentemente, a empresa deparou com uma série de contratempos resultante da maneira como administrava os dados dos usuários, incluindo deixar de monitorar com rigor os vendedores terceirizados. A empresa também foi criticada quando grupos desonestos, incluindo governos estrangeiros, fizeram um uso antiético dos serviços da rede social para influenciar a opinião pública e o comportamento dos eleitores em eleições nacionais.[26] Aparentemente, pessoas e países estavam transformando a rede social em uma arma, usando as ferramentas do Facebook para enviar propagandas políticas e *fake news* a grupos específicos

ALL IN

de usuários. A empresa tomou providências para corrigir esses problemas implantando controles mais rigorosos e aumentando a equipe voltada a impedir e identificar comportamentos antiéticos. No entanto, muita gente questiona se a motivação implacável do Facebook para crescer e seu modelo de negócio baseado na venda de dados dos usuários não foram, pelo menos em parte, responsáveis pelos problemas que afetaram a empresa.[27]

Também é problemático quando uma empresa fica obcecada em lucrar, colocando os ganhos acima dos clientes e dos produtos. Alguns líderes só pensam em metas trimestrais, desconsiderando o médio e o longo prazos. Eles se focam na próxima conferência de lucros e não veem nada além disso. É bem verdade que os lucros são importantes, pelo menos no longo prazo, mas não podem ser mais importantes do que desenvolver excelentes produtos e serviços. Steve Jobs acreditava que a melhor maneira de destruir uma empresa em crescimento é contratar líderes que só se interessam pelos resultados financeiros:

> Tenho uma teoria para explicar o declínio das empresas. Quando a empresa é comandada por vendedores, o pessoal de desenvolvimento de produtos é muito importante para a empresa e muitos deles simplesmente perdem a motivação. Foi o que aconteceu na Apple quando Sculley entrou, o que foi culpa minha, e foi o que aconteceu quando Ballmer assumiu a liderança da Microsoft.[28]

Um tipo diferente de armadilha organizacional ocorre quando os líderes acreditam que seu papel é agradar os funcionários. Alguns líderes vão ainda mais longe e direcionam as práticas e a cultura da empresa aos funcionários não obsessivos. Nesses casos, o bem-estar e o equilíbrio entre a vida pessoal e profissional dos funcionários são colocados em primeiro plano, em detrimento da criação de um produto ou serviço desejado pelos clientes. Algumas empresas orientam os funcionários a não mandar e-mails de trabalho depois de um determinado horário ou nos fins de semana. Essas empresas também não querem que os funcionários obcecados pelo trabalho acabem pressionando os colegas a adotar a mesma postura. Líderes e empresas que enfatizam o equilíbrio entre a vida pessoal e a profissional acreditam que o desempenho melhora e a organização aumenta sua capacidade de atrair e reter os melhores talentos. Em outras palavras, os mais talentosos costumam escolher onde trabalhar e tdão preferência a empresas que oferecem uma qualidade de vida melhor e não as que exigem demais dos funcionários.

O DESAFIO DA ORGANIZAÇÃO

É difícil contestar a necessidade de manter um equilíbrio entre a vida pessoal e a profissional, mas temos que considerar as possíveis consequências indesejadas dessa abordagem. Um argumento é que o equilíbrio entre o trabalho e a vida é moralmente correto e, em consequência, mais produtivo. Foi o que Arianna Huffington alegou quando disse que pessoas cansadas e exauridas não tomam boas decisões.[29] Isso sem dúvida acontece em casos extremos, mas também é verdade que empresas que contam com pessoas totalmente comprometidas em entregar algo excepcional normalmente superam empresas cujo pessoal se limita a trabalhar 40 horas por semana. A questão é: Qual é o equilíbrio certo entre esses dois extremos para as empresas, especialmente em momentos cruciais de sua história?

A maioria das pessoas concordaria que os extremos, quando o trabalho é mais importante do que tudo ou não tem importância alguma na vida do funcionário, são problemáticos. Muito se discute e muitos experimentos são feitos para decidir o melhor meio-termo entre o trabalho e a vida. Algumas empresas esperam que os funcionários retornem e-mails e atendam ligações a qualquer hora do dia, incluindo tarde da noite, nos fins de semana e quando estão de férias. Outras restringem, ou pelo menos desencorajam, as pessoas de trabalhar além do horário comercial ou em fins de semana e feriados. Essas empresas não querem que seus funcionários deixem de lado outras áreas da vida nem que encorajem os outros a negligenciar a vida fora do trabalho (como mandando e-mails a qualquer hora). Outras empresas, como a Tesla, considerariam ridículo esse tipo de restrição, acreditando que isso reduz a eficácia dos funcionários, e chegam a criar ainda mais estresse. Líderes como Bezos e Musk não se envergonham de estabelecer altos padrões para seu pessoal e admitem que trabalhar na empresa deles não é para todos. Eles deixam claro aos candidatos que a empresa tem uma cultura voltada ao desempenho e que exige muito dos funcionários. A Tesla, por exemplo, informa os candidatos que eles precisarão fazer muitas horas-extras, inclusive alguns fins de semana. Essas empresas preferem deixar claro desde o começo quais são suas expectativas e sua cultura de trabalho.

Um sinal de que uma empresa exige demais de seus funcionários é quando ela começa a perder pessoas, principalmente as mais talentosas. As pessoas podem achar que o ambiente de trabalho é estressante demais ou sentir que dispõem de menos tempo para dedicar à sua vida pessoal. Elas preferem trabalhar em uma empresa que promove o equilíbrio entre o trabalho e a vida, oferecendo uma cultura mais colaborativa e de responsabilidade

ALL IN

compartilhada. O Google tem entrado, ano após ano, na lista das melhores empresas para trabalhar, em parte devido a sua cultura baseada em equipes e a todo o apoio que fornece aos funcionários. Nem todo mundo se adequa a empresas como a Amazon, a Tesla ou a Uber, mas essas empresas continuam atraindo um grande número de candidatos a emprego. Algumas dessas empresas, mais especificamente a Apple e a Amazon, também criam uma grande lealdade entre os colegas. Perguntaram a Steve Jobs se, considerando seu estilo exigente, ele não era rigoroso demais com seu pessoal. Ele respondeu: "Eu não acho que sou duro com as pessoas, mas, se alguma coisa não dá certo, eu digo na cara. É meu trabalho ser franco".[30] Ele contratou pessoas incrivelmente talentosas que teriam um emprego garantido em qualquer empresa de tecnologia, mas a maioria preferiu continuar trabalhando para ele na Apple.

O problema da chamada "mentalidade de conforto" é que as pessoas supõem que não precisam ter um desempenho de alto nível. Paul Allen descreve em sua biografia o que foi necessário fazer para construir uma empresa que viria a dominar o setor:

> Nós trabalhávamos o tempo todo e o dobro nos fins de semana. Bill basicamente parou de estudar... Eu meio que deixei de lado meu emprego na Honeywell e chegava me arrastando no escritório lá pelo meio-dia. Eu ficava no trabalho até as cinco e meia, voltava à Aiken [Centro de Computação da Harvard University] e ficava lá até as três da manhã. Eu salvava meus arquivos, dormia, exausto, umas cinco ou seis horas e no dia seguinte começava tudo de novo... Às vezes eu encontrava o Bill cochilando na frente do computador de madrugada. Ele pegava no sono no meio de uma linha de código e ia se inclinando para a frente aos poucos até o nariz tocar no teclado. Depois de passar uma ou duas horas cochilando, ele abria os olhos, olhava com os olhos apertados para a tela, piscava duas vezes e retomava exatamente de onde havia parado, num feito prodigioso de concentração.[31]

Uma mentalidade de conforto também pode afetar as práticas de gestão. Um número cada vez maior de pesquisas sugere que a segurança psicológica é uma característica fundamental de equipes e organizações de alto desempenho. Amy Edmondson, uma professora da Harvard, descreve

O DESAFIO DA ORGANIZAÇÃO

a segurança psicológica como "uma equipe caracterizada pela confiança interpessoal e pelo respeito mútuo na qual as pessoas se sentem à vontade sendo quem são... elas sentem que a equipe não as constrangerá, rejeitará ou punirá por dizer o que pensam".[32] Uma cultura psicologicamente segura tem mais chance de aprender e se adaptar do que equipes que não possuem esse traço cultural. Dito isso, as organizações e equipes que cultivam a segurança psicológica também precisam ficar atentas à possibilidade de consequências indesejadas.

Os proponentes da segurança psicológica alegam que ela resulta em maior criatividade e mais franqueza, porque o ambiente é mais aberto a pontos de vista divergentes e, portanto, melhora a aprendizagem e a tomada de decisão. Só que é fácil isso se transformar numa cultura na qual as pessoas hesitam em levantar questionamentos para os outros não acharem que elas são fechadas a novas ideias, que não querem colaborar ou que são desrespeitosas.[33] Uma cultura pensada para promover um diálogo mais franco, ironicamente, pode resultar em um diálogo menos franco. A ideia até promove a segurança psicológica, mas o resultado pode ser o contrário.

Eu poderia apostar que Steve Jobs ou Elon Musk não se empolgariam muito com a ideia de promover uma cultura de segurança psicológica na empresa. Jobs acreditava nos méritos de confrontar agressivamente as pessoas quando elas apresentavam ideias ou produtos menos do que excepcionais. Ele se justificou: "Meu trabalho não é pegar leve com as pessoas. Meu trabalho é torná-las melhores",[34] acrescentando: "Meu trabalho é dizer quando o trabalho está uma droga, em vez de dourar a pílula".[35] Seu foco não estava nos sentimentos das pessoas, mas na qualidade da produção. A maioria das pessoas sabia que esse era o preço de trabalhar com Jobs e permanecer leal a ele.

Jobs também achava que as pessoas precisavam exigir muito umas das outras. Ele contou que, quando ele era criança, morava perto de um vizinho que idoso tinha um polidor de pedras. Um dia, Jobs e o vizinho pegaram algumas pedras no quintal e as colocaram no polidor, junto com água e cascalho. O vizinho ligou o aparelho, que começou a rodar e as pedras começaram a bater umas nas outras. Pediu para Jobs voltar no dia seguinte. Jobs voltou e encontrou as pedras transformadas.

> Ao bater umas nas outras, criando um pouco de atrito, criando um pouco de ruído, as pedras comuns se transformaram em belas rochas polidas. Eu sempre penso nisso quando vejo uma

equipe se empenhando por uma paixão. Penso que aquela equipe, aquele grupo de pessoas incrivelmente talentosas entrando em conflito, discutindo, às vezes até brigando e fazendo barulho... quando essas pessoas trabalham juntas, elas vão polindo umas às outras e polindo as ideias, e o que sai são essas belíssimas pedras.[36]

A IMPORTÂNCIA DE TER OBSESSIVOS

Como vimos, as organizações correm o risco de amolecer e se tornar complacentes à medida que crescem. Um risco relacionado a isso é que elas podem se distrair do que mais importa. Michael Moritz, que lidera uma empresa de *private equity* com um histórico de investimentos em *startups* de sucesso, observa que os Estados Unidos em geral, e o Vale do Silício em particular, estão preocupados com problemas que resultam na perda do foco. Ele escreve que, em algumas empresas importantes:

> Tem havido reclamações sobre as orientações políticas de palestrantes convidados para falar aos funcionários; debates sobre a duração apropriada da licença-paternidade ou o equilíbrio entre a vida profissional e pessoal; e queixas sobre a necessidade de um espaço para os funcionários relaxarem tocando música. Esse tipo de coisa me soa como preocupações de uma sociedade que está perdendo as estribeiras.[37]

Moritz acredita que as empresas que têm um foco claro e são empenhadas no trabalho tendem a sair na frente. Ele descreve o grande ímpeto que vê nas empresas chinesas, que representa um enorme contraste com o que está se tornando a norma em algumas empresas americanas. Isso não quer dizer que as empresas devam adotar um ambiente de trabalho hostil ou ignorar todos os problemas e as necessidades sociais. E elas não devem, de maneira alguma, deixar de fazer a coisa certa. Mas as empresas, especialmente as bem-sucedidas, sempre correm o risco de se distrair e permitir que as questões secundárias se tornem mais importantes do que seus clientes e produtos.

O DESAFIO DA ORGANIZAÇÃO

A obsessão é um antídoto para a complacência e a distração.[38] No entanto, o lado negro da obsessão apresenta um tipo diferente de risco para as organizações. Os dois lados, o bom e o mau, costumam coexistir em estreita proximidade em líderes e equipes obcecados e são inseparáveis um do outro. As pessoas capazes de alcançar o extraordinário também têm o potencial de causar grandes danos. A solução mais fácil para essa contradição seria deixar de contratar pessoas obcecadas por clientes ou produtos, ou restringir seu comportamento a ponto de elas deixarem de ser uma ameaça. Essa abordagem só funciona em um ambiente de mercado sem quaisquer forças disruptivas, o que é cada vez mais raro a cada ano que passa.

Hoje, a cidade de Detroit tem cerca de 70 mil prédios abandonados, sendo que o maior é a antiga fábrica da Packard Car, que fechou em 1958.[39] Os prédios da fábrica estão em péssimo estado de conservação e muitos estão cobertos de pichações.[40] A antiga fábrica chegou a ser usada por um cineasta para retratar um mundo apocalíptico. Muitos fatores contribuíram para a decadência e eventual falência de Detroit, mas o principal fator foi o declínio das principais fabricantes de automóveis dos Estados Unidos: GM, Chrysler e Ford. Na década de 1960, a participação das Três Grandes no mercado americano era superior a 85%. Em 2008, essa participação já tinha caído para 44%, representando uma queda vertiginosa com consequências econômicas e sociais generalizadas não só em Detroit como em outras regiões do país.[41] Os líderes dessas empresas deixaram seus funcionários, suas comunidades e seus acionistas na mão. Eles cometeram muitos erros, mas um dos mais flagrantes foi criar e fabricar produtos de má qualidade.[42] Eles perderam de vista a necessidade de produzir carros confiáveis e atraentes que as pessoas queriam comprar. Essas empresas passaram décadas sendo comandadas por líderes com experiência em finanças e negócios, pessoas que não tinham uma ambiciosa visão para seus produtos.[43] Elon Musk, mesmo cometendo erros que ganharam manchetes ao redor do mundo, fez o que as montadoras americanas passaram cinquenta anos sem conseguir fazer: levar ao mercado um carro audaciosamente inovador muito melhor que os produtos dos concorrentes. Empresas sem pessoas obsessivas, focadas com determinação no que realmente importa, não têm o necessário para alcançar o sucesso em um mundo altamente volátil. Em resumo, precisamos da obsessão porque a sorte favorece os obcecados.

LIÇÕES DO CAPÍTULO

- As organizações hesitam no que diz respeito à obsessão, considerando seu potencial tanto para o bem quanto para o mal. Elas querem o que a obsessão tem a oferecer, mas também estão cientes das consideráveis desvantagens que ela pode trazer.

- Um bom *design* organizacional e uma gestão eficaz podem maximizar os aspectos positivos da obsessão e, ao mesmo tempo, minimizar seus riscos. Isso inclui tomar boas decisões sobre a missão, a estrutura e as pessoas de uma empresa.

- É fundamental ter bons controles, mas eles não devem ser restritivos a ponto de impedir os obsessivos de criar produtos e serviços que os clientes valorizam.

- As organizações também precisam tomar cuidado para não se deixar distrair de seu propósito e, em consequência, deixar de manter o foco total e absoluto e a motivação implacável para alcançar o extraordinário.

NOTAS

Capítulo 1

1. Citação atribuída a M. Cobanli. Citado por Carlos Alvarenga em seu post "Corporate Personalities: The Good, The Bad and The Ugly", https://www.linkedin.com/pulse/corporate-personalities-good-bad-ugly-carlos-alvarenga/. Veja também Frank Scott, "Good vs Great Design Quotes", Design.Amid, 26 jun. 2014, http://www.designamid.com/magazine.php?pageno=313.

2. Warren Buffet disse sobre Jeff Bezos: "Não consigo pensar em um exemplo melhor de um sucesso estrondoso em dois empreendimentos tão grandes e tão diferentes". Jonathan Vanian, "Warren Buffet Praises Amazon and Jeff Bezos While Selling IBM Shares", *Fortune*, 5 maio 2017, http://fortune.com/2017/05/05/warren-buffett-amazon-bezos-ibm/. Ele também observou: "Nunca vi uma pessoa se desenvolver tanto em dois setores tão importantes ao mesmo tempo e se envolver tanto nas operações nesses dois setores". Tae Kim, "Warren Buffett on Amazon Cloud's Success: 'You Do Not Want to Give Jeff Bezos a 7-Year Head Start'", CNBC, 15 maio 2018, https://www.cnbc.com/2018/05/15/warren-buffett-on-amazons-cloud-success-you-do-not-want-to-give-jeff-bezos-a-7-year-head-start.html. Algumas pessoas argumentariam que Steve Jobs revolucionou quatro setores: computadores (Mac), telecomunicações (iPhone), a indústria fonográfica (*streaming* da Apple) e filmes de animação (Pixar).

3. Atualmente, a Amazon Prime entrega milhares de produtos em uma ou duas horas em algumas cidades dos Estados Unidos.

4. Jeff Holden, que trabalhou para Bezos na D. E. Shaw & Co. e depois na Amazon, diz que Bezos foi "o cara mais introspectivo que ele já conheceu. Ele era muito metódico em todos os aspectos de sua vida". *Bezos and the Age of Amazon* (Nova York: Little, Brown & Company, 2014), 21.

5. O nome original da Amazon era Cadabra. Bezos também cogitou os nomes Awake.com, Browse.com, Bookmall.com e Aard.com. Dave Smith, "Jeff Bezos Almost Gave Amazon a Different Name", *Business Insider*, 22 jan. 2016, www.businessinsider.com/jeff-bezos-amazon-name-alternatives-2016-1.

6. Jodi Kantor e David Streitfeld, "Inside Amazon: Wrestling Big Ideas in a Bruising Workplace", *New York Times*, 15 ago. 2015, https://www.nytimes.com/2015/08/16/technology/inside-amazon-wrestling-big-ideas-in-a-bruising-workplace.html.

7. J. Clement, "Most Popular Retail Websites in the United States as of December 2018, Ranked by Visitors (in Millions)",

ALL IN

Statista, 23 jul. 2019, https://www.statista.com/statistics/271450/
monthly-unique-visitors-to-us-retail-websites/.

8. Justin Dallaire, "Amazon Ranked Most Trusted E-Commerce
Retailer", Strategy, 18 jul. 2018, http://strategyonline.ca/2018/07/18/
amazon-ranked-canadas-most-trusted-ecommerce-retailer/.

9. O engenheiro também observou que esse alienígena hipotético, além de ser
inteligentíssimo, não tinha muito interesse nas questões humanas.

10. Steve Yegge, "Googler Steve Yegge Apologizes for Platform Rant, Shares Bezos
War Story", Launch, 21 out. 2011, https://launch.co/blog/googler-steve-yegge-
apologizes-for-platform-rant-shares-bezo.html.

11. Amy Martinez, "Bezos Credits Amazon's Success to Luck, Good Timing",
Seattle Times, 15 jan. 2013, https://www.seattletimes.com/business/
bezos-credits-amazonrsquos-success-to-luck-good-timing/.

12. Warren St. John, "Barnes & Noble's Epiphany", Wired, 1 jun. 1999, https://
www.wired.com/1999/06/barnes-2/.

13. Bezos comentou que teve ainda mais sorte porque pôde contar com sete anos de
vantagem em relação às empresas de tecnologia quando lançou a Amazon Web
Services. As empresas consolidadas de tecnologia, como a Microsoft e a IBM,
subestimaram a ameaça competitiva representada por Bezos e pela Amazon.

14. Pesquisas conduzidas por Charles A. O'Reilly e seus colegas demonstram como
um CEO pode afetar os valores e os comportamentos de uma empresa, além de
seu desempenho financeiro. Veja O'Reilly et al., "The Promise and Problems
of Organizational Culture: CEO Personality, Culture, and Firm Performance",
Group and Organization Management 39, no. 6 (set. 2014): 595–624.

15. "All Achievers: Jeffrey P. Bezos", Academy of Achievement, 22 ago. 2019, http://
www.achievement.org/achiever/jeffrey-p-bezos/.

16. Brad Stone, *The Everything Store: Jeff Bezos and the Age of Amazon* (Nova York:
Little, Brown & Company, 2013), loc. 330, Kindle.

17. Phil LeBeau, "This Is the Best Car Consumer Reports Has Ever Tested", CNBC,
27 ago. 2015, https://www.cnbc.com/2015/08/27/teslas-p85d-is-the-best-car-
consumer-reports-has-ever-tested.html.

18. "Tesla Model S Achieves Best Safety Rating of Any Car Ever
Tested", Tesla, 19 ago. 2013, https://www.tesla.com/it_IT/blog/
Tesla-model-s-achieves-best-safety-rating-any-car-ever-tested.

19. I. Wagner, "Number of Tesla Vehicles Delivered Worldwide from 3rd Quarter
2015 to 2nd Quarter 2019", Statista, 22 jul. 2019, https://www.statista.
com/statistics/502208/tesla-quarterly-vehicle-deliveries/; https://electrek.
co/2018/11/16/tesla-fleet-10-billion-electric-miles/.

20. Emily Chasan, "Tesla's First Impact Report Puts Hard Number on CO2
Emissions", Bloomberg, 17 abr. 2019, https://www.bloomberg.com/news/
articles/2019-04-17/ tesla-s-first-impact-report-puts-hard-
number-on-co2-emissions.

NOTAS

21. Meghan Daum, "Elon Musk Wants to Change How (and Where) Humans Live", *Vogue*, 21 set. 2015, https://www.vogue.com/article/elon-musk-profile-entrepreneur-spacex-tesla-motors.

22. *Online Etymology Dictionary*, s.v. "Obsession (n.)", acessado em 23 out. 2019, https://www.etymonline.com/word/obsession.

23. A obsessão produtiva, no contexto deste livro, é uma fixação desejável e muitas vezes prazerosa. Além disso, quando devidamente direcionadas e administradas, as obsessões produtivas podem ajudar a melhorar o bem-estar das organizações e da sociedade em geral.

24. Gary Thomson, "She Was a Chronicler of Our Times", *Philadelphia Inquirer*, 23 jun. 2019.

25. As gravações estão sendo digitalizadas e serão disponibilizadas a quem tiver interesse em pesquisar a história da televisão. O valor da obsessão de Strokes pelos noticiários de TV ainda está para ser provado.

26. Eric Maisel usa o termo "obsessão produtiva" em seu livro *Brainstorm: Harnessing the Power of Productive Obsessions* (Novato, Califórnia: New World Library, 2010), i.

27. Justine Musk, "How Can I Be as Great as Bill Gates, Steve Jobs, Elon Musk or Sir Richard Branson?", Quora, 12 set. 2017, https://www.quora.com/How-can-I-be-as-great-as-Bill-Gates-Steve-Jobs-Elon-Musk-or-Sir-Richard-Branson/answer/Justine-Musk?share=1&srid=iAix.

28. Lennard J. Davis, *Obsession: A History* (Chicago: University of Chicago Press, 2009), 27. G. W. F. Hegel escreveu sobre a paixão: "Desse modo, sustentamos que nenhuma realização jamais foi concretizada sem um interesse por parte de quem a concretizou. E, se chamarmos 'interesse' de 'paixão' (porque a pessoa concentra todos os seus desejos e toda a sua capacidade, em cada fibra de seu ser, em um único objeto, deixando de lado todos os outros objetivos e interesses atuais ou possíveis), podemos então afirmar, sem restrições, que nada de grandioso neste mundo foi realizado sem paixão". Georg Wilhelm Friedrich Hegel, *Reason In History: A General Introduction to the Philosophy of History*, trad. Robert S. Hartman (Indianapolis: Liberal Arts Press Book, 1953), https://www.marxists.org/reference/archive/hegel/works/hi/introduction.htm.

29. Davis, *Obsession*, 18.

30. Veja David McCullough, *The Great Bridge: The Epic Story of the Building of the Brooklyn Bridge* (Nova York: Simon & Schuster, 1972). A construção começou em 1869 e foi concluída em 1883.

31. Isso não significa que construir pontes sempre requer o mesmo nível de sacrifício que o da família Roebling. Dito isso, o custo humano que acompanha a criação de algo extraordinário costuma ser mais extremo do que a maioria das pessoas imagina. Outro exemplo de genialidade obsessiva é Marie Curie, vencedora de dois prêmios Nobel por seu trabalho científico. Sua vida foi repleta de sacrifícios pessoais, incluindo décadas de exposição a materiais radioativos que provavelmente resultaram em sua morte.

32. Maya Salam, "Overlooked No More: Alison Hargreaves, Who Conquered Everest Solo and Without Bottled Oxygen", *New York Times*, 12 jun. 2018, https://www.nytimes.com/2018/03/14/obituaries/overlooked-alison-hargreaves.html.

33. O filho de Hargreaves, Thomas Ballard, já escalava montanhas antes mesmo de nascer, pois sua mãe fez uma difícil escalada nos Alpes quando estava grávida de seis meses. Thomas tornou-se um alpinista completo, chegando a ser a primeira pessoa a escalar as seis grandes faces norte dos Alpes durante o inverno. Sua mãe foi a primeira pessoa a realizar essa façanha no verão, vinte e três anos antes do filho. Thomas morreu aos 30 anos escalando a montanha Nanga Parbat, no Paquistão.

34. Salam, "Overlooked No More".

35. Uma das representações mais famosas dessa crença é encontrada no romance *Moby Dick*, de Herman Melville. O capitão Ahab diz a um membro de sua tripulação que questiona sua obsessão por matar a grande baleia branca: "Ahab será sempre Ahab, homem. Todo este ato foi imutavelmente decretado. Tu e eu o ensaiamos um bilhão de anos antes que este oceano rolasse. Tolo! Sou o tenente do Destino; cumpro ordens".

36. Outro exemplo de personalidade obsessiva no mundo do alpinismo é Alex Honnold. Depois de anos de planejamento e quarenta escaladas com cordas na rocha El Capitan, no Vale de Yosemite, ele fez a primeira escalada livre e solo da famosa rocha, escalando a parede de granito de mais de 900 metros sem usar cordas nem qualquer outro equipamento de segurança. Uma queda teria resultado em morte certa.

37. Ian MacKinnon, "Mountain Heroine Feared Dead", *Independent*, 15 ago. 1995.

38. Timothy B. Lee, "The Secrets to Elon Musk's Success", *Vox*, 10 abr. 2017, https://www.vox.com/new-money/2017/4/10/15211542/elon-musk-success-secret.

39. Grace Reader, "19 Times Elon Musk Had the Best Response", *Entrepreneur*, 23 fev. 2018, https://www.entrepreneur.com/article/277986.

40. Os dados do número de funcionários se referem apenas aos Estados Unidos. Outras milhares de pessoas trabalham para a Apple ao redor do mundo, incluindo em grandes fornecedores com operações principalmente na China. Veja Apple Inc., "Apple's US Job Footprint Grows to 2.4 Million", Apple Newsroom, 15 ago. 2019, https://www.apple.com/newsroom/2019/08/apples-us-job-footprint-grows-to-two-point-four-million/.

41. Nathan Heller, "Naked Launch", *New Yorker*, 25 nov. 2013, https://www.newyorker.com/magazine/2013/11/25/naked-launch.

42. Veja Walter Isaacson, *Steve Jobs* (Nova York: Simon & Schuster, 2011).

43. Desde a morte de Jobs, a Apple tem tido dificuldade de desenvolver produtos altamente inovadores. Alguns observadores acreditam que o CEO Tim Cook, com experiência em operações, não tem a obsessão necessária pelos produtos. Pode ser o caso, apesar de a Apple continuar crescendo e apresentando um bom desempenho

NOTAS

financeiro com base principalmente nos produtos desenvolvidos durante a gestão de Jobs enquanto expande suas operações a uma variedade de ofertas de serviços lucrativas.

44. Heller, "Launch".

45. A romancista Marie von Ebner-Eschenbach escreveu: "Aquele que acredita na liberdade do desejo nunca amou nem nunca odiou". *Aphorisms* (Riverside, Califórnia: Ariadne Press, 1994), 22.

Capítulo 2

1. Angela Lee Duckworth, *Grit: The Power of Passion and Perseverance* (Nova York: Scribner, 2016). Veja também Angela Lee Duckworth et al., "Deliberate Practice Spells Success: Why Grittier Competitors Triumph at the National Spelling Bee", *Social Psychological and Personality Science* 2, nº 2 (out. 2010): 174–81.

2. Shankar Vedantam, "The Power and Problem of Grit", NPR, 5 abr. 2016, https://www.npr.org/2016/04/04/472162167/the-power-and-problem-of-grit.

3. As pesquisas sobre a garra são criticada pors alguns estudiosos tanto por razões técnicas quanto filosóficas. Veja M. Credé, M. C. Tynan e P. D. Harms, "Much Ado About Grit: A Meta-Analytic Synthesis of the Grit Literature", *Journal of Personality and Social Psychology* 113, nº 3 (2017): 492–511.

4. Angela Duckworth, "Q&A", https://angeladuckworth.com/qa/. Um estudo indica que pessoas com muita garra às vezes persistem quando deveriam desistir (buscando atingir uma meta impossível). Veja G. Lucas et al., "When the Going Gets Tough: Grit Predicts Costly Perseverance", *Journal of Research in Personality* 59 (2015).

5. Duckworth, "Q&A".

6. Emma Johnson, "Elon Musk Wants to Save the World—At What Cost?", *Success*, 7 ago. 2017, https://www.success.com/elon-musk-wants-to-save-the-world-at-what-cost/.

7. "Obsession", Dictionary.com, https://www.dictionary.com/browse/obsession.

8. Judd Biasiotto e Richard Williams, "The Soul of a Champion: Part 1", Magnus ver Magnüsson, 27 maio 2010, http://magnusvermagnusson.com/?p=408.

9. A maioria acredita que nunca ninguém baterá seu recorde de 262 rebatidas em uma única temporada, atingido em 2004 jogando para o Seattle Mariners.

10. Pete Rose detém o recorde de rebatidas no Major League Baseball porque as rebatidas de Ichiro no Japão não foram incluídas nas estatísticas. Rose argumenta que isso equivaleria a contar as rebatidas que o atleta acertou quando jogava na segunda divisão.

11. Wright Thompson, "When Winter Never Ends", *ESPN Magazine*, 7 mar. 2018, http://www.espn.com/espn/feature/story/_/id/22624561/ichiro-suzuki-return-seattle-mariners-resolve-internal-battle.

12. David Foster Wallace, "The String Theory", *Esquire*, 17 set. 2008, https://www.

ALL IN

esquire.com/sports/a5151/the-string-theory-david-foster-wallace/.

13. Wallace, "String Theory".

14. Jonah Weiner, "Jerry Seinfeld Intends to Die Standing Up", *New York Times*, 20 dez. 2012, https://www.nytimes.com/2012/12/23/magazine/jerry-seinfeld-intends-to-die-standing-up.html.

15. Weiner, "Jerry Seinfeld".

16. Cleveland Moffitt, "A Talk With Tesla", *Atlanta Constitution*, 7 jun. 1896, https://wist.info/tesla-nikola/18326/.

17. Mark McGuinness, *Motivation for Creative People: How to Stay Creative While Gaining Money* (n.p.: Lateral Action Books, 2015). Outra história que ilustra a personalidade obsessiva de Kubrick o descreve preparando-se para fazer um filme sobre o Napoleão. Ele e seu assistente compilaram vinte e cinco mil fichas com informações sobre o líder francês e sua família. O filme nunca chegou a ser produzido.

18. Elon Musk também é conhecido por fazer exigências absurdas. Por exemplo:sua equipe da SpaceX projetou trajes espaciais para viagens à Estação Espacial Internacional e, eventualmente, Marte. Musk queria que os trajes fossem tecnicamente superiores, mas também mais simples e bonitos do que os utilizados pelos astronautas americanos e russos.

19. Andrew Chaikin, "Is SpaceX Changing the Rocket Equation?", *Air and Space Magazine*, jan. 2012, https://www.airspacemag.com/space/is-spacex-changing-the-rocket-equation-132285884/.

20. Chaikin, "SpaceX".

21. "All Achievers: Jeffrey P. Bezos", Academy of Achievement.

22. Jon Jachimowicz e Sam McNerney, "The Problem with Following Your Passion", *Washington Post*, 6 nov. 2015, https://www.washingtonpost.com/news/on-leadership/wp/2015/11/06/the-problem-with-following-your-passion/.

23. Carl Hoffman, "Now 0-for-3, Space X's Elon Musk Vows to Make Orbit", Wired, 5 ago. 2008, https://www.wired.com/2008/08/musk-qa/.

24. Emily Shanklin, "NASA Selects SpaceX's Falcon 9 Booster and Dragon Spacecraft for Cargo Resupply", SpaceX (site), 23 dez. 2008, https://www.spacex.com/PRESS/2012/12/19/NASA-SELECTS-SPACEXS-FALCON-9-BOOSTER-AND-DRAGON-SPACECRAFT-CARGO-RESUPPLY.

25. Marina Krakovsky, "Why Mindset Matters", *Stanford Magazine*, 20 set. 2017, https://medium.com/stanford-magazine/carol-dweck-mindset-research-eb80831095b5.

26. Inspired Action, "Elon Musk, Interview with Danish TV, 27th September, 2015", vídeo do YouTube, 12:15, 30 set. 2015, https://www.youtube.com/watch?v=bl5vLC3Xlgc.

27. Emma Seppata e Julia Moeller, "1 in 5 Employees Is Highly Engaged and

NOTAS

at Risk of Burnout", *Harvard Business Review*, 2 fev. 2018, https://hbr.org/2018/02/1-in-5-highly-engaged-employees-is-at-risk-of-burnout.

28. Em outro estudo, várias pessoas que passaram muitas horas trabalhando apresentaram menos sinais de estresse físico quando ficaram totalmente engajadas no trabalho. Veja L. Brummelhuis et al., "Beyond Nine to Five: Is Working to Excess Bad for Health?", *Academy of Management Discoveries* 3, nº 3 (set. 2017), https://journals.aom.org/doi/10.5465/amd.2017.0120.

29. Lieke ten Brummelhuis e Nancy P. Rothbard, "How Being a Workaholic Differs from Working Long Hours—And Why That Matters to Your Health", *Harvard Business Review*, 22 mar. 2018, https://hbr.org/2018/03/how-being-a-workaholic-differs-from-working-long-hours-and-why-that-matters-for-your-health.

30. Davis, *Obsession: A History*.

31. Estudos de Grant e Glueck na Harvard.

32. Randall Graham, um vinicultor da Califórnia, dedicou a vida à produção de novas variedades de vinho de altíssima qualidade. Ele observou: "Sou totalmente ciente de que tenho alguns traços de personalidade que me isolam das pessoas... que a intensidade das minhas obsessões muitas vezes impede a expressão das minhas afeições. A pessoa que eu mais amo em todo o mundo é a minha filha, mas acho difícil explicar para ela a importância disso tudo". Adam Gopnik, "A Vintner's Quest to Create a Truly American Wine", *New Yorker*, 14 maio 2018, https://www.newyorker.com/magazine/2018/05/21/a-vintners-quest-to-create-a-truly-american-wine.

33. Há controvérsias sobre a verdadeira taxa de divórcio nos Estados Unidos, sendo que algumas pessoas sugerem que essa taxa é muito mais baixa do que os 50% que costumam ser citados. Veja Virginia Pelly, "What Is the Divorce Rate in America?", Fatherly, 22 maio 2019, https://www.fatherly.com/love-money/what-is-divorce-rate-america/.

34. Musk disse: "Mas eu gostaria de dedicar mais tempo para namorar. Preciso achar uma namorada. É por isso que preciso cavar um pouco mais de tempo. Talvez mais cinco a dez... quanto tempo uma mulher quer por semana? Umas dez horas? Tipo... qual é o mínimo? Eu sei lá". Bill Murphy Jr., "27 Elon Musk Quotes That Will Very Likely Change How You Feel about Elon Musk", *Inc.*, 8 set. 2019, https://www.inc.com/bill-murphy-jr/27-elon-musk-quotes-that-will-very-likely-change-how-you-feel-about-elon-musk.html.

35. Estima-se que um milhão de pessoas morrem em acidentes de automóvel todos os anos ao redor do mundo e algo entre 20 milhões e 50 milhões ficam feridas. "Road Traffic Injuries", Organização Mundial da Saúde, 7 dez. 2018, https://www.who.int/news-room/fact-sheets/detail/road-traffic-injuries.

36. Burkhard Bilger, "Autocorrect", *New Yorker*, 25 nov. 2013, https://www.newyorker.com/magazine/2013/11/25/auto-correct.

37. Bilger.

ALL IN

38. Charles Duhigg, "Did Uber Steal Google's Intellectual Property?", *New Yorker*, 15 out. 2018, https://www.newyorker.com/magazine/2018/10/22/did-uber-steal-googles-intellectual-property.

39. Guy Kawasaki, "Guy Kawasaki: At Apple, 'You Had to Prove Yourself Every Day, or Steve Jobs Got Rid of You'", CNBC, 1 mar. 2019, https://www.cnbc.com/2019/03/01/former-apple-employee-guy-kawasaki-once-stood-up-to-steve-jobs-here-is-the-amazing-response-he-received.html.

40. Ben Austen, "The Story of Steve Jobs: An Inspiration or a Cautionary Tale?", *Wired*, 23 jul. 2012, https://www.wired.com/2012/07/ff_stevejobs/.

41. Walter Isaacson, "Walter Isaacson Talks Steve Jobs", Commonwealth Club, 14 dez. 2011, https://www.commonwealthclub.org/events/archive/transcript/walter-isaacson-talks-steve-jobs.

42. Nicholas Hune-Brown, "The Genius, Obsession and Cruelty of Amazon's Jeff Bezos", Canadian Business, 14 nov. 2013, https://www.canadianbusiness.com/technology-news/the-genius-obsession-and-cruelty-of-amazons-jeff-bezos/.

43. Stone, *Everything Store*, 178.

44. Yegge, "Googler Steve Yegge Apologizes for Platform Rant, Shares Bezos War Story", *Launch*, 21 out. 2011, https://launch.co/blog/googler-steve-yegge-apologizes-for-platform-rant-shares-bezo.html.

45. Mark Abadi, "Jeff Bezos Once Said That in Job Interviews He Told Candidates of 3 Ways to Work—and That You Have to Do All 3 at Amazon", *Business Insider*, 12 ago. 2018, https://www.businessinsider.com/jeff-bezos-amazon-employees-work-styles-2018-8.

46. A diferença entre meio e fim é tema de um longo debate no que se refere ao tratamento que dedicamos às pessoas. Immanuel Kant escreveu: "Aja de tal forma que uses a humanidade, tanto na tua pessoa como na pessoa de qualquer outro, sempre e ao mesmo tempo como um fim e nunca simplesmente como um meio". *Groundwork of Metaphysic of Morals*, ed. e trad. Allen W. Wood (New Haven, Connecticut: Yale University Press, 2002), 19. Alguns dos líderes apresentados neste livro não ficariam à altura desse padrão de Kant.

47. Austen, "Story of Steve Jobs".

48. Austen.

49. Liam Tung, "Microsoft's Bill Gates: Steve Jobs Cast Spells on Everyone but He Didn't Fool Me", ZDNet, 8 jul. 2019, https://www.zdnet.com/article/microsofts-bill-gates-steve-jobs-cast-spells-on-everyone-but-he-didnt-fool-me/.

50. Linux Kernel, "Code of Conflict", https://www.kernel.org/doc/html/v4.17/process/code-of-conflict.html.

51. Noam Cohen, "After Years of Abusive E-mails, the Creator of Linux Steps Aside", *New Yorker*, 19 set. 2019, https://www.newyorker.com/science/elements/after-years-of-abusive-e-mails-the-creator-of-linux-steps-aside.

NOTAS

52. Cohen, "After Years of Abusive E-mails". Um professor da Rutgers University especializado em gestão de recursos humanos escreve: "Nós adoraríamos encontrar algum aspecto positivo da liderança abusiva. Muito se pesquisou sobre o tema. Simplesmente não conseguimos encontrar vantagem alguma". Citado em Cary Benedict, "When the Bully is the Boss", *New York Times*, 26 fev. 2019, https://www.nytimes.com/2019/02/26/health/boss-bullies-workplace-management.html.

53. Lorraine Lorenzo, "Tesla Trouble Continues as Head of Production Quits", International Business Times, 28 jun. 2019, https://www.ibtimes.com/tesla-trouble-continues-head-production-quits-2803513. Veja também Dana Hull, "'There's Something Wrong': Tesla's Rapid Executive Turnover Raises Eyebrows as Musk Thins the Ranks", *Financial Post*, 14 maio 2018, https://business.financialpost.com/transportation/autos/theres-something-wrong-rapid-tesla-executive-turnover-raises-eyebrows-as-musk-thins-the-ranks.

54. Shankar Vedantam, "The Scarcity Trap—Why We Keep Digging When We're Stuck in a Hole", NPR, 2 abr. 2018, https://www.npr.org/2017/03/20/520587241/the-scarcity-trap-why-we-keep-digging-when-were-stuck-in-a-hole.

55. Vedantam, "Scarcity Trap".

56. Sendhil Mullainathan e Eldar Shafir, *Scarcity: Why Having Too Little Means So Much* (Nova York: Times Books, 2013), 24.

57. Mullainathan e Shafir, *Scarcity*, 29.

58. A visão de túnel dos obsessivos também pode levar a pessoa a minimizar questões mais importantes em sua busca por atingir um objetivo. Joan Didion escreveu romances e ensaios reveladores sobre a sociedade americana. Em um documentário sobre sua vida, ela descreveu uma experiência que teve ao escrever um artigo sobre o movimento da contracultura em São Francisco nos anos 1960. Em suas pesquisas, ela conversou com uma criança de 5 anos viciada em LSD. Um jornalista perguntou a ela, décadas depois, como foi a experiência de entrevistar uma criança viciada em drogas. Sua resposta: "Foi como achar uma mina de ouro. Quero dizer, é tudo o que você quer... você vive para momentos como esse... quando você está... pesquisando para escrever". *The Center Will Not Hold*, dirigido por Griffin Dunne (Los Gatos, Califórnia: Netflix, 2017).

59. A capacidade de Musk de construir uma organização de alto desempenho se revela na SpaceX, onde há menos controvérsias, menor rotatividade e uma cultura positiva.

60. Jason Roberson, "Jeff, Welcome to Dallas", *Dallas Business Journal*, 23 abr. 2018, https://www.bizjournals.com/dallas/news/2018/04/23/amazon-jeff-bezos-dallas-bush-institute.html.

61. Alexander Nazaryan, "How Jeff Bezos Is Hurtling Toward World Domination", *Newsweek*, 12 jul. 2016, https://www.newsweek.com/2016/07/22/jeff-bezos-amazon-ceo-world-domination-479508.html.

62. Nikola Tesla, "The Problem of Increasing Human Energy", *Century Magazine*,

ALL IN

jun. 1900, 175–211, https://teslauniverse.com/nikola-tesla/articles/problem-increasing-human-energy.

63. Henry Blodget, "The Maturation of the Billionaire Boy-Man", *New York Magazine*, 6 maio 2012, http://nymag.com/news/features/mark-zuckerberg-2012-5/; Charles Arthur, "Facebook Paid Up to $65m to Founder Mark Zuckerberg's Ex-Classmates", *The Guardian*, 12 fev. 2009, https://www.theguardian.com/technology/2009/feb/12/facebook-mark-zuckerberg-ex-classmates.

64. Em um filme sobre o Facebook, o personagem de Zuckerberg diz aos colegas que abriram um processo contra ele: "Se vocês fossem os inventores do Facebook, teriam inventado o Facebook". *The Social Network*, dirigido por David Fincher (Culver City, Califórnia: Sony Pictures, 2010).

65. Paul Allen, *Idea Man* (Nova York: Penguin Group, 2011), 32.

66. Allen, *Idea Man*, 165.

Capítulo 3

1. Shep Hyken, "Amazon: The Most Convenient Store On The Planet", *Forbes*, 22 jul. 2018, https://www.forbes.com/sites/shephyken/2018/07/22/amazon-the-most-convenient-store-on-the-planet/#8d1340e1e98f.

2. Alina Selyukh, "What Americans Told Us About Online Shopping Says a Lot About Amazon", NPR, 6 jun. 2018, https://www.npr.org/2018/06/06/615137239/what-americans-told-us-about-online-shopping-says-a-lot-about-amazon.

3. Selyukh, "What Americans Told Us".

4. Hyken, "Amazon".

5. Arjun Kharpal, "Amazon Is Not a Monopoly, but There's No Question Why It's So Dominant, Tech Investor Palihapitiya Says", CNBC, 12 dez. 2017, https://www.cnbc.com/2017/12/12/amazon-is-a-natural-product-monopoly-venture-capitalist-palihapitiya-says.html.

6. Em 1996, as receitas foram superiores a US$ 2,448 bilhões. Barnes & Noble Inc., *Relatório Anual de 1998*, http://www.annualreports.com/HostedData/AnnualReportArchive/b/NYSE_BKS_1998.pdf.

7. Em 1996, as receitas foram de US$ 15,746 milhões. Amazon.com, Inc., *Form 10-K for the Year Ended December 31, 1997*, acessado em 23 out. 2019, https://ir.aboutamazon.com/sec-filings/sec-filings-details/default.aspx?FilingId=1000414

8. Stone, *Everything Store*, 57.

9. A declaração sobre a "Amazon.toast" foi feita por George Colony, CEO da Forrester Research.

10. Julia Kirby e Thomas A. Stewart, "The Institutional Yes", *Harvard Business Review*, 10 out. 2007, https://hbr.org/2007/10/the-institutional-yes.

11. Veja Jeff Bezos, "Letter to Shareholders", 1998, http://media.corporate-ir.net/

NOTAS

media_files/irol/97/97664/reports/Shareholderletter98.pdf.

12. Bezos escreveu: "Um dos maiores pontos fortes da cultura da nossa empresa é a nossa capacidade de aceitar o fato de que, se você inventar, vai necessariamente causar uma disrupção. Muitos grupos de interesse consolidados não vão ficar satisfeitos. Alguns vão ficar preocupados com a nova realidade e outros vão querer preservar a velha realidade para se proteger. Nos dois casos, vão fazer muito barulho e é muito fácil para os funcionários se destraírem com isso". Steven Levy, "Jeff Bezos Owns the Web in More Ways Than You Think", *Wired*, 13 nov. 2011, http://docshare01.docshare.tips/files/12469/124698016.pdf.

13. eMarketer Editors, "Digital Investments Pay Off for Walmart in Ecommerce Race", eMarketer, 14 fev. 2019, https://www.emarketer.com/content/digital-investments-pay-off-for-walmart-in-ecommerce-race.

14. "If You Had Invested Right After Amazon's IOP", Investopedia, 5 maio 2019, https://www.investopedia.com/articles/investing/082715/if-you-had-invested-right-after-amazons-ipo.asp. Segundo algumas estimativas, o aumento do preço das ações fez de Bezos a pessoa mais rica do mundo. Também criou cerca de US$ 850 bilhões em riqueza para outros investidores.

15. "Barnes & Noble, Inc.", TheStreet, 6 ago. 2019, https://www.thestreet.com/quote/BKS.html.

16. Lizzy Gurdus, "Cramer Remix: Amazon Is the Death Star", CNBC, 17 nov. 2017, https://www.cnbc.com/2017/11/17/cramer-remix-amazon-is-the-death-star.html.

17. Em 2015, Bezos continuava repetindo o tema da obsessão pelo cliente, que já se revelava em sua primeira carta aos acionistas. Ele disse a um jornalista que perguntou sobre os planos futuros da Amazon para desestabilizar setores existentes: "A ideia não é desestabilizar. A ideia é encantar". James Quinn, "Amazon's Jeff Bezos: Jeremy Clarkson, We're Entering a New Golden Age of Television", *Telegraph*, 16 ago. 2015, https://www.telegraph.co.uk/technology/amazon/11800890/jeff-bezos-interview-amazon-prime-jeremy-clarkson.html.

18. Jeff Bezos, "Carta aos Acionistas, 2016", blog da Amazon, 17 abr. 2017, https://blog.aboutamazon.com/company-news/2016-letter-to-shareholders.

19. Jeff Bezos, "Carta aos Acionistas, 2017", blog da Amazon, 18 abr. 2018, https://blog.aboutamazon.com/company-news/2017-letter-to-shareholders/.

20. David LaGesse, "America's Best Leaders: Jeff Bezos, Amazon.com CEO", *US News & World Report*, 19 nov. 2008, https://www.usnews.com/news/best-leaders/articles/2008/11/19/americas-best-leaders-jeff-bezos-amazoncom-ceo.

21. Bill Murphy. "I Ran the Full Text of Jeff Bezos's 23 Amazon Shareholder Letters Through a Word Cloud Generator, and the Insights Were Astonishing". *Inc.*, 13 abr. 2019, https://www.billmurphyjr.com@BillMurphyJr. "How Many Products Does Amazon Sell? April 2019", ScrapeHero, 24 abr. 2019, https://www.scrapehero.com/number-of-products-on-amazon-april-2019/.

22. "Obsessão pelo cliente: os líderes começam com o cliente e trabalham de trás para frente. Eles trabalham vigorosamente para conquistar e manter a confiança do

ALL IN

cliente. Os líderes ficam de olho nos concorrentes, mas são obcecados pelos clientes." "Leadership Principles", Amazon Jobs, https://www.amazon.jobs/en/principles.

23. Bezos disse: "Daqui a alguns anos, quando as pessoas olharem para a história da Amazon, quero que elas digam que intensificamos o foco no cliente em todos os setores. Seria ótimo se conseguíssemos fazer isso". Kirby e Stewart, "Institutional Yes".

24. Jim Collins, "How Does Your Flywheel Turn?", Jim Collins (site), https://www.jimcollins.com/tools/How-does-your-flywheel-turn.pdf.

25. Kirby e Stewart, "Institutional Yes".

26. Kirby e Stewart.

27. Jeff Dyer e Hal Gregersen, "How Does Amazon Stay At Day One?", *Forbes*, 8 ago. 2017, https://www.forbes.com/sites/innovatorsdna/2017/08/08/how-does-amazon-stay-at-day-one/#285b85147e4d.

28. As primeiras avaliações de livros na Amazon eram escritas por funcionários. Em seguida, a empresa deu a todos os clientes a oportunidade deixar seus próprios comentários nas avaliações.

29. A patente expirou em 2017. Mintz, Levin, Cohn, Ferris, Glovsky e Popeo, P.C., "Have You Ever Used a One-Click Ordering Process Online? Then You Indirectly Paid Amazon", *The National Law Review*, 8 jan. 2018, https://www.natlawreview.com/article/have-you-ever-used-one-click-ordering-process-online-then-you-indirectly-paid-amazon.

30. O número de metas em 2010. Veja Jeff Bezos, "Carta aos Acionistas, 2009", Amazon.com, acessado em 24 out. 2019, https://ir.aboutamazon.com/static-files/54e35115-6b28-4227-aec1-6d31373cbd16. Cada meta da Amazon inclui um responsável(is), deliverables específicos e prazos de conclusão.

31. Levy, "Jeff Bezos Owns the Web".

32. Segundo o relato dessa reunião, Bezos acusou o líder do setor de atendimento ao cliente de ser incompetente e de mentir. Stone, *Everything Store*, 113.

33. Bezos brincou que a Amazon começou com a ideia de ser uma empresa pequena e lucrativa e cresceu para se tornar uma empresa grande e não lucrativa. Veja "Jeff Bezos", The Economic Club of Washington, DC, 13 set. 2018, https://www.economicclub.org/events/jeff-bezos#targetText=The%20Economic%20Club%20of%20Washington%20celebrated%20many%20milestones%20on%20September,CEO%20and%20Founder%20of%20Amazon.

34. Kirby e Stewart, "Institutional Yes".

35. Kirby e Stewart.

36. Em 2014. Veja Amazon, "Amazon's Fulfillment Network", Amazon.com, acessado em 23 out. 2019, https://www.aboutamazon.com/working-at-amazon/amazons-fulfillment-network.

37. Stone, *Everything Store*, 327.

NOTAS

38. Stone, 325.

39. "Leadership Principles", Amazon Jobs.

40. Jeff Bezos, "Carta aos Acionistas, 2015", Amazon, https://ir.aboutamazon.com/static-files/f124548c-5d0b-41a6-a670-d85bb191fcec.

41. Laura Stevens, "Jeff Wilke: The Amazon Chief Who Obsesses Over Consumers", *Wall Street Journal*, 11 out. 2017, https://www.wsj.com/articles/jeff-wilke-the-amazon-chief-who-obsesses-over-consumers-1507627802.

42. Mark Leibovich, "Child Prodigy, Online Pioneer", *Washington Post*, 3 set. 2000, https://www.washingtonpost.com/archive/politics/2000/09/03/child-prodigy-online-pioneer/2ab207dc-d13a-4204-8949-493686e43415/.

43. Kirby e Stewart, "Institutional Yes".

44. Taylor Sopher, "'Failure and Innovation Are Inseparable Twins': Amazon Founder Jeff Bezos Offers 7 Leadership Principles", GeekWire, 28 out. 2016, https://www.geekwire.com/2016/amazon-founder-jeff-bezos-offers-6-leadership-principles-change-mind-lot-embrace-failure-ditch-powerpoints/.

45. Para um panorama dos fracassos da Amazon, veja Dennis Green, "Jeff Bezos Has Said That Amazon Has Had Failures Worth Billions of Dollars—Here Are Some of the Biggest Ones", *Business Insider*, 5 jul. 2019, https://www.businessinsider.com/amazon-products-services-failed-discontinued-2019-3.

46. Kirby e Stewart, "Institutional Yes".

47. O Walmart é o maior.

48. Amazon, "Annual Reports, Proxies and Shareholder Letters", Amazon.com, acessado em 23 out. 2019, https://ir.aboutamazon.com/static-files/e01cc6e7-73df-4860-bd3d-95d366f29e57.

49. Stone, *Everything Store*, 90.

50. Kirby e Stewart, "Institutional Yes".

51. David Streitfeld e Christine Haughney, "Expecting the Unexpected from Jeff Bezos", *New York Times*, 17 ago. 2013, https://www.nytimes.com/2013/08/18/business/expecting-the-unexpected-from-jeff-bezos.html.

52. Day One Staff, "How Amazon Hires: The Story (and Song) Behind Amazon's Bar Raiser Program", The Amazon Blog, 9 jan. 2019, https://blog.aboutamazon.com/working-at-amazon/how-amazon-hires.

53. Alan Deutschman, "Inside the Mind of Jeff Bezos", *Fast Company*, 1 ago. 2004, https://www.fastcompany.com/50541/inside-mind-jeff-bezos-4.

54. Bezos, "Carta aos Acionistas, 2016".

55. Bezos, "Carta aos Acionistas, 2015".

56. Jeff Bezos, "Carta aos Acionistas, 2018", Amazon.com, 11 abr. 2019, https://ir.aboutamazon.com/static-files/4f64d0cd-12f2-4d6c-952e-bbed15ab1082.

ALL IN

57. Stone, *Everything Store*, 4.

58. Bezos, "Carta aos Acionistas, 2016".

59. A Amazon instalou sistemas de ar-condicionado logo depois desse incidente, nesse e em outros centros de distribuição.

60. Bezos, "Carta aos Acionistas, 2018".

61. O ano difícil de Bezos incluiu a decisão de não abrir uma sede na cidade de Nova York depois de uma busca muito divulgada que durou um ano. Ele não imaginou que enfrentaria uma oposição tão veemente aos créditos fiscais oferecidos à Amazon e ao impacto sobre os preços de moradias na cidade de Long Island, caso a Amazon contratasse mais 25 mil pessoas na região. Mas a verdadeira surpresa foi que a Amazon não esperava o debate político provocado pela decisão de estabelecer-se na cidade. Veja Eugene Kim, "Jeff Bezos Responds to Employee Concerns about His Personal Life: 'I Still Tap Dance into the Office'", CNBC, 11 mar. 2019, https://www.cnbc.com/2019/03/11/bezos-responds-to-employee-concerns-about-his-personal-life.html.

Capítulo 4

1. Elon Musk, "Qualities of an Entrepreneur", Stanford University eCorner, 8 out. 2003, https://ecorner.stanford.edu/contributor/elon-musk/page/2/.

2. Angus MacKenzie, "2013 Motor Trend Car of the Year: Tesla Model S", *Car & Driver*, 10 dez. 2012, https://www.motortrend.com/news/2013-motor-trend-car-of-the-year-tesla-model-s/.

3. Avaliação do Model S P85D pela Consumer Reports. Veja Mark Rechtin, "Tesla Model S P85D Earns Top Road Test Score", Consumer Reports, 20 out. 2015, https://www.consumerreports.org/cro/cars/tesla-model-s-p85d-earns-top-road-test-score.

4. J. Clement, "Number of PayPal's Total Active Registered User Accounts from 1st Quarter 2010 to 2nd Quarter 2019 (in Millions)", Statista, 26 jul. 2019, https://www.statista.com/statistics/218493/paypals-total-active-registered-accounts-from-2010/.

5. Don Reisinger, "Elon Musk's Hyperloop Hit a New Top Speed of 288 MPH. But the Best Is Yet to Come", *Inc.*, 22 jul. 2019, https://www.inc.com/don-reisinger/elon-musks-hyperloop-hit-a-new-top-speed-of-288-mph-but-best-is-yet-to-come.html.

6. Elon Musk, "Founding of PayPal", Stanford University eCorner, 8 out. 2003, https://ecorner.stanford.edu/videos/founding-of-paypal/página não encontrada.

7. Brad Feld, "Great Entrepreneurs Are Obsessed with the Product", *Business Insider*, 3 maio 2010, https://www.businessinsider.com/brad-feld-my-obsession-with-the-product-2010-5.

8. David Sheff, "Steve Jobs", *Playboy*, 1 fev. 1985, https://genius.com/David-sheff-playboy-interview-steve-jobs-annotated.

NOTAS

9.   Isaacson, *Steve Jobs*, 570.

10.   AutoTopNL, "Tesla Model S P90D 762 HP LUDRICOUS TOP SPEED & Acceleration on AUTOBAHN by AutoTopNL", vídeo do YouTube, 22 mar. 2016, https://www.youtube.com/watch?v=R1bG5nzjjdk.

11.   Susan Pulliam, M. Ramsey e Ianthe Dugan, "Elon Musk Sets Ambitious Goals at Tesla—and Often Falls Short", *Wall Street Journal*, 15 ago. 2016, https://www.wsj.com/articles/elon-musk-sets-ambitious-goals-at-teslaand-often-falls-short-1471275436.

12.   Carol Hoffman, "Elon Musk, the Rocket Man with a Sweet Ride", *Smithsonian Magazine*, dez. 2012, https://www.smithsonianmag.com/science-nature/elon-musk-the-rocket-man-with-a-sweet-ride-136059680/.

13.   Scott Pelley, "Tesla and SpaceX: Elon Musk's Industrial Empire", CBS *60 Minutes*, 30 mar. 2014, https://www.cbsnews.com/news/tesla-and-spacex-elon-musks-industrial-empire/.

14.   Shobhit Seth, "How Much Can Facebook Potentially Make from Selling Your Data?", *Investopedia*, 11 abr. 2018, https://www.investopedia.com/tech/how-much-can-facebook-potentially-make-selling-your-data/.

15.   LeBeau, Phil, "Tesla CEO Elon Musk's influence grows as automakers roll out electric-vehicle plans at Detroit auto show." CNBC. 16 jan. 2019, https://www.cnbc.com/2019/01/15/teslas-influence-grows-as-automakers-charge-up-electric-vehicle-plans.html.

16.   Solmon Byike, "Elon Musk: We Are Running the Most Dangerous Experiment", Medium, 3 ago. 2017, https://medium.com/@SolomonByike/elon-musk-we-are-running-the-most-dangerous-experiment-e84eccee6044.

17.   Elon Musk's Best Quotes on Business & Innovation", *Elon Musk News*, 30 nov. 2016, https://elonmusknews.org/blog/elon-musk-business-innovation-quotes.

18.   Tommy.MS, "Elon Musk—Starting a Business", vídeo do YouTube, 3:09, 31 ago. 2014, https://www.youtube.com/watch?v=0Bo-RA0sGLU&feature=youtu.be.

19.   Eric Loveday, "Elon Musk Gives Commencement Speech", InsideEVs, 16 maio 2014, https://insideevs.com/elon-musk-gives-commencement-speech-video/.

20.   Neil Strauss, "Elon Musk: The Architect of Tomorrow", *Rolling Stone*, 15 nov. 2017.

21.   Veja a descrição de Ken Kocienda sobre como a Apple e, mais especificamente, Steve Jobs, viam o *design* em *Creative Selection* (Nova York: Saint Martin's Press, 2018), 187. Jobs descreveu o *design* como sendo a alma de um produto que se manifesta em camadas sucessivas.

22.   Neil Strauss, "Elon Musk: The Architect of Tomorrow", *Rolling Stone*, 15 nov. 2017.

23.   Robin Keats, "Rocket Man", *Queen's Alumni Review*, no. 3 (2019), https://www.queensu.ca/gazette/alumnireview/stories/rocket-man.

ALL IN

24. Ashlee Vance, *Elon Musk: Tesla, SpaceX, and the Quest for a Fantastic Future* (Nova York: Harper Collins, 2015), 230.

25. Richard Feloni, "Former SpaceX Exec Explains How Elon Musk Taught Himself Rocket Science", *Business Insider*, 23 out. 2014, https://www.businessinsider.com/how-elon-musk-learned-rocket-science-for-spacex-2014-10; Tom Junod, "Elon Musk: Triumph of His Will", *Esquire*, 15 nov. 2012, https://www.esquire.com/news-politics/a16681/elon-musk-interview-1212/.

26. Mike Ramsey, "Electric-Car Pioneer Elon Musk Charges Head-On at Detroit", *Wall Street Journal*, 11 jan. 2015, https://www.wsj.com/articles/electric-car-pioneer-elon-musk-charges-head-on-at-detroit-1421033527.

27. Elon Musk, entrevista concedida a Barry Hurd para The Henry Ford, SpaceX, Hawthorne, Califórnia, 26 jun. 2008, https://www.thehenryford.org/docs/default-source/default-document-library/default-document-library/transcript_musk_full-length.pdf.

28. Logan Ward, "Elon Musk Will Save the Planet—And Then Leave It Behind", *Popular Mechanics*, 1 out. 2012, https://www.popularmechanics.com/technology/a8217/elon-musk-will-save-the-planet-and-then-leave-it-behind-13210592/.

29. Chris Anderson, "The Shared Genius of Elon Musk and Steve Jobs", *Fortune*, 21 nov. 2013, https://fortune.com/2013/11/21/the-shared-genius-of-elon-musk-and-steve-jobs/.

30. "5 Steps to Becoming Extraordinary", *Sri Lanka Sunday Times*, 8 jul. 2018, https://www.pressreader.com/sri-lanka/sunday-times-sri-lanka/20180708/283257393633306.

31. Loveday, "Elon Musk Gives Commencement Speech".

32. Meghan Daum, "Elon Musk Wants to Change How (and Where) Humans Live", *Vogue*, 21 set. 2015, https://www.vogue.com/article/elon-musk-profile-entrepreneur-spacex-tesla-motors.

33. Bloomberg, "Elon Musk: How I Became the Real 'Iron Man'", vídeo do YouTube, 44:59, 10 jan. 2014, https://www.youtube.com/watch?v=mh45igK4Esw&feature=youtu.be.

34. Vance, *Elon Musk*, 48.

35. Lee, "Secrets to Elon Musk's Success".

36. Jade Scipioni, "Why Bill Gates Says His 20-Year-Old Self Would Be 'So Disgusted' with Him Today", CNBC, 25 jun. 2019, https://www.cnbc.com/2019/06/25/why-bill-gates-younger-self-would-be-disgusted-with-him-today.html.

37. Auto Bild, "Tesla CEO Elon Musk", vídeo do YouTube, 34:01, 5 nov. 2014, https://www.youtube.com/watch?v=FE4iFYqi4QU.

38. Chris Anderson, "Elon Musk's Mission to Mars", *Wired*, 21 out. 2012, https://www.wired.com/2012/10/ff-elon-musk-qa/.

NOTAS

39. O'Reilley, "Conversation with Elon Musk (Tesla Motors)—Web 2.0 Summit 08", vídeo do YouTube, 29:35, 10 nov. 2008, https://www.youtube.com/watch?v=gVwmNaPsxLc.

40. Kamelia Angelova, "How Elon Musk Can Tell If Job Applicants Are Lying About Their Experience", *Business Insider*, 26 dez. 2013, https://www.businessinsider.com.au/elon-musk-rule-job-interviews-lying-tesla-2015-6.

41. Glassdoor, 8 abr. 2014, https://www.glassdoor.com/Interview/fremont-tesla-motors-interview-questions-SRCH_IL.0,7_IC1147355_KE8,20.htm.

42. Sebastian Blanco, "In Deep with Tesla CEO Elon Musk: Financials, Falcon Doors and Finding Faults in the Model S", Autoblog, 7 set. 2012, https://www.autoblog.com/2012/09/07/tesla-ceo-elon-musk-q-and-a/.

43. CHM Revolutionaries: An Evening with Elon Musk. 5 fev. 2013. https://www.youtube.com/watch?v=AHHwXUm3iIg.

44. David Gelles et al., "Elon Musk Details 'Excruciating' Personal Toll of Tesla Turmoil", *New York Times*, 16 ago. 2018, https://www.nytimes.com/2018/08/16/business/elon-musk-interview-tesla.html.

45. Sal Khan, "Elon Musk—CEO of Tesla Motors and SpaceX", Khan Academy, 17 abr. 2013, https://www.khanacademy.org/college-careers-more/entrepreneurship2/interviews-entrepreneurs/copy-of-khan-academy-living-room-chats/v/elon-musk.

46. Ian Bogost, "Elon Musk Is His Own Worst Enemy", *Atlantic*, 28 set. 2018, https://www.theatlantic.com/technology/archive/2018/09/sec-might-push-elon-musk-out-tesla/571606/.

47. Tae Kim, "Former Big Bull on Tesla Says the Stock Is 'No Longer Investable' Due to Elon Musk's Behavior", CNBC, 11 set. 2018, https://www.cnbc.com/2018/09/11/former-big-bull-on-tesla-says-the-stock-is-no-longer-investable-due-to-elon-musks-behavior.html.

48. Thomas Barrabi, "Tesla Is 'No Longer Investable' Due to Elon Musk's Antics, Firm Says", Fox Business, 11 set. 2018, https://www.foxbusiness.com/business-leaders/tesla-is-no-longer-investable-due-to-elon-musks-antics-firm-says.

49. Berkely Lovelace Jr., "Cramer on Musk Pot Stunt: This Is 'Behavior of a Man Who Should Not Be Running a Public Company'", https://www.cnbc.com/2018/09/07/cramer-on-weed-stunt-musk-should-not-be-running-a-public-company.html.

50. Anderson, "Elon Musk's Mission to Mars".

51. Atualmente a Apple está enfrentando o problema oposto de Musk e tenta encontrar um visionário para substituir Steve Jobs e o diretor de *design* Jony Ive, que acabou de renunciar ao cargo. Apesar de Tim Cook ser respeitado por sua gestão da Apple, a maioria das pessoas não o considera um visionário capaz de impelir a criação de produtos revolucionários. Em 2019, a Apple lançou um

ALL IN

cartão de crédito proclamado como sendo feita de titânio, gravado a laser e sem o número do cartão, o que sugere que a Apple não está mais decidida a "deixar sua marca no universo".

52. Vance, *Elon Musk*, 222.

53. Vance, 73–74.

54. Vance, 73–74.

55. Shane Snow, "Steve Jobs's and Elon Musk's Counterintuitive Leadership Traits", *Fast Company*, 4 jun. 2015, https://www.fastcompany.com/3046916/elon-musks-leadership-traits.

56. Vance, *Elon Musk*, 362.

57. Melody Hahm, "Timeline: The Mass Exodus of Tesla Execs in the Last 12 Months", Yahoo Finance, 20 fev. 2019, https://finance.yahoo.com/news/tesla-layoffs-execs-leaving-133852528.html.

58. Vance, *Elon Musk*, 176.

59. Elon Musk, "The Henry Ford Visionaries of Innovation", The Henry Ford, 2008, https://www.thehenryford.org/explore/stories-of-innovation/visionaries/elon-musk/.

Capítulo 5

1. Mike Isaac, "Uber's C.E.O. Plays with Fire", *New York Times*, 23 abr. 2017, https://www.nytimes.com/2017/04/23/technology/travis-kalanick-pushes-uber-and-himself-to-the-precipice.html.

2. Adam Lashinsky, *Wild Ride: Inside Uber's Quest for World Domination* (Nova York: Penguin, 2017), 41.

3. Alyson Shontell, "All Hail the Uber Man! How Sharp-Elbowed Salesman Travis Kalanick Became Silicon Valley's Newest Star Business", *Insider*, 11 jan. 2014, https://www.businessinsider.com/uber-travis-kalanick-bio-2014-1.

4. Max Chafkin, "What Makes Uber Run", *Fast Company*, 18 set. 2015, https://www.fastcompany.com/3050250/what-makes-uber-run.

5. Chafkin, "What Makes Uber Run".

6. Uma fonte sugere que a Akamai adquiriu a RedSwoosh por US$ 23 milhões, sendo US$ 19 milhões em ações e US$ 4 milhões em ganhos futuros. Veja Alyson Shontell, "All Hail The Uber Man! How Sharp-Elbowed Salesman Travis Kalanick Became Silicon Valley's Newest Star", *Business Insider*, 14 jan. 2014, https://www.businessinsider.com/uber-travis-kalanick-bio-2014-1.

7. Mike Isaac, "Uber's C.E.O. Plays with Fire", *New York Times*, 23 abr. 2017, https://www.nytimes.com/2017/04/23/technology/travis-kalanick-pushes-uber-and-himself-to-the-precipice.html.

NOTAS

8. Lashinsky, *Wild Ride*, 71–72.

9. Kara Swisher, "Man and Uber Man", *Vanity Fair*, 5 nov. 2014, https://archive.vanityfair.com/article/2018/11/man-and-uber-man.

10. Nick Bilton, "Why Uber Might Have to Fire Travis Kalanick", *Vanity Fair*, 16 jun. 2017, https://www.vanityfair.com/news/2017/06/why-uber-might-have-to-fire-travis-kalanick.

11. Sergei Klebnikov, "Uber Could be Worth $100 Billion After Its IPO: Here's Who Stands to Make the Most Money", *Money*, 12 abr. 2019, https://money.com/uber-ipo-billionaires/.

12. Yahoo, "How a Trip to Zimbabwe Became the Inspiration for Lyft", vídeo do YouTube, 31 mar. 2016, https://www.youtube.com/watch?v=dk1URUz198U.

13. Lora Kolodny, "Uber Prices IPO at $45 Per Share, Toward the Low End of the Range", CNBC, 9 maio 2019, https://www.cnbc.com/2019/05/09/uber-ipo-pricing.html.

14. Uber, "Company Info", Uber Newsroom, acessado em 23 out. 2019, https://www.uber.com/newsroom/company-info/.

15. Rana Foroohar, "Person of the Year: The Short List #6—Travis Kalanick", *Time*, 7 dez. 2015, https://time.com/time-person-of-the-year-2015-runner-up-travis-kalanick/.

16. Olivia Vanni, "Here's What Uber's CEO Told MIT Students about Entrepreneurship", BOSTINNO, 3 dez. 2015, https://www.americaninno.com/boston/uber-ceo-kalanick-entrepreneur-and-startup-advice/.

17. TechCrunch, "Disrupt Backstage: Travis Kalanick", vídeo do YouTube, 8:41, 22 jun. 2011, https://www.youtube.com/watch?v=0-uiO-P9yEg.

18. Olivia Nuzzi, "Uber Hires Ex-Obama Campaign Manager to Help Fight 'Big Taxi Cartel'", *Daily Beast*, 14 abr. 2017, https://www.thedailybeast.com/uber-hires-ex-obama-campaign-manager-to-help-fight-big-taxi-cartel.

19. Evan Carmichael, "Travis Kalanick's Top 10 Rules For Success (@travisk)", vídeo do YouTube, 18:03, 26 out. 2016, https://www.youtube.com/watch?v=2Ih9mug8m2g.

20. Antes de se tornar o CEO da Uber, "Kalanick começou a investir pequenas quantias em várias *startups* mediante o acordo de que ele ficaria disponível para entrar em cena e resolver problemas sempre que um fundador precisasse de sua ajuda". Shweta Modgil, "Fall in Love with an Idea and Just Go After It: Travis Kalanick, CEO Uber", Inc42, 21 jan. 2016, https://inc42.com/buzz/travis-kalanick-ceo-uber/1/21/2016.

21. Graham Rapier, "Uber's Ousted Founder Travis Kalanik Would Like You to Call Him 'T-bone'", *Business Insider*, 3 set. 2019, https://www.businessinsider.in/ubers-ousted-founder-travis-kalanick-would-like-you-to-call-him-t-bone/articleshow/70964601.cms.

ALL IN

22. Oliver Stanley, Uber Has Replaced Travis Kalanick's Values with Eight New 'Cultural Norms'", *Quartz*, 7 nov. 2017, https://qz.com/work/1123038/uber-has-replaced-travis-kalanicks-values-with-eight-new-cultural-norms/.

23. Swisher, "Man and Uber Man".

24. Bilton, "Why Uber Might Have to Fire Travis Kalanick".

25. Max Chafkin, "What Makes Uber Run", *Fast Company*, 8 set. 2015, https://www.fastcompany.com/3050250/what-makes-uber-run.

26. Foroohar, "Travis Kalanick".

27. Swisher, "Man and Uber Man".

28. Sean Stanton, que trabalhou com Kalanick, observou: "A base da Scour era a eficiência. A base da Swoosh era a eficiência. É assim que a cabeça dele pensa. É assim que a Uber funciona agora: Qual é o jeito mais rápido, barato e eficiente de ir do ponto A ao ponto B? Ele e todas as partes da vida dele são consumidos por isso". Isaac, "Uber's C.E.O. Plays with Fire".

29. Olivia Nuzzi, "Inside Uber's Political War Machine", *Daily Beast*, 30 jun. 2014, https://www.thedailybeast.com/inside-ubers-political-war-machine.

30. Na ocasião, a Uber estava enfrentando um grande problema de fraude de contas na China. Alguns motoristas estavam comprando iPhones roubados que tinham sido restaurados para a configuração de fábrica e revendidos. Esses motoristas criavam dezenas de endereços de e-mail falsos e abriam novas contas de usuário no Uber. Eles usavam essas contas para pedir viagens e aceitavam com sua conta de motorista. Como a Uber pagava incentivos aos motoristas para fazer mais viagens, eles usavam essa fraude para ganhar mais dinheiro. Veja Isaac, "Uber's CEO Plays with Fire".

31. Mike Isaac, Katie Benner e Sheera Frenkel, "Uber Hid 2016 Break, Paying Hackers to Delete Stolen Data", *New York Times*, 21 nov. 2017, https://www.nytimes.com/2017/11/21/technology/uber-hack.html.

32. Ian Wren, "Uber, Google's Waymo Settle Case Over Trade Secrets for SelfDriving Cars", NPR, 9 fev. 2018, https://www.npr.org/sections/thetwo-way/2018/02/09/584522541/uber-googles-waymo-settle-case-over-trade-secrets-for-self-driving-cars. Os danos morais foram pagos com 0,34 das ações da Uber.

33. David Z. Morris, "Uber's Self-Driving Systems, Not Human Drivers, Missed at Least Six Red Lights in San Francisco", *Fortune*, 26 fev. 2017, https://fortune.com/2017/02/26/uber-self-driving-car-red-lights/.

34. Susan Fowler, "Reflecting on One Very, Very Strange Year at Uber", Susan Fowler (blog), 19 fev. 2017, https://www.susanjfowler.com/blog/2017/2/19/reflecting-on-one-very-strange-year-at-uber. Fowler escreve: "Meu novo chefe me mandou um monte de mensagens pelo chat da empresa. Ele disse que estava num relacionamento aberto e que a namorada dele não estava conseguindo encontrar outros parceiros, mas que ele não tinha esse problema. Falou que não queria confusão no trabalho, mas que não poderia evitar, porque estava procurando mulheres para transar. Ficou claro que ele queria me convencer a

NOTAS

transar com ele e a conversa foi tão inadequada que eu imediatamente tirei prints das mensagens e o denunciei ao RH".

35. Maya Kosoff, "Don't Cry for Travis Kalanick", *Vanity Fair*, 21 jun. 2017, https://www.vanityfair.com/news/2017/06/dont-cry-for-travis-kalanick.

36. Kurt Bowermaster, "Uber Driving in Central Iowa", Facebook, 4 jun. 2015, https://www.facebook.com/UberKurt/posts/here-are-uber-ceo-travis-kalanicks-remarks-from-ubers-five-year-anniversary-cele/516756488472094/.

37. A carta aos acionistas foi intitulada "Moving Uber Forward" (algo como "Levando a Uber adiante"). Veja o artigo de Ainslee Harris, "Uber's Ousted CEO Travis Kalanick Discovered the Limits of Founder Control—The Hard Way", *Fast Company*, 21 jun. 2017, https://www.fastcompany.com/40433780/uber-ceo-travis-kalanick-learns-the-hard-way-that-founder-control-has-limits.

38. Anita Balakrishnan, "Uber Investor Bill Gurley: My Firm was 'On the Right Side of History' for Ousting Travis Kalanick", Yahoo Finance, 17 nov. 2017, https://finance.yahoo.com/news/uber-investor-bill-gurley-firm-171146265.html.

39. Mike Isaac, "Uber Founder Travis Kalanick Resigns as C.E.O.", *New York Times*, 21 jun. 2017, https://www.nytimes.com/2017/06/21/technology/uber-ceo-travis-kalanick.html.

40. Maya Kosoff, "Uber's New C.E.O. Says Travis Kalanick was 'Guilty of Hubris'", *Vanity Fair*, 23 jan. 2018, https://www.vanityfair.com/news/2018/01/ubers-new-ceo-says-travis-kalanick-was-guilty-of-hubris.

41. Para duas perspectivas bem diferentes da influência de Steve Jobs na Pixar, veja: Alvy Ray Smith, "Pixar History Revisited—A Corrective", Pixar Animation Studios, acessado em 23 out. 2019, http://alvyray.com/Pixar/PixarHistoryRevisited.htm, e Robert Iger, "'We Could Say Anything to Each Other': Bob Iger Remembers Steve Jobs, the Pixar Drama, and the Apple Merger That Wasn't", *Vanity Fair*, 18 set. 2019, https://www.vanityfair.com/news/2019/09/bob-iger-remembers-steve-jobs#.

42. Alison Griswold, "There Would Be No Uber Without Travis Kalanick", *Quartz*, 22 jun. 2017, https://qz.com/1011300/uber-ceo-travis-kalanick-pissed-people-off-and-it-made-the-company-great/.

43. Kosoff, "Uber's New C.E.O".

44. Mike Isaac e Katie Benner, "'Nobody Is Perfect': Some Uber Employees Balk at Travis Kalanick's Exit", *New York Times*, 22 jun. 2017, https://www.nytimes.com/2017/06/22/technology/uber-employees-react-travis-kalanick.html.

45. Tiku Nitasha, "Travis Kalanick and the Last Gasp of Tech's Alpha CEOs", *Wired*, 21 jun. 2017, https://www.wired.com/story/travis-kalanick-uber-ceo-leave/.

46. Thomas Lee, "Marissa Mayer Defends Former Uber CEO Travis Kalanick", *San Francisco Chronicle*, 27 jun. 2017, https://www.sfchronicle.com/business/article/Marissa-Mayer-defends-former-Uber-CEO-Travis-11251256.php.

47. Lashinsky, *Wild Ride*.

ALL IN

48. Kara Swisher e Johana Bhuiyan, "Uber CEO Kalanick Advised Employees on Sex Rules for a Company Celebration in 2013 'Miami letter'", *Vox*, 8 jun. 2017, https://www.vox.com/2017/6/8/15765514/2013-miami-letter-uber-ceo-kalanick-employees-sex-rules-company-celebration.

49. Peter Thiel afirmou que "A Uber é a empresa do Vale do Silício que mais tem problemas éticos". Thiel é um investidor da Lyft, a principal concorrente da Uber nos Estados Unidos. Veja Laurie Segall, "Peter Thiel: Uber Is 'Most Ethically Challenged Company in Silicon Valley'", CNN Business, 18 nov. 2014, https://money.cnn.com/2014/11/18/technology/uber-unethical-peter-thiel/.

50. Nitasha, "Travis Kalanick and the Last Gasp of Tech's Alpha CEOs".

51. Kara Swisher e Johana Bhuiyan, "Uber President Jeff Jones Is Quitting, Citing Differences Over 'Beliefs and Approach to Leadership'", *Vox*, 19 mar. 2017, https://www.vox.com/2017/3/19/14976110/uber-president-jeff-jones-quits.

52. Marcus Wholsen, "What Uber Will Do with All That Money from Google", *Wired*, 3 jan. 2014, https://www.wired.com/2014/01/uber-travis-kalanick/.

53. Shontell, "All Hail the Uber Man!"

54. Nitasha, "Travis Kalanick and the Last Gasp of Tech's Alpha CEOs".

55. Rachel Holt, Andrew Macdonald e Pierre-Dimitri Gore-Coty, "5 Billion Trips", Uber Newsroom, 29 jun. 2017, https://www.uber.com/en-SA/newsroom/5billion-2/.

56. Jake Novak, "The Hunting Down of Uber's Travis Kalanick", CNBC, 24 jun. 2017, https://www.cnbc.com/2017/06/23/the-poaching-of-travis-kalanick.html. Novak argumenta que as empresas que questionam o *status quo* em setores entrincheirados (táxis, indústria automotiva) são atacadas pelos grupos de interesse que se sentem ameaçados.

57. Johana Bhuiyan, "Uber CEO Travis Kalanick Admits He 'Must Fundamentally Change as a Leader and Grow Up'", *Vox*, 28 fev. 2017, https://www.vox.com/2017/2/28/14772416/uber-ceo-travis-kalanick-apology-driver.

58. Timothy Lee, "The Latest Uber Scandal, Explained", *Vox*, 19 nov. 2014, https://www.vox.com/2014/11/19/7248819/uber-scandal-explained.

59. Jacob Kastrenakes, "Uber Executive Casually Threatens Journalist with Smear Campaign", Verge, 18 nov. 2014, https://www.theverge.com/2014/11/18/7240215/uber-exec-casually-threatens-sarah-lacy-with-smear-campaign.

60. John Gapper, "Travis Kalanick Is Not Ethical Enough to Steer Uber", *Financial Times*, 13 jun. 2017, https://www.ft.com/content/7a1b6f24-502f-11e7-bfb8-997009366969.

61. Stone, *Everything Store*, 318.

62. Charles Duhigg, "Is Amazon Unstoppable?", *New Yorker*, 10 out. 2019, https://www.newyorker.com/magazine/2019/10/21/is-amazon-unstoppable.

188

NOTAS

63. Para saber mais sobre o modelo de três fatores da confiança e seu impacto, veja o meu livro *Trust in the Balance* (São Francisco: Jossey-Bass, 1997). Para uma análise das pesquisas sobre a confiança ao longo de várias décadas, veja Donald L. Ferrin e Kurt T. Dirks, "Trust in Leadership: Meta-Analytic Findings and Implications for Research and Practice", *Journal of Applied Psychology* 87, nº 4 (2002): 611–28.

64. Chafkin, "What Makes Uber Run"; Swisher, "Man and Uber Man".

65. John Gapper, "Travis Kalanick Lacks the Ethics to Steer Uber", *Financial Review Times*, 15 jun. 2017, https://www.ft.com/content/7a1b6f24-502f-11e7-bfb8-997009366969.

66. O Facebook é um exemplo de um fundador que retém o controle de sua empresa. Mark Zuckerberg detém 57% das ações com direito a voto do Facebook, o que lhe dá o controle da empresa (independentemente do que o conselho de administração ou os outros acionistas possam querer). Ele estruturou a empresa para garantir seu controle, o que, dependendo do ponto de vista de uma pessoa sobre o papel de líderes com muito poder, pode ser positivo (por permitir que o fundador gerencie a empresa tendo em vista o longo prazo) e/ou negativo (por não implementar os controles necessários).

67. Noam Wasserman, "The Founder's Dilemma", *Harvard Business Review*, fev. 2008, https://hbr.org/2008/02/the-founders-dilemma.

68. Ari Levy, "When $8 Billion Is Yours to Lose: How Uber's Top Investor Suffered Through the Wildest Tech Drama of the Year", CNBC, 15 dez. 2017, https://www.cnbc.com/2017/12/14/bill-gurley-2017-profile-uber-stitchfix-snap.html.

69. Kosoff, "Don't Cry for Travis Kalanick".

Capítulo 6

1. Peter Drucker, *Adventures of a Bystander* (New Brunswick: Transaction Publishers, 2009), 255. Stuart Bunderson e Jeffery A. Thompson, "The Call of the Wild: Zookeepers, Callings, and the Double-Edged Sword of Deeply Meaningful Work", *Administrative Science Quarterly* 54, no. 1 (mar. 2009), https://journals.sagepub.com/doi/10.2189/asqu.2009.54.1.32.

2. Bunderson e Thompson, "Call of the Wild".

3. Bunderson e Thompson, "Call of the Wild".

4. Bunderson e Thompson, "Call of the Wild".

5. J. Y. Kim et al., "Understanding Contemporary Form of Exploitation: Attributions of Passion Serve to Legitimize the Poor Treatment of Workers", *Journal of Personality and Social Psychology*, 18 abr. 2019, http://dx.doi.org/10.1037/pspi0000190.

6. "Vocation", Merriam Webster Dictionary, https://www.merriam-webster.com/dictionary/vocation.

7. Paul W. Robinson (ed.), *The Annotated Luther, Volume 3: Church and Sacraments* (Minneapolis: Free Press, 1989), 81.

ALL IN

8. Ruth Umoh, "Jeff Bezos: You Can Have a Job or a Career, But if You Have This You've 'Hit the Jackpot'", CNBC, 7 maio 2018, https://www.cnbc.com/2018/05/07/jeff-bezos-gives-this-career-advice-to-young-employees.html.

9. Hanson Hosein, "Four Peaks: My Interview with Jeff Bezos", vídeo do YouTube, 22:36, 13 set. 2013, https://www.youtube.com/watch?v=vhDRBPCOxmA.

10. Marc Myers, "For Mark Knopfler, a Red Guitar Started It All", *Wall Street Journal*, 21 maio 2019, https://www.wsj.com/articles/for-mark-knopfler-a-red-guitar-started-it-all-11558445862.

11. P. A. O'Keefe, C. S. Dweck e G. M. Walton, "Implicit Theories of Interest: Finding Your Passion or Developing It?", *Psychological Science*, 6 set. 2018, https://journals.sagepub.com/doi/abs/10.1177/0956797618780643.

12. Jessica Stillman, "Which Comes First, Work or Passion?", *Inc.*, 12 out. 2012, https://www.inc.com/jessica-stillman/hard-work-or-passion.html.

13. Melissa Witte, "Instead of 'Finding Your Passion,' Try Developing It, Stanford Scholars Say", Stanford News, 18 jun. 2018, https://news.stanford.edu/press-releases/2018/06/18/find-passion-may-bad-advice/.

14. Jonathan Shieber, "How Airbnb Went from Renting Air Beds for $10 to a $30 Billion Hospitality Behemoth", TechCrunch, 12 ago. 2018, https://techcrunch.com/2018/08/12/how-airbnb-went-from-renting-air-beds-for-10-to-a-30-billion-hospitality-behemoth/.

15. Airbnb Newsroom, "Fast Facts", Airbnb, https://press.airbnb.com/fast-facts/.

16. O'Keefe, Dweck e Walton, "Implicit Theories of Interest".

17. Citação atribuída a Noel Coward.

18. Steve Jobs, "'You've Got to Find What You Love,' Jobs Says", Stanford News, 14 jun. 2005, https://news.stanford.edu/2005/06/14/jobs-061505/.

19. Karl Ericsson, Clemens Tesch-Roemer e Ralf T. Krampe, "The Role of Deliberate Practice in the Acquisition of Expert Performance", *Psychological Review* 100, no. 3 (jul. 1993): 363–406.

20. Mark Leibovich, *The New Imperialists* (Nova York: Prentice Hall Press, 2002), 78.

21. CNBC, "Jeff Bezos at the Economic Club of Washington", vídeo do YouTube, 1:09:57, 13 set. 2018, https://www.youtube.com/watch?v=xv_vkA0jsyo.

22. Caroline Adams e Michael B. Frisch, *Creating Your Best Life: The Ultimate Life List Guide* (Nova York: Sterling, 2009), 144.

23. Adams e Frisch, 144.

24. Newport, *So Good They Can't Ignore You*, 39.

25. Charles Duhigg, "Wealthy, Successful and Miserable", *New York Magazine*, 21 fev. 2019, https://www.nytimes.com/interactive/2019/02/21/magazine/elite-professionals-jobs-happiness.html.

NOTAS

26. Veja Newport, *So Good They Can't Ignore You.*

27. Para uma representação divertida do eterno retorno, veja o filme *Groundhog Day*, dirigido por Harold Ramis (Culver City, Califórnia: Columbia Pictures, 1993). No Brasil, *Feitiço do Tempo.*

28. Fredrich Nietzsche, *The Gay Science* (Nova York: Vintage Books, 1974), 273.

29. Mihaly Csikszentmihalyi, *Flow: The Psychology of Optimal Experience* (Nova York: Harper Perennial Modern Classics, 2008).

30. Micky Thompson, "Jeff Bezos Regret Minimization Framework", vídeo do YouTube, 20 dez. 2008, https://www.youtube.com/watch?v=jwG_qR6XmDQ.

31. Jobs, "You've Got to Find What You Love".

32. Susan Orlean, *The Orchid Thief: A True Story of Beauty and Obsession* (Nova York: Random House, 1998), 132.

33. Orlean, *Orchard Thief*, 336.

34. Gary Burnison, "Breaking Boredom: What's Really Driving Job Seekers in 2018", Korn Ferry Institute, 8 jan. 2018, https://www.kornferry.com/insights/this-week-in-leadership/job-hunting-2018-boredom.

35. Marcus Fairs, "Silicon Valley 'Didn't Think a Designer Could Build a Company,' Says Airbnb Co-Founder Brian Chesky", *Dezeen*, 28 jan. 2014, https://www.dezeen.com/2014/01/28/silicon-valley-didnt-think-a-designer-could-build-a-company-interview-airbnb-co-founder-brian-chesky/.

36. David Foster Wallace, "String Theory", *Esquire*, jul. 1996, https://www.esquire.com/sports/a5151/the-string-theory-david-foster-wallace/.

37. SpaceX, "SpaceX Launch—SpaceX Employees Cheering Outside Mission Control", vídeo do YouTube, 0:28, 22 maio 2012, https://www.youtube.com/watch?v=6XtD-5L7cLk.

38. David Sheff, "Playboy Interview: Steve Jobs", *Playboy*, fev. 1985, https://genius.com/David-sheff-playboy-interview-steve-jobs-annotated.

39. Derek Thompson, "Workism Is Making Americans Miserable", *Atlantic*, 24 fev. 2019, https://www.theatlantic.com/ideas/archive/2019/02/religion-workism-making-americans-miserable/583441/.

40. Chad Day, "Americans Have Shifted Dramatically on What Matters Most", *Wall Street Journal*, 25 ago. 2019, https://www.wsj.com/articles/americans-have-shifted-dramatically-on-what-values-matter-most-11566738001. O levantamento descobriu que o trabalho duro fica no topo da lista em todos os grupos etários, ao passo que a crença na religião fica muito abaixo para as pessoas pertencentes ao coorte etário dos 18 aos 38 anos.

41. Karen Gilchrist, "Alibaba Founder Jack Ma Says Working Overtime Is a 'Huge Blessing'", CNBC, 15 abr. 2019, https://www.cnbc.com/2019/04/15/alibabas-jack-ma-working-overtime-is-a-huge-blessing.html.

ALL IN

42. Erin Griffith, "Why Are Young People Pretending to Love Work?", *New York Times*, 26 jan. 2019, https://www.nytimes.com/2019/01/26/business/against-hustle-culture-rise-and-grind-tgim.html.

43. Griffith.

44. Ryan Avent, "Is Your Obsession with Working Hard Just Professional Stockholm Syndrome", *Financial Review*, 2 abr. 2016, https://www.afr.com/life-and-luxury/arts-and-culture/why-do-we-work-so-hard-do-we-have-professional-stockholm-syndrome-20160328-gnsgmg.

45. Thompson, "Workism Is Making Americans Miserable".

46. Thompson.

47. A ideia do que uma pessoa se dispõe a sacrificar para alcançar a maestria profissional e o poder é representada na lenda de Fausto. Em diferentes versões, Fausto vende sua alma ao diabo em troca de talentos extraordinários. Uma versão da lenda de Fausto é a história de Robert Johnson, o lendário músico americano de blues.

48. *Steve Jobs: The Man in the Machine*, dirigido por Alex Gibney (Nova York: Magnolia Pictures, 2015).

49. Alan Shipnuck, "Kevin Na Is Fit to be Tied (Just Ask Him)", *Sports Illustrated*, 18 jan. 2016, https://www.si.com/vault/2016/02/11/kevin-na-fit-be-tied-just-ask-him.

50. Lane Florsheim, "Annie Leibovitz on Being Envious of Herself", *Wall Street Journal*, 13 fev. 2019, https://www.wsj.com/articles/annie-leibovitz-on-being-envious-of-herself-11550088650.

51. Jena McGregor, "Elon Musk Is the 'Poster Boy' of a Culture That Celebrates 'Obsessive Overwork'", *The Washington Post*, 23 ago. 2018, https://www.washingtonpost.com/business/2018/08/22/elon-musk-is-poster-boy-culture-that-celebrates-obsessive-overwork/.

52. Josh Constine, "Jeff Bezos' Guide to Life", TechCrunch, 5 nov. 2017, https://techcrunch.com/2017/11/05/jeff-bezos-guide-to-life/.

53. Mathias Dopfner, "Jeff Bezos Reveals What It's Like to Build an Empire and Become the Richest Man in the World—and Why He's Willing to Spend $1 Billion a Year to Fund the Most Important Mission of His Life", *Business Insider*, 28 abr. 2018, https://www.businessinsider.com.au/jeff-bezos-interview-axel-springer-ceo-amazon-trump-blue-origin-family-regulation-washington-post-2018-4

54. "First Among Men", *Sydney Morning Herald*, 14 fev. 2015, https://www.smh.com.au/world/first-among-men-20140210-32amz.html. Lagarde disse que gostaria que seus colegas homens sentissem um pouco mais de culpa pelos sacrifícios familiares, mas que não tinha certeza se isso aconteceria.

55. Adam Lashinsky, "Riding Shotgun with Uber CEO Travis Kalanick", *Fortune*, 18 maio 2017, https://fortune.com/2017/05/18/uber-travis-kalanick-wild-ride/.

NOTAS

56. Scott Carrell, M. Hoekstra e J. West, "Is Poor Fitness Contagious? Evidence from Randomly Assigned Friends", *Journal of Public Economics* 95, nº 7–8 (ago. 2011): 657–63, https://ideas.repec.org/a/eee/pubeco/v95y2011i7-8p657-663.html.

57. Pesquisas também indicam que um líder de alto desempenho pode influenciar positivamente os membros de sua equipe ao estabelecer padrões elevados e exemplificar os comportamentos "certos". Para mais detalhes sobre como isso acontece, veja *The Captain Class*, de Sam Walker (Londres: Random House, 2017). O estudo da Força Aérea demonstra que os colegas também são importantes para determinar o desempenho da equipe como um todo e de seus integrantes individuais.

58. Elizabeth Campbell et al., "Hot Shots and Cool Reception: An Expanded View of Social Consequences for High Performers", *Journal of Applied Psychology* 102, nº 5 (2017): 845–66, https://www.researchgate.net/publication/313686960_Hot_Shots_and_Cool_Reception_An_Expanded_View_of_Social_Consequences_for_High_Performers.

59. Os pesquisadores também descobriram que as pessoas de alto desempenho recebem menos apoio e são alvos de maus-tratos em ambientes altamente colaborativo. Isso acontece porque uma empresa ou grupo baseado em equipes se empenha para criar um ambiente compartilhado e colaborativo no qual ninguém tem muito espaço para expressar sua individualidade ou, no caso, ninguém pode ficar acima da equipe.

60. Os pesquisadores demonstraram que os tratadores de animais de zoológico que têm um senso de missão se mostraram mais dispostos a sacrificar dinheiro, tempo e conforto físico pelo trabalho.

61. Jim Edwards, "Reddit's Alexis Ohanian Says 'Hustle Porn' Is 'One of the Most Toxic, Dangerous Things in Tech Right Now'", *Business Insider*, 6 nov. 2018, https://www.businessinsider.com/reddit-alexis-ohanian-hustle-porn-toxic-dangerous-thing-in-tech-2018-11.

62. Brad Stulberg e S. Magness, *Peak Performance: Elevate Your Game, Avoid Burnout and Thrive with the New Science* (Emmaus, Pensilvânia: Rodale Press, 2017), loc. 393 de 3613. Kindle.

63. Robert J. Vallerand, *The Psychology of Passion: A Dualistic Model* (Oxford: Oxford University Press, 2015).

64. Vallerand desenvolveu um questionário com dezesseis perguntas para avaliar dois tipos de paixão. Seis perguntas identificam a paixão obsessiva e seis identificam a paixão harmoniosa. Veja a escala Passion Toward Work Scale (PTWS) em Vallerand, *Psychology of Passion*.

65. "Jeff Bezos", The Economic Club of Washington, DC.

66. Arianna Huffington, "An Open Letter to Elon Musk", Thrive Global, 17 ago. 2018, https://thriveglobal.com/stories/open-letter-elon-musk/.

67. Veja o meu livro *Leadership Blindspots* (São Francisco: Jossey Bass, 2014) para saber mais sobre o funcionamento dos pontos cegos e o que pessoas e organizações podem fazer para lidar com eles.

ALL IN

Capítulo 7

1. Em alemão, *Vergeltungswaffe Zwei*. O nome foi uma resposta ao bombardeio de cidades alemãs pelas Forças Aliadas.

2. John Noble Wilford, "Wernher von Braun, Rocket Pioneer, Dies", *New York Times*, 18 jun. 1977.

3. Alejandro de la Garza, "How Historians Are Reckoning with the Former Nazi Who Launched America's Space Program", *TIME*, 18 jul. 2019, https://time.com/5627637/nasa-nazi-von-braun/.

4. Michael Neufeld, *Von Braun: Dreamer of Space, Engineer of War* (Nova York: Vintage Books, 2007),

5. Algumas pessoas argumentam que Sergei Korolev teve um papel ainda mais importante na liderança das operações espaciais da Rússia.

6. "Biography of Wernher Von Braun", NASA, acessado em 23 out. 2019, https://www.nasa.gov/centers/marshall/history/vonbraun/bio.html.

7. Neufeld, *Von Braun*, 351.

8. Michael J. Neufeld, "Wernher von Baun, the SS, and Concentration Camp Labor: Questions of Moral, Political, and Criminal Responsibility", *German Studies Review* 25, nº 1 (fev. 2002): 57–78.

9. Um caso parecido é o do engenheiro alemão Ferdinand Porsche. Ele fundou a Volkswagen e criou o *design* do automóvel que viria a ser o Fusca com o apoio entusiástico de Hitler. A Porsche também contribuiu no *design* e na fabricação de equipamentos militares alemães, incluindo veículos de combate e tanques de guerra. Como von Braun, ele foi um membro do Partido Nazista e da SS e suas fábricas usavam trabalho escravo. Porsche foi detido na França por crimes de guerra em 1945, mas foi libertado depois que sua família pagou a fiança ao governo francês. Ele nunca foi condenado por crimes de guerra e morreu em 1951.

10. Wilford, "Wernher von Braun".

11. Pat Harrison, "American Might: Where 'The Good and the Bad Are All Mixed Up'", *Radcliffe Magazine*, https://www.radcliffe.harvard.edu/news/radcliffe-magazine/american-might-where-good-and-bad-are-all-mixed. A citação é do cantor de música folk Pete Seeger, depois de ouvir falar do livro de Diane McWhorter sobre a história de von Braun e o Marshall Space Center.

12. Também há um debate sobre a responsabilidade moral de von Braun ao criar armas capazes de matar pessoas em grande escala. Von Braun justificou o tratamento que recebeu dos Estados Unidos após a guerra. Ele disse que, se a Alemanha tivesse vencido a guerra, "Não teríamos tratado os seus [dos Estados Unidos] cientistas atômicos como criminosos de guerra e eu não achava que seria tratado como um... O V2 era algo que nós tínhamos e vocês não tinham. É claro que vocês iam querer saber tudo a respeito". Wilford, "Wernher von Braun".

13. Brian E. Crim, *Our Germans: Project Paperclip and the National Security State* (Baltimore, John Hopkins University Press, 2018), 192.

14. Neufled descreve von Braun como sendo um Fausto do século XX, um homem que vendeu sua alma em troca de talentos que lhe permitiram realizar seu sonho.

NOTAS

15. US Securities and Exchange Commission, "Elon Musk Settles SEC Fraud Charges; Tesla Charged with and Resolves Securities Law Charge", SEC.gov, 29 set. 2018, https://www.sec.gov/news/press-release/2018-226.

16. Kevin LaCroix, "Tesla Investors File Securities Suits Over Elon Musk's Take-Private Tweets", D&O Diary, 12 ago. 2018, https://www.dandodiary.com/2018/08/articles/securities-litigation/tesla-investors-file-securities-suits-elon-musks-take-private-tweets/.

17. Andy Hertzfeld, "Pirate Flag", Folklore, ago. 1983, https://www.folklore.org/StoryView.py?story=Pirate_Flag.txt.

18. Amy Fung, "Steve Jobs Getting Together A Players", vídeo do YouTube, 18 out. 2013, https://www.youtube.com/watch?v=0hSND7QIK68.

19. Elon Musk tem uma opinião parecida sobre as reuniões de equipe, aconselhando seus gestores a se livrar completamente das grandes reuniões e não envolver mais do que quatro a seis pessoas se as reuniões forem indispensáveis. Ele também disse aos funcionários da Tesla que eles deveriam simplesmente sair de uma reunião se ficasse claro que eles não estavam agregando valor. Veja Catherine Clifford, "Elon Musk's 6 Productivity Rules, Including Walk Out of Meetings That Waste Your Time", CNBC, 18 abr. 2018; Alex Hern, "The Two-Pizza Rule and the Secret of Amazon's Success", *The Guardian*, 24 abr. 2018, https://www.theguardian.com/technology/2018/apr/24/the-two-pizza-rule-and-the-secret-of-amazons-success.

20. Chris O'Brien, "Steve Jobs' management legacy at Apple can be glimpsed in recently disclosed SEC letters", *VentureBeat*, 6 out. 2015.

21. Timothy B. Lee, "How Apple Became the World's Most Valuable Company", *Vox*, 9 set. 2015, https://www.vox.com/2014/11/17/18076360/apple.

22. "Arianna Huffington on the Culture at Uber", *Wall Street Journal*, 23 out. 2017, https://www.wsj.com/articles/arianna-huffington-on-the-culture-at-uber-1508811600.

23. Ken Kocienda, *Creative Selection* (Nova York: St. Martin's Press, 2018), 13.

24. Jeffrey Pfeffer, "The Hidden Costs of Stressed-Out Workers", *Wall Street Journal*, 28 fev. 2019, https://www.wsj.com/articles/the-hidden-costs-of-stressed-out-workers-11551367913.

25. Parmy Olson, "BlackBerry's Famous Last Words at 2007 iPhone Launch: 'We'll Be Fine'", *Forbes*, 26 maio 2015, https://www.forbes.com/sites/parmyolson/2015/05/26/blackberry-iphone-book/#3bc0018363c9.

26. Jessi Hempel, "A Short History of Facebook's Privacy Gaffes", *Wired*, 30 mar. 2018, https://www.wired.com/story/facebook-a-history-of-mark-zuckerberg-apologizing/.

27. Mike Isaac e Daisuke Wakabayashi, "Russian Influence Reached 126 Million through Facebook Alone", *New York Times*, 30 out. 2017, https://www.nytimes.com/2017/10/30/technology/facebook-google-russia.html.

ALL IN

28. David Meyer, "Deemed a 'Digital Gangster' by the U.K., Facebook Now Says It's 'Open to Meaningful Regulation'", *Fortune*, 18 fev. 2019, https://fortune.com/2019/02/18/facebook-dcms-uk-report-digital-gangster/.

29. Walter Isaacson, "The Real Leadership Lessons of Steve Jobs", *Harvard Business Review*, abr. 2012, https://hbr.org/2012/04/the-real-leadership-lessons-of-steve-jobs.

30. Dennis K. Berman, "Arianna Huffington on the Culture at Uber", *Wall Street Journal*, 23 out. 2017, https://www.wsj.com/articles/arianna-huffington-on-the-culture-at-uber-1508811600.

31. Walter Isaacson, "The Real Leadership Lessons of Steve Jobs", *Harvard Business Review*, abr. 2012, https://hbr.org/2012/04/the-real-leadership-lessons-of-steve-jobs.

32. Allen, *Idea Man*, 75.

33. Amy Edmondson, "Psychological Safety and Learning Behavior in Work Teams", *Administrative Science Quarterly* 44, nº 2. (jun. 1999): 350–83, http://www.jstor.org/stable/2666999.

34. O conceito de comunicação contraditória sugere que a comunicação pode conter duas mensagens conflitantes que contradizem uma à outra. No caso da segurança psicológica, há o risco de as pessoas serem encorajadas a ser francas e diretas, mas não tão francas e diretas a ponto de ofender os outros e fazer com que eles se sintam menos seguros.

35. Brandon Griggs, "10 Great Quotes from Steve Jobs", CNN Business, 4 jan. 2016, https://www.cnn.com/2012/10/04/tech/innovation/steve-jobs-quotes/index.html.

36. Isaacson, "Real Leadership Lessons".

37. Steve Jobs, entrevista concedida a Bob Cringley, "The Lost Interview", Readable, gravada em 1995, http://www.allreadable.com/031f1FIL.

38. Michael Moritz, "Silicon Valley Would Be Wise to Follow China's Lead", *Financial Times*, 17 jan. 2018, https://www.ft.com/content/42daca9e-facc-11e7-9bfc-052cbba03425.

39. Um personagem de um romance de Dave Eggers sugere: "Passamos a ser uma nação de gatos domesticados. Uma nação de pessoas irresolutas, ansiosas, que pensam demais". *A Hologram for the King* (Nova York: Vintage, 2013), 13.

40. Kayla Hinton, "Detroit; An Abandoned City?", *Spartan Newsroom*, 12 jul. 2017, https://news.jrn.msu.edu/2017/07/detroit-an-abandoned-city/.

41. Cheryl Howard, "Abandoned Detroit: Exploring the Largest Abandoned Site in the World", CherylHoward.com (blog), 11 nov. 2018, https://cherylhoward.com/packard-automotive-plant/. Outras empresas funcionaram em alguns dos edifícios da fábrica nos anos 1990.

NOTAS

42. Mark J. Perry, "Animated chart of the day: Market shares of US auto sales, 1961 to 2018", American Enterprise Institute, 28 jun. 2019, https://www.aei.org/carpe-diem/animated-chart-of-the-day-market-shares-of-us-auto-sales-1961-to-2016/.

43. A GM, assim como a Ford e a Chrysler, produziu alguns carros lastimáveis nos anos 1970, 1980 e 1990, incluindo o Vega, os X-Cars, o Chevette e a linha Saturn. Veja John Pearley Huffman, "10 Cars That Damaged GM's Reputation (with Video)", *Popular Mechanics*, 24 nov. 2008, https://www.popularmechanics.com/cars/a3762/4293188/. Huffman disse sobre o Vega: "Em meados da década de 1980, carros do modelo Vega eram rejeitados com tanta fúria que alguns ferros-velhos do sul da Califórnia colocaram cartazes dizendo que não aceitariam mais os veículos. Quando nem um ferro-velho aceita um carro, é sinal de que alguma coisa deu muito errado".

44. Veja a formação dos líderes da GM pouco antes e durante a queda da participação de mercado da empresa, começando no fim dos anos 1960 e terminando com sua falência em 2009: James Roche (vendas), Richard Gerstenberg (finanças), Thomas Murphy (finanças), Roger Smith (finanças), Robert Stempel (engenharia) e Rick Wagner (finanças). A maioria desses líderes acumulou experiência em gerenciamento geral ao galgar pela hierarquia da GM, mas, com exceção de Stempel, eles não tinham formação em *design,* desenvolvimento nem fabricação de produtos. Tudo indica que eles se focaram em atingir metas de desempenho. Imagino que Steve Jobs teria dito que eles fracassaram, pelo menos em parte, por não terem paixão pelo produto que estavam construindo.

ALL IN

AGRADECIMENTOS

Este livro se baseia no trabalho de pesquisadores, jornalistas, blogueiros e autores, bem como na história e nas ideias dos líderes apresentados. Uma das razões que levaram a me concentrar em Bezos, Musk, Jobs e Kalanick foi a abundância de materiais disponíveis no domínio público sobre cada um deles, proporcionando um rico banco de informações para analisar as promessas e as armadilhas da liderança obsessiva. Eles são líderes fascinantes e me beneficiei muito de poder "passar um tempo com eles", escrevendo sobre suas ideias, realizações e erros.

Como no meu livro anterior, *Extreme Teams*, sou grato pela influência de Dennis N. T. Perkins, um sábio mentor que me apresentou ao campo da liderança empresarial. Agradeço a Michael Chayes e Jeff Cohen por questionarem minhas ideias ao longo de muitos anos e vários livros. Joe Bonito me ajudou de incontáveis maneiras, tanto profissionais quanto pessoais. Cedric Crocker me ajudou a entender a dinâmica do Vale do Silício. Também me beneficiei do *feedback* e do incentivo que recebi de minha esposa, Jackie; minha filha, Gabrielle; e meu irmão, John. Cada um deles, à sua própria maneira, fez valiosas contribuições ao longo do caminho.

Sou muito grato ao pessoal do departamento de aquisições e da equipe editorial da HarperCollins, especialmente a Tim Burgard, Sara Kendrick, Amanda Bauch e Jeff Farr, que deram importantes sugestões e administraram o importante trabalho necessário para produzir o livro. Também foi um enorme prazer trabalhar com Fauzia Burke, que ajudou com toda sua experiência em marketing para promover o livro.

ÍNDICE REMISSIVO

A

ambientes colaborativos, 195n58
acidentes de automóvel, , 174n35
avanço profissional, 137
agressão instrumental, 36
ansiedade da autonomia, 78
adversidade, 42, 95
assédio sexual,a na Uber, 100
agressão, 36,
Airbnb, 120
Akamai, 91, 186n6
Alibaba, 18, 82, 128
Allen, Paul, 44, 82, 162
Allen, Woody, 107
Alphabet, 97, 100

Amazon, 28, 48-70, 174
    abordagem do "mutirão" na, 152
    cultura da, 65, 155
    volante de inércia centrado no cliente na, 52-53
    métricas do cliente na, 56-58
    projetos de desenvolvimento na, 62-64
    e as desvantagens da obsessão pelo cliente, 67-69
    história da, 51
    melhoria das atividades essenciais na, 58-60
    invenção em nome do cliente na, 60-62
    legado de Jeff Bezos na, 69-70
    líder obsessivo na, 19
    mentalidade "de fora para dentro" na, 53-56
    imagem pública da, 40
    comportamento punitivo na, 34

Amazon Aurora, 60
Amazon Local, 68
"amazon.love" (memorando), 109
Amazon Restaurants, 68

Amazon Web Services (AWS), 7, 59, 67, 168n13
America Online, 11
Apollo (programa espacial), 144
Apple, 102
    prestação de contas na, 150
    controles na, 171
    comunidade e lealdade na, 138, 176
    impacto de Tim Cook na, 185n51
    e motivação de Steve Jobs, 28
    afastamento de Steve Jobs da, 111
    líder obsessivo na, 17
    obsessão pelos lucros na, 162
    comportamento punitivo na, 34,
    abordagem das "forças especiais" na, 152
    empenho e diligência no trabalho na, 81

Apple II, 28
"aumentadores de nível", na Amazon, 65
atletas, obsessão dos, 26, 138
Auctions (Amazon), 62
AWS. *veja* Amazon Web Services

B

Ballard, Thomas, 204
Ballmer, Steve, 44, 78, 160
Barnes & Noble, 11, 48, 54, 69, 159
beleza, do produto, 76
Benchmark (empresa), 101
Bezos, Jeff, 19, 48, 118, 138, 192n30
    Warren Buffett sobre, 167n2
    cultura organizacional sob a liderança de, 48
    volante de inércia centrado no cliente para, 52
    monitoramento de métricas do cliente por, 54

ALL IN

financiamento de projetos de desenvolvimento por, 64

sobre a disrupção, 177n12

e as desvantagens da obsessão pelo cliente, 67

motivação de, 23

foco da organização sob a liderança de, 161, 162

e a história da Amazon, 51

melhoria das atividades vitais por, 58-60

lições a aprender com, 16

legado de, 69-70

motivadores de, 126

mentalidade "de fora para dentro" de, 53

imagem pública de, 43

comportamento punitivo por, 34

problemas de relacionamento de, 32

engenhosidade de, 29

expansão dos negócios por, 52

sobre o tamanho das equipes, 164

sobre a obsessão pelo trabalho, 127, 143

BlackBerry, 158

Blink (Gladwell), 19

BMW, 13

Boeing, 13

Boring (empresa), 72

Brainstorm (Maisel), 169n26

Ponte do Brooklyn, 15

Buffett, Warren, 54, 167n2

bug bounty, 99

Bunderson, J. Stuart, 116

burnout, 31

Banco Central Europeu, 134

C

ciclo virtuoso, 93

carros autônomos, 34, 100, 105

critérios de "grandiosidade", 92

conselhos de administração, 112

Cadabra, 167n5

Calvino, João, 118

Camp, Garrett, 27, 103, 112, 156

Captain Class, The (Walker), 36

Catmull, Ed, 102

CEOs, de empresas focadas em produtos, 76

Chesky, Brian, 126

crianças-prodígio, 122

China, 74, 110, 128, 179

Chrysler, 165

Cobanli, M., 7

Código de Conflitos, na Linux, 37

Collins, Jim, 52

conforto, como uma prioridade da cultura, 162

comunidade, formada pelos colegas, 134

concorrência, 50, 149

complacência, evitando a, 51

contratação, 65, 83, 157

Consumer Reports, 12

Cook, Tim, 86, 99,

criatividade, 85

Csikszentmihalyi, Mihaly, 124

Cuban, Mark, 90

cultura

na Amazon, 49

conforto, como uma prioridade da, 162

do Dia 1, 64

na Ford Motor Company, 149

segurança psicológica na, 162

para reter funcionários obsessivos, 151

na Uber, 90

obsessão pelo trabalho promovida pela, 138

Curie, Marie, 170n31

clientes, invenção em nome dos, 61

comércio eletrônico, 9

centros de distribuição, da Amazon, 52, 68

D

design de produtos, 86

desafios, desejo de enfrentar, 126

direitos de propriedade intelectual, 34, 91, 100

ÍNDICE REMISSIVO

Dia 1, cultura do, 64
Detroit (cidade de Michigan), 165
"desenvolver sua paixão" (abordagem), 119
Didion, Joan, 176n58
Dire Straits, 119
Disney, Walt, 12
distrações, restringindo as, 140
Drucker, Peter, 127
Duckworth, Angela, 23
Dweck, Carol, 30, 119
deslizes éticos, 32

E

eBay, 62, 66
empresas de tecnologia, prioridades nas, 96
Echo (dispositivo de casa inteligente), 9, 52, 61, 63
e-commerce. veja comércio eletrônico
Edison, Thomas, 88
Edmondson, Amy, 162
empenho, realizações e, 9
efeito do parasita, 155
erro fundamental de atribuição, 102
Eggers, Dave, 199n39
engajamento, 31
Enron, 106
empreendedores, equipe e sucesso dos, 11
ESPN, 22
experiências de vida, dos obsessivos, 7

F

funcionários do mais alto nível, 162
férias, 161
Facebook, 18, 44, 75, 160
fracasso, mentalidade sobre o, 63
Falcon (foguete), 30, 73
Fawzi (motorista de Uber), 108
Fire Phone, 63, 68
Feitiço do Tempo (filme), 192n27
fluxo, 124
foco, 20, 41, 84, 163
fundadores, controle dos, 112
Fowler, Susan, 100, 188n34

G

Gates, Bill, 13, 37, 44, 82, 131
General Motors (GM), 76, 89, 127, 148
geofencing, 99
Gerstenberg, Richard, 199n44
Gladwell, Malcolm, 19
GM. *veja* General Motors
Goldman Sachs, 109
Google, 34, 104, 162, 168, 174
Google Maps, 33
Google Street View, 33
Graves, Ryan, 112
garra, 23
Gurley, Bill, 112
gerenciamento de funcionários obsessivos, 143

H

harmonia da vida profissional com a vida pessoal, 133
hack de dados, na Uber, 99
Hargreaves, Alison, 16
Healy, Kent, 119
Hitler, Adolf, 144
Holden, Jeff, 181n4
Honnold, Alex, 167n36
Huffington, Arianna, 139
Huffington Post, 139
hustle porn, 138

I

inconsciente, obsessão como um impulso, 20
inteligência emocional, 104
indivíduos engajados -exaustos, 31
interesse, confiança e, 121
ideias revolucionárias, 92
indústria automobilística, 148
IBM, 168n13
inovação, 63, 68
integridade, 110
iPhones, 99, 104, 158
iPod, 61

ALL IN

Isaacson, Walter, 35

Ive, Jony, 184n49

J

Jobs, Steve, 17, 18, 171n43, 175n49
  prestação de contas sob o comando de, 155
  controles sob o comando de, 164
  comunidade da Apple em torno de, 128
  cultura sob o comando de, 137
  feedback para, 141
  afastamento da Apple, 147
  lições a aprender com, 19
  maestria atingida por, 126
  sobre a paixão, 127
  e a Pixar, 102, 188n41
  design de produtos, 28
  comportamento punitivo de, 34
  problemas de relacionamento de, 32
  sobre a vocação/missão, 117
  empenho e diligência no trabalho, 81
Johnson, Robert, 194n47
Jones, Jeff, 107
Joyce, Michael, 126

K

Kalanick, Travis, 92
  motivação de, 22
  garra e sucesso de, 20
  maestria de, 126
  erros da Uber sob o comando de, 102-7
  opinião pública sobre, 107-16
  problemas de relacionamento de, 32
  opinião dos acionistas sobre, 160
  ações necessárias para manter a confiança, 156
  empenho e diligência no trabalho, 81
Kaphan, Shel, 11
Kapor, Freada e Mitch, 101
Kennedy, John F., 146
Khosrowshahi, Dara, 102
Kindle (e-reader), 9, 28, 61-62, 68

K2 (montanha), 15
Knopfler, Mark, 119
Kodak, 51, 61
Korn Ferry Institute, 125
Korolev, Sergei, 196n5
Kubrick, Stanley, 27, 172n17

L

líderes obsessivos
  Jeff Bezos, 7, 43
  Steve Jobs, 17
  Travis Kalanick, 90
  Elon Musk, 12, 71
  Washington Roebling, 15
Loja de tudo, a (Stone), 12, 57
ligações para o atendimento ao cliente, 57
litígios antitruste, 69
Lacy, Sarah, 108
Lagarde, Christine, 134
Lamiraux, Henri, 157
Lasseter, John, 107
Leibovitz, Annie, 132
Leidenschaft, 30
Levandowski, Anthony, 32
Levie, Aaron, 37
Linux (sistema operacional), 37
baterias de íon-lítio, 77
Lyft, 94, 98

M

mentalidade de melhoria, 58
mentalidade de crescimento, 30
mentalidade de vencer a qualquer custo, 105, 108
mergulhos profundos, 59
missão, 124, 131
modelo de negócio, obsessão pelo, 160
"mutirão" (abordagem), 152
Ma, Jack, 82
Macintosh (computador), 131
Magness, Steve, 138
Maisel, Eric, 169n26

204

ÍNDICE REMISSIVO

Marketplace (Amazon), 62

Mayer, Marisa, 104

Melville, Herman, 170n35

Messina, Chris, 104

métricas, 56

Miami-Dade (condado da Flórida), 97

Michael, Emil, 108

microgerenciamento, 80

Microsoft, 45, 69, 78, 82, 131

"missionários", na Amazon, 65

MobileMe, 35

Moby Dick (Melville), 170n35

Model S (Tesla), 71

Model 3 (Tesla), 82

Moritz, Michael, 164

métricas do cliente, 56

Motor Trend, 71

Mullainathan, Sendhil, 40

Murphy, Thomas, 199n44

Musk, Elon, 71

    abordagem agressiva de, 106

    abordagem obsessiva de, 147

    carreira de, 71

    cultura organizacional sob a liderança de, 148

    desenvolvimento de ideias revolucionárias por, 85

    e as desvantagens da obsessão pelo produto, 88, 151

    feedback para, 88

    foco da organização sob a liderança de, 163

    glorificação do trabalho por, 139

    garra e sucesso de, 18

    entrevistas de emprego conduzidas por, 88

    lições a aprender com, 19

    legado de, 89

    maestria de, 136, 137

    obsessão pelo produto, 71

    opinião pública sobre, 123

    problemas de relacionamento de, 28

    rotinas de, 151

    expansão dos negócios por, 39

    utilidade, confiabilidade e beleza como motivadores de, 85

Musk, Justine, 24

MySQL, 60

N

Na, Kevin, 131

Napster, 90

narcisismo, 44

NASA (National Aeronautics and Space Administration), 71

National Highway Traffic Safety Administration (NHTSA), 12

Netflix, 18, 159

New Yorker, 110

Nietzsche, Friedrich, 124

"996" (prática), 128

O

obsessão pelo cliente, 52, 67, 150. *veja também* Bezos, Jeff

obsessão

    capacidade de gerenciar/entender, 13

    pelo cliente, 52, 67, 158

    definição, 7

    desvantagens da, 13, 38

    motivação e, 20

    foco na, 20-22

    garra *versus,* 17

    e outros fatores para atingir a realização, 14

    pelo produto, 75, 82,

Ohanian, Alex, 137

serviços sob demanda, 94

compra com "1 clique", 55

Orchid Thief, The (Orlean), 125

Orlean, Susan, 125

O'Tierney, Tristan, 37

ALL IN

P

paixão obsessiva, 138

paixão harmoniosa, 138

personalidades obsessivas

    deslizes éticos, 32

    Alison Hargreaves, 15

    burnout de, 31

    comportamento punitivo de, 34

    visão de túnel de, 40

ponto.com, crise das, 57

playground do inovador, 94

Partido Nazista, 144

projetos de desenvolvimento, na Amazon, 62

Packard, 165

paixão, 30, 73, 127, 138, 152

PayPal, 72

Petriglieri, Gianpiero, 132

Plucker, Jonathan, 122

Porsche, Ferdinand, 196n9

precificação, na Amazon, 58-59

Prime (serviço da Amazon), 60

Pulp Fiction (filme), 96

propósito, garra *versus* obsessão e, 19

prática deliberada, 121

R

risco de endeusar os, 20

remuneração dos motoristas de Uber, 113

realização, 19

"Preparar, atirar, redirecionar" (abordagem), 62

Reddit, 137

Red Swoosh, 98, 106

relacionamentos, 24, 32

relentless.com, 8

reputação, da empresa, 109

retenção de talentos, 141

rotinas, para funcionários obsessivos, 142

Rowling, J. K., 11

S

SEALs da Marinha dos Estados Unidos, 150

sacrifício, 16, 19

segurança, psicológica, 162

São Francisco (cidade da Califórnia), 92

Sanwal, Anand, 107

Saturn V (foguete), 144

Schmidt, Eric, 97

Schwartz, Barry, 122

Scour, 106

Scripps National Spelling Bee, 22

Scully, John, 18

Seinfeld, Jerry, 26

Shafir, Eldar, 40

Skilling, Jeff, 106

Solar City, 82

SpaceX, 13, 73

    ideias revolucionárias na, 82

    comunidade na, 152

    e motivação de Elon Musk, 28

    efeitos da obsessão sobre a, 42

    investimento pessoal de Elon Musk na, 75

    e a paixão de Elon Musk, 28

    obsessão pelo produto na, 76

    expansão dos negócios na, 39

    utilidade, confiabilidade e beleza como motivadores na, 79

    cultura de trabalho duro na, 84

Speer, Albert, 145

Starbucks, 50

startup(s)

    prestação de contas nas, 156

    benefícios da obsessão nas, 157

    e cultura do Dia 1, 64, 157

    Elon Musk sobre a mentalidade das, 83

    Uber vista como uma, 108

    afastamento dos fundadores de, 102

Stone, Brad, 12, 57, 109

Strokes, Marion, 13

StumbleUpon, 92

Swisher, Karen, 43

ÍNDICE REMISSIVO

T

taxa de divórcio, 32
trabalho significativo, 123, 125
tomada de decisão, em alta velocidade, 66-67
talento, motivação e, 130-32, 133
Target, 161
Tesla, 71
abordagem do "mutirão" na, 152
ideias revolucionárias na, 76
cultura da, 1478
efeitos da obsessão na, 16
feedback na, 80
foco da, 77
e o legado de Elon Musk, 89
Elon Musk como um líder obsessivo da, 12
na carreira de Elon Musk, 72
investimento pessoal de Elon Musk na, 76
obsessão pelo produto na, 76, 87
e rotinas de Elon Musk, 151
utilidade, confiabilidade e beleza como
motivadores na, 77–80
empenho e diligência no trabalho na, 80
Tesla, Nikola, 26, 44,
Thiel, Peter, 189n49
Thompson, Derek, 129
TIME (revista), 48
Torvalds, Linus, 37
Twitter, 71

U

Uber, 90, 151
abordagem do "mutirão" na, 152
na carreira de Travis Kalanick, 92
controles na, 156
erros e escândalos na, 98
e a opinião pública sobre Travis
Kalanick, 98
expansão dos negócios na, 27
ações necessárias para manter a
confiança na, 116-20
empenho e diligência no trabalho na,
85

UberCab, 92

V

vida, trabalho como um suporte para a, 134.
veja também equilíbrio entre a vida pessoal e
a vida profissional
volante de inércia centrado no cliente, 52
valores corporativos, na Uber, 95
Vallerand, Robert, 139
Vance, Ashlee, 88
vocação, perspectivas sobre a, 118
Volkswagen (VW), 74, 76, 148
von Braun, Werner, 143
V2 (foguete), 143
veículos elétricos, 75

W

Wagner, Rick, 199n44
Walker, Sam, 36
Wallace, David Foster, 25
Wall Street Journal, 74
Walmart, 52
Waymo, 100

Y

Yahoo, 104

Z

Zip2 (empresa), 72
zShops, 62
Zuckerberg, Mark, 44, 96

SOBRE O AUTOR

Robert Bruce Shaw ajuda líderes a construir organizações e equipes com desempenho superior. Ele se especializou em trabalhar em estreita colaboração com executivos seniores, individualmente e em grupo, para melhorar a eficácia da organização e suas habilidades de liderança.

Ele é autor de vários livros e artigos, incluindo *Extreme Teams: Why Pixar, Netflix, Airbnb and Other Cutting-Edge Companies Succeed Where Most Fail*; *Leadership Blindspots: How Successful Leaders Identify and Overcome the Weaknesses that Matter*; e *Trust in the Balance: Building Successful Organizations on Results, Integrity, and Concern*.

Robert é doutor em Comportamento Organizacional pela Yale University.